BULLSH*T COMPARISONS

A FIELD GUIDE TO THINKING CRITICALLY IN A WORLD OF DIFFERENCE

這樣比太扯！
讓你看穿荒謬比較的思考武器

ANDREW BROOKS

安德魯・布魯克斯 ──── 著　唐澄暐 ──── 譯

推薦序

「你不覺得老歌比較好聽嗎？」

劉珞亦 / 法律白話文運動行銷總監

「你不覺得老歌比較好聽嗎？」

我記得有一次在某個聚會時，因為現場大量播放過去的經典歌曲，某個長輩便如此跟我說；他覺得現在的歌都不好聽，都是一些很怪的風格，因此老歌比較好聽。

我只記得當下我回答：「我不覺得，我覺得現在很多歌也都很好聽。」

當下我之所以會有這樣的反應，只是單純地對這種很廉價的評價做出直覺式的回覆。但認真思考後，我覺得許多人心中「老歌比較好聽」的想法，確實是一個過於廉價的結論。

或許我們可以來想想，為什麼這麼多人會這樣覺得？「老歌比較好聽」這個信念，是怎麼出現的？

首先，是心理學上廣為人知的「熟悉效應」。簡單來說，你年輕的時候聽了什麼歌，那些旋律會在你的腦裡刻下深痕，經年累月，那

些聲音成為你的青春背景音，也是你記憶中美好情緒的載體。於是，當你再度聽見那些旋律時，你的大腦其實不是在「純聽」音樂，而是經歷了一次情感再現。

　　人會想要重溫快樂，這就是「老歌好聽」的第一層原因。

　　除此之外，神經科學也給出了補充說明。人的大腦在年輕時，對新音樂的新奇性會有比較強烈的多巴胺反應；但隨著年紀漸長，這種反應會趨緩，同時對旋律與節奏的辨識力也逐漸下降。這就會導致一種現象：你年輕時聽的歌會越來越顯得「好聽」，而新的歌，則像是一片模糊的背景噪音。

　　你不是真的「聽不懂」，而是大腦不再願意花資源去解析它們。

　　但我認為，最關鍵的一點，還是來自於選擇性記憶與倖存者偏誤。不好聽的老歌早已被時間淘汰，留下來的自然都是那些在當年也被視為傑作的作品。今天的新歌還在混戰中，誰是未來的經典，誰會被淘汰？我們現在根本不知道。說不定三十年後，你的孫子也會拿某首現在的短影片神曲當成「經典」，然後嫌棄 2055 年的新歌「沒靈魂」。當你說「老歌比較好聽」時，你其實不是在老歌與現在的流行歌之間做一個「橫向比對」，而是在拿過去三十年留下的精華，和當下滿街播放的各種音樂（包含未來會被淘汰的那一批）相比。

　　因此這既不公平，也不科學。

　　所以，當我們說「老歌比較好聽」時，說的其實是三件事：我懷念我的青春，我的大腦不再擁抱新奇，還有，我只記得那些撐過時間洪流的作品。這樣的比較在情感上無可厚非，但若要以此來評判現代音樂的品質，則顯得草率且失準。

推薦序　「你不覺得老歌比較好聽嗎？」

　　這樣的「比較謬誤」，也正是《這樣比太扯！讓你看穿荒謬比較的思考武器》一書中所關心的核心議題。我們生活在一個充滿數據與敘事的時代，而「比較」也成了最容易、也最常被濫用的說服工具。

　　作者提醒我們，鬼扯不等於謊言；它的技巧不是憑空杜撰，而是「真中帶假」、「假中有真」。這種資訊混合態的最大問題是，它會讓我們失去對敘事背景的敏感性。為了解構這些操作，書中提出三種「鬼扯比對」的類型：隱喻、模範與指標。

　　在這裡，我想談的是「模範」。

　　「模範」的邏輯非常簡單：從一個特定的例子出發，把它當作標準答案，進而要其他對象與之靠攏。我們經常聽見這種句式：「中國多進步，不像台灣。」這句話乍聽之下似乎理直氣壯，因為它建立在一個具體且視覺化的情境上，例如「中國人出門只帶手機，不用帶錢包」。

　　這類敘事的吸引力在於提供了一個「可以模仿的目標」；但也正是這樣的目標，比較的前提與條件很容易就被遮蔽。

　　就以中國的行動支付為例，許多人誤以為那是一種科技高度成熟的象徵，是「新時代」的標誌。但若仔細爬梳脈絡，你會發現中國的行動支付之所以迅速普及，反而可能是傳統金融基礎設施的不健全所導致的。因為提款機密度低、經常故障、假鈔流通嚴重，導致人民「只能」仰賴手機支付。這不是「進步的結果」，更像是一種「對困境的應變」。

　　反觀台灣，雖然也有行動支付，但現金仍然通行無阻，提款便利、

交易透明，民眾在多樣支付方式之間做選擇。你可以說中國在行動支付的普及度上「超車」，但那真的表示中國比台灣「更進步」嗎？

當我們沒有去問清楚這些比較背後的脈絡與條件，就會把模仿比較對象當成唯一解，進而錯誤地神化某種發展路徑，壓縮了多元解方的可能性，這便是模範敘事最大的危險所在。

本書的重點不在於否定比較，而是提醒我們「比對」是一種需要誠實與自覺的行為。我們不該在還沒弄清楚背景之前，就輕率地下結論，更不能把別人的成果硬套到自己的土地上，當成唯一的指導方針。真正的比較是「關聯式的比較」，也就是問：「A 與 B 的差異，是不是來自於歷史、位置與權力條件的不同？」唯有這樣，我們才能抵抗那種「誰比較好」的誘餌，轉而思考「為什麼不同」以及「能否共存」。

鬼扯比對之所以危險，是因為它擅長「去脈絡化」、喜歡「用個案帶整體」、總在「看似中立」的表面下，推動某種價值立場。最終，它會讓我們對世界的理解僵化，對不公義的敘事麻痺，對真實的多元可能性視而不見。

這本書其實並不是主張放棄比較，而是要提醒我們必須誠實、謙遜且有批判意識地使用比較。唯有這樣，它才能成為拆解性別歧視、揭露殖民殘餘、釐清社會不正義的工具，而非成為壓迫的幫凶。

這種思考方式，或許也能幫助我們重新理解「老歌比較好聽」這句話——那不過是熟悉的聲音，加上一點時間淘汰過後的美化。如果我們能將這句話視為一種情緒記號，而不是審美判斷，也許就能更公平地看待當下的新聲音。

推薦序 「你不覺得老歌比較好聽嗎？」

　　我們在每一次面對比較時，或許都該先問：這項比較，究竟在服務誰的敘事？

　　希望你能找到屬於你的新歌，也希望我們都能用更聰明的比較，拆穿這個世界的鬼扯。

給無與倫比的親愛甜心芭拉（Barra）、索（Sol）以及約塔（Göta）。

目次

推薦序　「你不覺得老歌比較好聽嗎？」　　　　　　　　劉珞亦　003
前言　　怎樣算鬼扯類比？　　　　　　　　　　　　　　　　　013

第一部
人

第一章　他哥有哭成這樣嗎？　　　　　　　　　　　　　　　031
　　　　瞭解社會比較

第二章　梅西比馬拉多納更好嗎？　　　　　　　　　　　　　049
　　　　活在比較的陰影中

第三章　誰是有史以來最偉大的英國人？　　　　　　　　　　067
　　　　將偉大人物互相比較的行動，揭露了社會的哪些部分

第四章　狗會像主人嗎？　　　　　　　　　　　　　　　　　083
　　　　非人類比較如何藏匿階級和種族偏見

第二部
地方

第五章　為什麼有些大學失敗了？　　　　　　　　　　　　　101
　　　　指標的暴政

第六章　里斯本是新巴塞隆納嗎？　　　　　　　　　　　　　125
　　　　全球比較如何損害在地文化

第七章　非洲的成功故事？　　　　　　　　　　　　　145
　　　　國際比較如何掩蓋了一個失敗的國家
第八章　為什麼有些國家窮？　　　　　　　　　　　　161
　　　　拆解發展的比較模型

第三部
歷史

第九章　中國是新殖民強權嗎？　　　　　　　　　　　177
　　　　誤解過去便模糊了對當下的判斷
第十章　以色列有南非的種族隔離制度嗎？　　　　　　195
　　　　把不相符的不公義拿來比對
第十一章　對抗氣候變遷能不能像太空競賽那樣獲勝呢？　219
　　　　　為何應對環境危機時需要的不只是技術
第十二章　英國為何沉迷於二戰？　　　　　　　　　　235
　　　　　歷史比對如何打造出一個排外的國家認同

結論　女人需要男人，就如魚需要腳踏車　　　　　　　253
　　　揭穿鬼扯比對

致謝　　　　　　　　　　　　　　　　　　　　　　　263
參考資料　　　　　　　　　　　　　　　　　　　　　265

前言

怎樣算鬼扯比對？

何謂鬼扯？

　　鬼扯（Bullshit）存在於真實和謊言的交會地帶，它狡猾不實，但又不像毫無根據的謊話那麼差勁。我讀高中時一個十八歲輟學生有次跑來跟我炫耀，說他有一台全新的 BMW X5。後來他開著一台炫炮的銀色閃亮亮休旅車，出現我們當地的夜店外頭，還一直噴音樂。這傢伙就是一個*幹話仔*（bullshitter）。當我的朋友一個個讚嘆不已並擠進內裝暖白色皮革的車裡給他載回家時，一切似乎合情合理。或許他給學校踢出去之後就發了？後來仔細想想，我發現只有那晚車子算是他的。那是他老闆的車；他載著到處跑的那個老闆。所以，他講的話似是而非，不是完全扯謊，而是扭曲變形過的現實，目標在於強化自己的社會地位。這個年輕人把「顧老闆那台奢華的 BMW」和「自己有車」混為一談。這種話很嫩、很蠢又很自大，而且是種撐不了多久的謊言。這就是鬼扯。

013

鬼扯（bullshit，亦為胡說八道）這個詞的起源不明，[1] 但可以確定的是鬼扯滿天飛。有些很好察覺，其他案例則需要更多洞察力和批判思考才能發現。像鬼扯比對這樣的謊言特別會誤導人，因為拿兩個不一樣的對象進行比較，可以把事實和虛構綁在一起。本書會幫助你察覺這些藏身於顯而易見之處的誤導比對，並將那些乍看下使用了紮實資料或具說服力的隱喻、實則呈現出不全然真實且扭曲現實的論點拆解開來。在拆解鬼扯比對的組成成分之前，我想概括性地擴大鬼扯的定義，這樣應該會有所助益。我們每天日常生活都會遇上各式各樣半真半假的言語，但絕大部分我們會選擇原諒或忘記，像是忽視僅以一點兒真相為基礎的荒唐小報頭條，無視房仲過度熱切的行銷話術，或是拒絕聽信某間石油公司的假環保主張。但這並不是說我們對這一大堆似是而非能夠容忍，因為這些可能會實際造成不良的影響，並永久性地損害名聲。當代就有兩名美國總統因鬼扯而聲名狼藉。

　　在此人主政期間，美國享有的和平和經濟繁榮可謂前所未有地多，而且他在打造中東和平上所下的工夫，也比任何總統都來得多。[1] 然而，這位鬼扯元首一號因為那件自稱沒在白宮幹的事而招來的惡名，遠比他的政治成就來得更響亮。人們對柯林頓（Bill Clinton）最深的印象不是他的政策，而是他跟陸文斯基（Monica Lewinsky）的私人關係。柯林頓在參議院中遭到指控並受審，最後獲判無罪。他在大陪審團聽證會上以極其謹慎的言詞做解釋，試圖迴避問題。例如「這要看

1　譯注：《牛津英語詞典》認為，bullshit 這個詞的起頭是 1916 年艾略特（Thomas Stearns Eliot）的詩〈鬼扯之勝利〉（The Triumph of Bullshit）。

『是』（is）這個詞的意義是什麼」。他後來為了自己的行為向全美國道歉，聲稱自己誠實地回答了問題，並在法律上有精準回答問題；不過他也承認，自己沒主動提供跟這名年輕女實習生有過「不適當」關係的資訊。他在橢圓辦公室（Oval Office，美國總統辦公室）內無疑有過性方面的不當行為，但在1990年代晚期，他很有技巧地乘著一波鬼扯的勢頭，持續擁有空前的高支持率。

如果說柯林頓是因為某個關鍵瞬間變得惡名昭彰，那麼美國第四十五屆總統川普（Donald Trump），就是以長期流連在事實和虛構的潮間帶而出名。就連川普本人自己都承認，他「想到什麼就講什麼」，在乎的是打造一個看似真實的敘事來鞏固自己的世界觀。他的鬼扯案例實在不勝枚舉，像是未如實陳述自己對待女性的行為，老愛提及那道沒蓋出來的邊界牆，質疑歐巴馬（Barack Obama）的公民身分，扭曲參加就職典禮群眾的規模，並否定自己輸掉的那場選舉。他把鬼扯提升到藝術層次。他的媒介是媒體，而且他就像陶匠捏塑黏土一樣，輕鬆地操縱各個媒體：「如果你的做事方法稍微不同，如果你語出驚人並予以反擊，他們就會愛你。」[2] 引發爭議可以帶來免費宣傳，還會被誇大給催化。一個川普式的主張有可能是從一顆真相果核開始，最後長成一整片謊言森林。

川普總統在任期初始抱怨歐巴馬下令竊聽他的電話，他這樣講並不是真的打算說服人們相信有這回事。在與歐巴馬唇槍舌戰的牌局中，他是以加倍下注來虛張聲勢。沒有證據能證明這件事曾經發生，卻因為歐巴馬和其繼任者之間的緊張狀態，人們幾乎相信有這回事。另外，歐巴馬還得提出否定證據來澄清自己，但這是不可能達成的，

畢竟一個人怎麼有辦法舉證自己沒做過的事？川普下的注贏回來了。他是在進一步測試自己在媒體和共和黨之間的聲望，看看他們會不會自甘墮落來盲目附和他的主張。他們照辦了，而這種不真實鞏固了他的權力基礎。

柯林頓和川普的鬼扯風格非常不同。亂搞的比爾始終踏穩字面上的事實，但同時用「我並沒有跟那名女性，陸文斯基小姐，發生性關係」這類小心翼翼構築的字句來誤導他的選民，因為當時洩漏出去的情事並不符合字典定義上的性關係。川普則是明目張膽地把鬼扯這種強大的政治工具當成武器在用，到現在這都還是他的慣用伎倆。他用鬼扯在社會上劃出「我們」和「他們」之間的一條線：劃分成相信並接受他那些扭曲事實的人，以及駁斥這些論述的人。

鬼扯有著各式各樣的形貌。它可以看起來可靠又實在，也能看起來一副單薄易碎的樣子。以執行面來說，柯林頓的案例就跟「夜店外的BMW」那招一模一樣，根本沒有徹頭徹尾好好想過──一旦車子回到老闆那兒，鬼扯就吹破了。柯林頓的每一句言詞都精雕細琢、循規蹈矩，並且有利於自己。至於川普，他的那些聲明是事前策劃還是脫口而出，就很難弄清楚。不論是經過設計還是出自直覺，他都堪稱頂尖鬼扯藝術家。這三個例子的共同之處就在於，鬼扯之所以有害並不是因為粗製濫造，而是因為陳述不實。鬼扯是透過骯髒的窗戶扭曲地看現實。

隱喻、模範和指標

　　鬼扯這個詞本身就存在問題。它帶有攻擊性、直擊人心,以此引發厭惡或讓人嗤之以鼻。在一本推廣批判思考的書籍中借用它,意在營造一種既有力量又戲謔的氛圍。它會引起注意、挑起反應,但使用起來並非沒有限制。會使用這個詞,主要是因為它有助於解釋在最重要情境中有毒的不良溝通。

　　在政治這塊沃土上,孕育著各種具破壞性的似是而非論述。上面兩位總統的例子說明了,世上最有權力的人是如何利用似是而非的言詞來保護並鞏固自己的地位。然而,鬼扯在整個政壇更全面性地激增,實不令人意外。人們期望政治人物對每件事都略有所知,從國防到文化、經濟、醫療保健和司法,以致他們常在沒準備好的議題上被人抓包,這也是理所當然的。他們時不時就會遇上必須開口、但其實自己根本不知所云的場合。[3] 優秀的領導者應該要有強大的自信說自己不知道答案,但這種做法在二十四小時新聞輪播中並不合適。面對沒關掉的麥克風,他們必須即興講出半真半假的話,而不是冒著丟臉的風險。在這樣的情況下,鬼扯比對幫了政治人物一把。儘管大部分人民聽得出明著講的老套鬼扯,但經過比對的掩蓋之後,就變得比較難察覺。比較這種手段讓謊言有了權威。它讓半真半假有了架構,從而破壞了我們的認知能力。川普就是透過鬼扯比對,打造出更有說服力的論點。

　　2023 年當川普面對九十一項刑事起訴時,他宣稱他不怕坐牢,並將自己比作另一位知名囚犯:「我不介意當曼德拉(Nelson Mandela),

因為我做這些是有理由的。」把自己跟那位崇高的南非諾貝爾和平獎得主相比，這本身非常荒謬：一位是因率領群眾對抗南非種族隔離而入獄，另一位則是面對刑事起訴及民事審判，指控內容包括虛報財產、不當挪用經費支付多位女性的封口費、試圖翻轉 2020 年的敗選，以及私藏機密文件。[4] 前者入獄是因為堅持信念並領導追求正義的運動，後者則是試圖挽救名聲並免於被判處監禁。然而，川普把他面臨的私人法律問題和反南非種族隔離領袖的奮鬥並置，使用比對打造了政治陳述，讓這番陳述比起只說「我不介意去坐牢，因為我做這些是有理由的」更強而有力。他藉由將自己置身於與比肩曼德拉之處，取得道德對等，讓聽者迷失方向；他們可能會想，如果從更全面的政治脈絡來看川普遭遇的起訴，他的話會不會變得有點道理？

　　川普把曼德拉的監禁當作是自己政治困境的*模範*（Model）。而模範正是本書討論的三種類比之一，另兩種則是*隱喻*（Metaphor）和*指標*（Metric）。*就稱它們為三 M 好了*。現在想像我們正在給一個大披薩打比方。我們可以用隱喻說：「這片披薩真是神仙美味（a slice of heaven，直譯為「天堂的一片」）！」或者，把它拿去跟頂級披薩模範相比：「這披薩簡直跟那不勒斯那間索比洛（Sorbillo，義大利那不勒斯的老牌披薩店）的披薩一樣好。」或者，用指標來評論它的味道：「這披薩是我吃過前五名好吃的。」每一種比方都傳達出披薩很好吃，而且都是非鬼扯且合理的比對方式。

　　記住這些伎倆，接著來看英國政治圈的三個真實案例，說明處在意識形態光譜不同位置的各種聲音，是如何使用這三個 M 來製造鬼扯比對的。三 M 在政治傳播上都很普遍，人們可以不自覺地使用，也可

能預先策劃好策略來使用,透過有力的金句,讓人在公眾討論中佔上風。舉例來說,2022年英國內政大臣布拉弗曼(Suella Braverman)在談起英國政府對無證件移民的回應時,用了以下令人反感的隱喻:「英國人民該要知道,哪個政黨有在認真阻止我們的南部海岸遭到入侵。」把移民或難民的增加比作「入侵」,或者像其他人曾比作的「瘟疫」或「蟲群」,都是語言上有害的使用方式,也是嚴重不準確的。移民為了改善生計而來,或是流離失所的人為了避難而來,都跟敵軍來襲、疾病散播或飛蟲湧入截然不同。

隱喻在我們的言語模式中根深蒂固。謹慎運用隱喻可為文字語言增添韻味和意義,[5] 但隱喻也可以被用作是誤導注意力的粗暴比擬工具。政治人物、記者、學者和作家都是專業人士,他們謹慎而刻意地處理語言來傳達特定含意、描述事實或傳達新訊息,也因此有責任慎重地運用隱喻。隱喻能幫專業寫作者和公眾人物與更廣泛的受眾交流,但同時也是一種粗鈍的工具,可用來強化誤導的比對。那些稱移民為入侵者、劫掠者,或將他們形容成洪水或急流般湧入而有罪責的政治人物,實際上在試圖煽動民族主義狂熱。[6] 其中的多數人就算嘴巴這樣講,也並不真的認為這些貧窮脆弱的外國人會為他們的選區選民帶來死亡和疾病。這類具破壞性的隱喻跟類似的以訛傳訛,都是日常的謊言,在公眾討論中以鬼扯比對的模樣氾濫成災。在口語和日常語言中,隱喻在表達意義上替語言增添了風味,並為論點增添了亮點,這都是可以理解的事;但在正式脈絡中使用時,我們必須要求它們經過深謀遠慮再使用,使溝通更為清晰。

第二個跨越隱喻和指標的類別,是「模範」。這類比較將某個對

象當成比對其他對象的標準。舉例來說，阿富汗的戰爭是否與越戰相似？布雷迪（Tom Brady）是比蒙塔納（Joe Montana）更好的四分衛嗎？英國人能否仿效新加坡的發展和成長模式呢？這些比較有些合情合理，其他時候完全是鬼扯。最後這一項出現在英國脫歐的辯論期間，當時經濟自由主義擁的支持者主張，英國脫歐後會成為泰晤士河上的新加坡。新加坡是東南亞的小城邦，人口五百四十萬人，略小於紐約市；而英國為於歐洲北部，面積是新加坡的三百三十八倍，人口更是十倍之多。兩者的地理條件有個根本的差異，使得這種比較毫無意義。低稅基、高外資、外交中立以及強大法律架構，這些條件在過去半個世紀讓新加坡的經濟成長奇蹟得以發生，而這些條件並非成熟多元的英國經濟能夠複製的模式。英國也沒有提出任何一種深思熟慮的經濟成長策略，可以與新加坡那種嚴守紀律的、都會集中式的經濟總體規劃相提並論。自脫歐以來，英國的經濟就處在停滯狀態，而非蓬勃成長。

不論是脫歐派還是留歐派都在兜售誤導的比較模範。《經濟學人》拿英國跟義大利相比，譏諷頭號脫歐者特拉斯首相（Prime Minister Liz Truss）領導著動盪而騷亂的「英大利」（Britaly），就跟他地中海的同類一樣，已成為「一個政治不穩定、低成長且屈從於債券市場的國家」。[7] 雜誌封面把特拉斯畫成不列顛尼亞（Britannia）女神，義大利麵叉是三叉戟，披薩成了盾牌。義大利駐英大使蘭貝蒂尼（Inigo Lambertini）對於國家遭受的歪曲陳述憤怒不已，並以公開信回應，批評這種比較重複了「最古老的刻板印象」，並且沒有充分認識到義大利經濟模式的成功之處。[8]

第三個是指標，化身為排名與排行榜各種規範式的比較方法，在

政策的指定上佔據主導地位。政治人物總是急著以新的績效指標來督促其各個部門。很多比對指標一開始都意圖良善。它們就跟別種鬼扯一樣，一開始都源於事實，但人們總是忍不住去操縱比對指標，以滿足政治方面的優先事項。在中間偏左的布萊爾（Tony Blair）政府執政期間，學校、大學和醫院的排行榜開始在英國流行。這些排行榜一開始立意良善，旨在提高醫療和教育水平，但隨著測量績效優劣的標準確立，經營者開始將資源狹隘地轉移並集中在這些指標上，而不是從整體上改善醫院病房和學校教室內的條件。這種現象稱為古德哈特定律（Goodhart's Law），命名出自英國經濟學家古德哈特（Charles Goodhart）的格言，直接來說就是：「當一項測量方法成為目標後，就不再是好的測量方法了。」[9] 布萊爾的排行榜引發了政府上下各處的焦慮和憂心，並改變了政府行為，有時甚至導致最糟的結果。醫療服務提供者調整了病例組合——他們治療的疾病——只為提升對外的績效，而不是專注在醫療現場的需求上。[10] 儘管人們很早就觀察到這個現象而表達憂慮，政治人物仍然持續擁護比對指標，並不斷轉移目標，或是專門挑出能夠推進他們政治目的的有利指標。

這種將指標用於政治目的的做法既荒唐又可笑。2012 年，在中間偏右的保守黨政府擔任教育大臣的戈夫（Michael Gove）主張，每間學校都該被評為高於水準；然而，在一個群體中不可能所有學校都高於平均。當教育專責委員會（Education Select Committee）就這一荒謬言論進行質詢時，發生了以下的滑稽對話：[11]

主席：「……學生表現得要超過全國標準才能稱為『良好』，

所有學校都要評為良好，這在數學上怎麼有可能實現？」

戈夫：一直進步就好了。

主席：所以這有可能實現，是嗎？

戈夫：是有可能一直進步的。

主席：大臣，您以前識字能力是不是比算數強？

戈夫：我不記得了。

在距離現在更近的 2023 年，過去擔任英國總督學的維爾肖爵士（Sir Michael Wilshaw），對於教育及兒童服務與技能標準局（Office for Standards in Education, Children's Services and Skills，Ofsted）那套把全英國十分之九的公立學校都評為「良好」的評分制度嗤之以鼻。維爾肖強烈批評了那套比較學校的方法：

> 教育及兒童服務與技能標準局說有接近 90% 的學校表現良好。那是胡扯，全都是胡扯。看了一些過去幾年評為良好的學校後，我不會說（那些學校）良好。我去了其中幾間學校，然後看到（教育及兒童服務與技能標準局的）報告後，我想去史派賽佛（Specsavers，英國最大的眼鏡連鎖企業）換一副眼鏡，因為那些學校並不好，這些報告只會給家長虛假的安慰。[12]

他的評論很重要，因為他主張比較制度正在扭曲教育品質。它助長了謊言，並對家長隱瞞了孩子就讀學校的實際情況。本書將在第

五章深入探討比對指標如何能扭曲教育成果。

鬼扯比對遠遠不止於政治和政府領域；從家庭到職場，從歷史到地理，它們出現在任何地方。最好把比較想成一種連續體，而不是把這三個 M 分別想像成三個類別。隱喻會混入模範，而有些指標會根據一個預先設想的「最佳」模範為基準來衡量績效。比較真的是無所不在，其中許多更是毫無益處。就連氣候變遷這一類最迫切的議題，也都會被比較所混淆。「溫室效應」就是個不恰當的隱喻。真正的溫室是設計來保存熱量，並對其中的生物生長有著正面影響。二氧化碳及其他「溫室氣體」的排放，則會把熱困住而導致危險的全球暖化，而不是只有暖化本身。有些地區反而是受到局部降溫、乾旱和洪水的影響──氣候變遷的不良影響並非只有變熱而已。此外，溫室可以透過拿掉幾塊玻璃而快速降溫。去除大氣中的碳則沒有簡單的做法；整層溫室氣體正在變厚，在排放量減到零之後，還會持續成長三十年。[13]這種簡單的隱喻忽略了全球氣候變遷的棘手難題。

從個人層面來看，父母會拿家中的長幼孩子互相比較，儘管他們知道這樣做會降低孩子的自尊心。可能是其中一個孩子成為其他小孩效仿的榜樣，又或者他們會拿小孩的個別表現去跟標準指標做比較。網路上充斥著騙人點進去的名人排行，用幾顆星作為指標，把可能引發分歧的粗暴看法表達成人們一致的認定，傷害了公眾人物的心理健康，並在粉絲圈內引起辱罵誹謗、霸凌和騷擾。[14]比較不可勝數。然而，儘管比較如此無所不在，卻總是拿掉脈絡，並把道聽塗說的觀點及可疑的資料當作客觀的證據。它們過度簡化差異，並為意識形態提供了籌碼。使人分歧的比較，會引發不負責任的競爭、損害人們的福

祉,並削弱人們在面對社會和環境關鍵議題時的反應。我們需要停下來,以批判的方式思考比較。

比較的實地指南

　　本書是一本指南,旨在引導讀者理解人們如何用比較來掩飾事物或誤導注意力。本書跨越人、*地方與歷史*三個部分,針對比較進行批判式的理解。人的部分從個人著手,探討家庭內的比較;接著探討運動圈及政治圈比較和推崇名人的方式,而這些比較往往忽視了造就他們更輝煌成就更全面的社會關係。最後則會探討狗與主人之間的比較,揭示了人們在種族和階級上的態度。在個人層次上,我們常常不公平地拿自己跟別人比較,而沒去考慮到「自身境況」這個更全面的背景脈絡。也許別人更有錢、更健康,是因為他們成長過程中享有的優勢:經濟支持、更好的教育和飲食、運動和旅遊機會,或者就只是遺傳和際遇這類不可控的偶然事物塑造了他們的一生。是社會定位決定了成敗,而不是由可細分和比較的個人來決定成功失敗。這部分將探索這些動態,是鬼扯比對的社會學。

　　如果一個主題關注的與社會變遷有關,那它就是社會學的。至於跨越空間及地方的變化,是地理學的範疇,跨時間的變化則是歷史學的。第二部談論*地方*的內容,是我的主場。以學門來說,我的專業是地理學家。研究地理到了攻讀學位的程度時,就不再是硬背國旗或某座城市的主要產業和河流而已,而是讓自己沉浸在一門充滿複雜性、並試圖解開環境與社會之間關聯的學科之中。在氣候變遷和全球化的

時代,我們需要具備跨領域關鍵能力的人才,這些能力涵蓋從大氣流程建模、理解自然災害、風險和恢復力,到能對抗社會的不平等,並繪製出城市發展和文化變遷等各個領域。

我的教學促使我要求學生比較不同地方,並思考驅動不平等發展的真正變遷動力。在這裡,我邀請他們進行*關聯*式比較。舉例來說,如果要比較英國和肯亞的發展,他們各別的富裕和貧窮不單純是因為各自的自然環境或兩個社會的內在特徵,而是取決於各自與外在世界的不同關係。在這個例子當中,國際關係涵蓋了從非洲開採原料以促進歐洲發展的這段英國剝削肯亞的殖民史,還進一步延伸至今日奈洛比(肯亞首都)在全球經濟中的從屬政治地位。在今日,肯亞為世界市場主要提供的是廉價的農產品、自然資源以及野生動物觀察旅遊地。這主要是因為英國殖民期間數十年的低度發展阻礙了教育,將經濟導向了為全球市場提供茶葉等廉價商品,壓制了在地工業的崛起,並建立了一種大型狩獵以及西方觀光客開著越野車尋找大象和長頸鹿的傳統。[15] 如果不突顯這個更全面的關係脈絡,我們就無法合理地比較這些國家內部的生活面向。本書*地方*的部分從地理學角度,說明了那些將各大學、各醫院、各城市和各國家拿來比較的流行方式,如何將每個地方進行孤立的分析,而沒有充分反映出那一整張使某個地方成功或失敗的更全面關係網。這些章節進一步展示了,如何拿這一整片更全面的不平等發展關係全圖,去解釋空間為何彼此差異的原因。

身為地理學家,田野調查是我專業實作的核心,而這本關於比較的實地指南,是在二十年真實世界研究中發展出來的。走進「田野」不只是背上背包,飛到某個很有異國風情的地方,開始訪問人們。從

街頭市場到農業社區，再到政府機構，我做足了該做的國際實地訪問研究。這本書橫跨我在莫三比克、獅子山、南非以及尚比亞[16]等非洲社會的研究案例，也有來自香港、印度、葡萄牙和老家英國的例子。然而，*田野調查*遠不止於拜訪各地，進行第一手的研究，還可以一路延伸至過去。古早的媒體資料、歷史文獻、線上目錄、其他檔案資料，甚至雕像，都有助於我瞭解比較的用處和濫用之處。這些方法成為本書第三部的核心——*歷史回顧過往*，讓我們看看「選擇性地解讀過去」如何時常利用比較，推廣了特定政治化的世界觀。

歷史經驗遭到操弄後，改變了人們對於當下的感受。歷史比對也為當代的辯論增添風味。美國左右翼的緊張關係堪比內戰。[17] 俄羅斯摧毀烏克蘭多個城市，就如納粹圍攻史達林格勒一樣。[18] 馬克宏（Emmanuel Macron）正在追隨拿破崙的腳步。[19] 這一類的比對有些有點道理，其他的則太超過，無法令人信服。一位具影響力、受過良好教育的演講者，可以從他的知識資料庫裡選擇性地抽出一則範例來鞏固自己的論點。強森（Boris Johnson）就是這方面的大師。當他想為論點增添智識的分量時，他就會引經據典。他首相任期結束前的兩個案例，就展現了他的精湛技藝。2019 年上任後不久，在一場於紐約聯合國大會的演說中，他把脫歐比擬為希臘英雄普羅米修斯所遭受的永恆折磨。[20]。三年後當他辭去首相職務時，他把自己比做辛辛納圖斯（Cincinnatus）——那位任期結束後「回去操犁」、直到羅馬面臨危機時才重返大位的羅馬領袖[21]——強森這邊倒是還沒預言成真。脫稿開講時，他引經據典的隱喻會讓不熟悉古希臘羅馬的訪問者措手不及，並讓大眾相信他是個深刻的思想家，或者至少讓他們誤以為他對該主

題的認識比實際上更多。強森也很熱衷拿自己跟心目中的偉大英雄與榜樣邱吉爾（Winston Churchill）做比較，他這種荒謬的比較將會在第三章中深入探討。

揭穿比較

當這些論點隨著一章章過去而逐漸複雜和深入時，它們便會扯下比較的扭曲面具，讓你跟鬼扯直面相對。讀完本書，你的批判思維力將會提升，但不僅止於認出鬼扯而已，還會培養你關係性的思維能力，並讓你能夠有效地運用比較。第二點很重要，因為本書並非抱持「反對比較」的這種虛無主義觀點。比較是我們不可或缺的知識工具，但需要小心謹慎定位並老老實實地使用。這本指南在關鍵時刻強調了比較的效用，以此展現隱喻、模範和指標如何能成為強大的工具，傳播挑戰性的觀點或揭發不公義之事。關係性比較能為混亂的世界帶來秩序。如果沒有比對數據，就沒有證據挑戰性別的薪資差距、描繪疾病傳染模式、指出最糟糕的汙染單位，或是突顯教育結果的差異。歷史上那些發人深省的教訓，可以幫助決策者避免犯下過往的錯誤。比較是不可或缺的，而且可以促使人們討論新方法，處理從應對氣候變遷，到公衛和社會不平等的種種全球挑戰。所以，本書在主要強調那些混淆人心的鬼扯比對的同時，也期許讓讀者對於能加深理解的比較有新的看見。

本書以鬼扯的概念為框架，因此也為一門正在嶄露頭角的學門做出貢獻；此學門之基石為法蘭克福（Harry G. Frankfurt）的著作《放屁！

名利雙收的詭話》（*On Bullshit*）。[22] 這種探討鬼扯的哲學出現後，接著又有格雷伯（David Graeber）那本揭露空虛無意義的白領工作氾濫的經濟人類學著作《論狗屁工作的出現與勞動價值的再思》（*Bullshit Jobs*），以及數據科學家伯格斯特姆（Carl T. Bergstrom）和威斯特（Jevin D. West）那本說明人如何操縱量化訊息來支持可疑主張的《數據的假象》（*Calling Bullshit*，原文書名為《鬼扯的呼喚》）。談鬼扯的批判性作品不僅以嚴謹的分析探討嚴肅的主題，還有一個共通點，就是用幽默和有創意的洞見來破除迷思。這本指南追隨這條路線，既含納貪汙腐敗、衝突和厭女等陰暗範例，也加入了較輕鬆的運動、寵物和觀光研究，展現了鬼扯比對的全方面光譜。

　　本書橫跨社會學、地理學和歷史，取用世界各地的各種案例，詳述了公共論述中鬼扯比對的氾濫。鬼扯比對藉由聚焦於差異，使用謊言對陳述和分類，如此強行施加權威。比較連接事實和虛構的修辭樞紐，將一個對象建立為衡量其他事物的標準。因此，鬼扯比對往往根植於富裕的西方男性主導的權力動態中。拆解這種比較，也是在削弱資本主義、殖民和父權的力量。從人際名冊到整個世界的規模，每一件事情都能經驗到比較所具有的有害社會動力：一位非洲移民有可能因為她的性別在家中遭受邊緣化，同時又因為來自邊緣的全球南方（Global South）國家，而在全球化社會中遭到歧視。個人空間和政治空間並非全然獨立無關。正如前面兩個總統的例子所闡明的，權威人物的親密社交生活和他們形塑歷史的能力存在著關聯。因此，本書會在地理範圍越跨越廣、歷史間距越跨越長的各種比較之間，描繪出層層套疊的種種關聯。那麼，就讓我帶各位走進這個鬼扯比對的世界。

第一部

人

第一章

他哥有哭成這樣嗎？

瞭解社會比較

打從出生就開始比

　　打包好的應急包在前門邊的走廊上排成一排，就這樣滿心期盼等了好幾天。一個大旅行包是給媽媽的，裡面裝著舒適的衣服以及所有能緩和分娩辛苦的個人物品。另一個是給即將出生的嬰孩的，裝著嶄新的嬰兒連身衣、柔軟的方毯、迷你版帽子和連指手套。而這一回，還有第三個小旅行包是給小小孩的，他即將成為大哥哥了。他的紅色塑膠旅行包是救火車形狀，裡面塞滿換洗衣服、絨毛玩具跟他最喜歡的書，準備好要跟家人出去待一整天。隨著預產期到來又過去，期盼與日俱增。它始終是月曆上的一個鉛筆叉叉。寶寶準備好了就會出生。每個鐘頭都讓我們彼此更接近。第二個孩子的到來，興奮感絲毫不遜於第一個，只不過未知的事較少，焦慮感也較輕。確定的是，隨著家庭人丁逐漸興旺，比較將會變得不可避免。

　　伴隨著尖叫聲，他來到了這個世界，第一次把空氣吸進肺部。緊

接著，響亮又尖銳刺耳的哭聲響徹產房，迴盪在磁磚牆壁間。哭聲迴盪著，父母以無言的微笑和最純粹的喜悅眼淚和疲憊予以回應。接著助產士問了：「他哥有哭成這樣嗎？」

當第二個孩子跟隨第一個的腳步來到這世界，你總是免不了用一個孩子來衡量另一個孩子。重複使用的兒童高腳椅、傳下來的連身童裝，再次被挖出來的心愛舊玩具，都會一再提醒你：孩子多大時會達到走路和講話的關鍵里程碑？會早些還是晚些？當孩子從男孩發育成少年時，誰的個子比較高、體育比較好、學業成績更好或事業更有成？拚了命應付各種比較的不只是父母而已；與家族成員的相似處，共同的特徵和神態，也會引起親友的評論。熟人可能會把這兩人搞混，老師的看法可能會受到之前跟兄姊相處的經驗所影響。弟弟妹妹得要逃離被預先評判的偏見陰影。

打從一開始，身為家長，你就借鏡於照顧第一個孩子的經驗來照顧第二個孩子。在時間錯亂的頭幾個星期，日夜混成一整團無止盡的換尿布、大半夜餵奶、大清早餵奶和幫寶寶從頭到腳沐浴，那之後你會記得哪一款護膚乳的舒緩效果好，哪種餵奶姿勢最合適，以及如何盡可能溫柔地使用一堆堆用水浸濕又難搞的小棉球。這種經驗真是上天的賜予。有些工作第二次做比較簡單，有些事更難。比較小的那個比較好餵，他的小肚肚和小腿腿更快就膨起來，有一圈圈柔軟的嬰兒肥，但他需要更多溫暖的人際接觸──他總是想被抱得緊緊的，因此很難把他放下來。打從第一天起，我們就試著不去比較，但實在很難不這麼做。

兄弟姊妹較勁

　　卡戴珊（The Kardashian）家族，克里斯（Chris）、路克（Luke）、連恩（Liam）這三名漢斯沃（Hemsworth）兄弟。維納斯（Venus）與瑟雷娜（Serena）這對威廉斯（Williams）姊妹。約翰‧甘迺迪（John F. Kennedy）以及他的兩個弟弟羅伯特‧法蘭西斯（Robert Francis）以及泰德（Ted）。魯迪（Rudi）與阿迪（Adi）這對達斯勒（Dassler）兄弟（相互競爭的運動品公司彪馬〔PUMA〕和愛迪達〔Adidas〕的德國創辦人）。艾蜜莉（Emily）、夏綠蒂（Charlotte）以及安妮（Anne）這三名勃朗特（Brontë）姊妹。還有古羅馬的羅穆路斯（Romulus）和雷穆斯（Remus）。歷史上滿滿都是知名的兄弟姊妹。我們總是不免受到吸引而去比較他們。誰是最受歡迎的社群媒體人物？誰是更好的演員？誰是更偉大的網球選手？誰是更強大的政治人物？誰是更有錢的生意人？誰是更高明的小說家？誰是更有權勢的領袖？把富裕又知名的家族人物拿來做比較、對照他們的聲譽，有點像是某種惡德趣味。我們傾向把他們想成競爭對手，而不是慶賀他們共同的成就。

　　講白一點，拿兄弟姊妹或堂表兄弟姊妹做比較，是有什麼問題嗎？就小嬰兒和幼童來說，的確沒什麼傷害，而且去想像這些新來的小傢伙會怎麼融入更宏大的家族全貌裡，也非常有趣。的確是這樣。探索相似之處以及共同點很有樂趣，但當孩子開始覺得被這些比較束縛時，就開始有麻煩了。

　　若要思考比較會怎麼限制孩子，一個很簡單的方法，就是看霸子（Bart）和花枝（Lisa）這對虛構的辛普森（Simpson）兄妹。哥哥霸子是

個調皮搗蛋、有魅力、喜歡冒險、鬼靈精怪的男孩，是一個外向者。妹妹花枝則安分守己、害羞保守、乖巧，是個內向者。《辛普森家族》帶我們比較這兩個人以及他們對立的性格、智慧和社交本領。在〈霸子大戰花枝大戰三年級〉（Bart vs. Lisa vs. the Third Grade）這一集裡，霸子因為考試沒念書，被降級到三年級。花枝則因準備得太充分，升上了三年級。兩人到了同一班後成為對手，彼此對嗆，但在校外教學中兩人迷路後被迫合作，最終那一集以喜劇收場。雖然劇情有些滑稽誇大，但可以想像現實生活中的霸子和花枝們，而且，當我們比較他們，我們會開始將兩人概念化為非此即彼，進而兩極化並誇大他們的差異，然後定義他們的性格特徵。我們常用這種方式看手足間的差異，而不是把他們想成個體，而是將他們簡單分類為「聰明的那個」和「笨的那個」，或者「書獃」小孩和「肌肉發達」的小孩。我們的評價會回饋到孩子身上，而且會影響他們並強化這些差異。他們會自認比較不聰明或體能較不發達，從而孕育了自我懷疑並限縮了自己的潛能。

　　比較不只會讓自我懷疑生根，當兄弟姊妹當中有一個開始嫉妒其他人時，也可能損害彼此之間的關係。許多家長盡了全力不去選邊站或是偏袒任一方，盡全力平等地愛護他們，但這說來容易做來難。孩子們會爭吵。他們會為誰坐哪邊、誰有最喜歡的泰迪熊、要去公園還是待在院子裡玩而爭吵。對那些爭奪玩具或點心的孩子來說，這很難。對居中調解的父母來說，則是一種折磨。他們很容易就偏袒了某一方，屈從於一方而非另一方的意志，然後一而再再而三地這麼做，最後形成了一個模式。這可能會催生嫉妒，並進一步強化乖小孩和皮小孩之間不平衡的比較。更好的做法，是思考如何讓孩子具備應有的態度和

技巧,形成彼此關愛的關係。不是迫使他們總是要互相同意,也不是要執著於對錯輸贏,而是去聆聽彼此,思考他們跟對方有多不一樣,並一起解決彼此的糾紛。這個建議寫下來容易,但在多子女家庭全面崩潰的情況下要去實踐,可就很難了。

許多成年的兄弟姊妹內心深處仍然住著一個受傷的孩子。他們因難堪而受傷,怨恨兄弟姊妹獲得的關注,或是無法容忍自己在某些長期但無關緊要的考試或比賽中居於下風。如果你永遠都比不上那個天之驕子,那還有必要去嘗試嗎?童年時期的比較和人際關係,會影響我們成年後的幸福安好。我們跟我們的手足既相同又不同。年輕人從很小的時候就開始用這些關鍵概念來描述自己,也反映在他們的自我認知上。我們的身分認同與「身為群體一員」緊密相連,有一種屬於兩人組、三人組甚至多人組的歸屬感。童年的親密聯繫和不時發生的不安分離感,定義了我們成為什麼樣的人。我們既依賴又獨立。比較年幼的把那些大一點的當作榜樣。我們與同一代人的關聯,尤其是與兄弟姊妹的關係,對於塑造自我認同,以及塑造我們與他人關聯時的自我感覺來說,都重要到了極點。然而在研究領域內,這種兄弟姊妹同輩的比較,往往不像那些極度偏重親子關係的心理及社會研究那麼受到重視。[23]

家長確實是透過生理和社會化來塑造孩子模樣的最強大力量。基本特徵經由天生和後天向下傳遞,包括影響我們生為什麼人的基因和遺傳因素,例如一隻耳朵獨特的隆起、凹陷和皺褶,或是美好的微笑曲線;還包括塑造我們成為什麼樣的人的環境變項:我們成長的家庭,或是先前多個世代在不同情境下對於行為方式的觀念。我們的自我認

同基本上相應於父母而成形，然後進一步被跨越時空的更全面關係所塑造。除了父母之外，家庭的其他部分在形塑人格方面也扮演極其重要的角色。如果你有兄弟姊妹，無論是透過出生、婚姻、領養或同居而來的手足關係，你們的生活都是相互連結的。過去、現在、真實和想像的親緣關係，都會塑造人格。手足關係是我們最持久的關係之一，並在人生當中為我們的自我認同帶來光明與陰影，尤其人生初期對於人格的形成有著強大的影響力，這既包括我們如何從兄弟姊妹身上學習以及影響他們，也包括我們的父母和其他有份量的大人如何比較我們，並且如何談論我們彼此之間的關係。成年後的兄弟姊妹會重述他們童年的故事。就算他們逐漸疏遠，他們仍會回想起過去彼此是怎樣被比較，於是至關重要的早年比較，仍持續在他們的一生中影響他們的自我認同。

　　比較是兄弟姊妹共同經驗中一個幾乎不可避免的結果。父母屬於前個世代，而孩子輩不論屬於今日的 Z 世代，或是更早的千禧世代、X 世代、嬰兒潮世代，還是 1928 年至 1945 年間出生、有著「沉默世代」堅毅名稱的世代，都是同一世代的成員。兄弟姊妹之所以獨特，就在於他們通常擁有接近一樣的起點，之後卻過著各自不同的生活。所以，從共同的家庭開始，到就讀同一所學校，經歷相似的文化片刻，進入類似的就業市場，總是有許多好用的參考點，可以用來對照一個孩子相對於另一個孩子的發展如何。人們理所當然地會拿較年幼的孩子跟年長的哥姊比較。被拿去跟一個成為模範的哥姊比較，是人類經驗最基本的比較，對自我認同有著巨大的影響。「*你就不能學學你哥嗎？*」可能只是隨口說出的一句話，卻可能對自我認同有著強大的影響力。

就算出了家門，似乎仍躲不過比較。愛競爭的父母會拿子女和周遭的同儕做比較，把他們的成就與指標掛勾，而不是根據子女的特點來衡量他們的成功與成就。相互比較的現象還擴展至社區、學校，甚至延伸到成年人生。家長、教師和在孩子發展過程中扮演關鍵角色的其他人，全都有責任謹慎思考如何以及何時比較年輕人。不經思索的比較或許能讓成人既快速又簡單地討論孩子並予以分類，卻有可能會造成強烈而長久的影響。

養育年輕人的目標應該是讓他們過得幸福。讓孩子對自己感到滿足，並且有機會每一天都充滿快樂地生活，這才是最重要的，而不是用任何指標來衡量他們的相對表現。比較會滋長自我懷疑，播下嫉妒的種子，培養負面情緒，並損害親子和手足之間的關係。比較的驅動因素之一，是父母想催促孩子盡可能地取得最多成就。而讓孩子與另一個孩子競爭，能同時激勵兩人更加努力。這個出發點本來是好的，但成年人有可能在競爭的道路上走過頭，把自己成年人生的競爭手段帶給了孩子，像是市場力量、排名、排行榜，還有無止盡的個人主義；其中最後這項大人讓小孩擔下的當代社會標誌，恐怕是最糟的競爭手段。有競爭的童年或許會讓某些孩子茁壯，但也可能讓另一些孩子滿心只想討好父母，而不是取悅自己。沒辦法達到期望，很可能會扼殺他們的自信心和自主性。三不五時的溫和競爭可以激勵孩子表現得更好，但其目標應該是像上漲的潮水那樣把所有的船都頂高，而不是以「不游泳就沉沒」（成敗憑自己）的方式來養育孩子。培育孩子一同成長茁壯，既可以是親職教養的手段也是目標，而不是以任何標準將他們的相對表現具體化。

女孩男孩

　　第二個孩子的誕生使人更密切地關注世代關係，並促使我將目光跳出地域差異，而去探討比較的社會根源。肩負起兩個年幼生命的照顧和發展責任，在同樣的起始軌道上幫助他們，並同時讓兩個男孩遵循他們自己獨特的路徑，就代表要在家庭生活的內部動力中平衡每個個體的需求。但那並非全貌。後來又有一個女嬰到來，為我們的家庭注入了更多歡樂和美好的混亂，並讓我與史上最大的鴻溝直面相對：男女受到的不同待遇，面對的不同際遇、挑戰和歧視，以及他們被比較的不同方式。

　　雖然我們對她一視同仁，但走出家門，我們的女兒面對的是跟她哥哥們不同的壓力。從該穿什麼衣服到如何一路轉變為成年女子，全都不一樣。因為有兩個男性手足，她繼承了許多男孩氣的連身衣，上頭印的是從零個月大起就被指定為男子氣概的恐龍和挖土機。你試著忽視這些圖案，但有些就是不適合她。溺愛孩子的姑姑、阿姨跟祖父母送她有蝴蝶和大象圖案的連體衣和吊帶褲，而我的內心深處也覺得那更適合一點，雖然我知道這樣想很愚蠢。我不是生態學者，但我很清楚世界上雄蝶和公象的數量就跟母的一樣多；此外，我很確定恐龍也是如此。至於挖土機，這類機器缺乏性別，但「體力勞動及建築工程是男性主宰的職業」的聯想，賦予這個簡單圖案明顯偏頗的性別意涵。

　　是什麼讓女嬰和男嬰有所不同？在瞭解解剖學和出生重量後，還有發展的指標，如一般動作技能、說話和其他發育里程碑，都會根據

性別分類而被框定。「男嬰更有冒險精神」或「女嬰更早會走路」有事實根據嗎？如果有的話，那又有什麼重要的？我的個外甥非常晚才會走路，比他的姊妹晚上許多，但如今已是青少年的他可是在全國運動競賽中跑百米短跑。兩種性別之間的發展差異並不大，但我們往往會誇大自己熟悉的男女嬰差異，然後從少數的私密接觸做推斷，再把那種感知強行施加於整個群體之上。所以，我這個大雞慢啼的運動家外甥案例並沒有特別的幫助。決定行為和發展的首要因素是孩子的遺傳和生命經驗，而非性別。

從自己坐起到爬行，再像個不太信得過自己的老水手那樣，利用沙發或咖啡桌找出航道般在家具間穿梭，再到學會走路這件真正的大事，有些父母就是相信，在上述種種一般運動能力中，男孩總體而言就是比女孩進展得更快，而深信相反情況的也大有人在。長久以來，科學文獻裡就有寫到，就男孩和女孩學會走路的時刻來說，社會影響比性別差異有更強烈的影響，一般來說兩個性別都是從第十四個月開始。[24]有很多可能真實存在的性別表現差異，反而是文化複製出來的。舉例來說，父母往往會高估兒子的發展，而低估了女兒的能力。雖然這可能跟男嬰稍重的體重有關，但也可能反映了各種更廣泛的社會關係，讓女孩看起來居於劣勢。這是一個將男女表現性別化的案例，展示了社會建構認為女性的活動能力劣於男性，儘管實際上兩者幾乎沒有差別。這些具破壞性的鬼扯比對在生命早期就已經開始，提醒了我們該注意社會深層結構性的性別不平等。

把年幼孩子當成獨立個體，不把他們塞進基於性別的比較框架中，是看待他們的發展更健康的方式。有些孩子很早就通過各個動作

的里程碑，有些孩子則較晚，還有些孩子可能完全跟不上各個發展階段。小孩學會走路之前不會爬行，而是用屁股坐在地上滑，這也並不罕見。孩童發展活動能力的速度受到許多因素影響，好比說基因或家族史。如果他的家人小時候都是用屁股在地上滑，他們就有可能較晚學會走路。但他們的個性也很重要，他們的經驗和機會也是如此。一個嬰兒沒在地板上花太多時間，可能是因為幼年時期常常被人抱著走來走去，或是經常坐在汽車座椅和嬰兒車上，或是住在地板空間有限又沒有庭院的狹小公寓裡，那麼他們從經驗中學習的機會就不像別人一樣多。也有可能父母給予男孩和女孩獨立探索的機會不一樣，而這些自由和限制塑造了他們的發展。[25]

人們誤以為女孩較晚才學會走路，但實際上，男孩說話的發展真的比較晚。[26]即便在十八個月那麼幼小的年紀，女孩會使用的詞彙就比男孩多，儘管其他社會文化因素在塑造言語模式上的影響比性別因素更大。孩子的家庭環境和年幼時期的語言接觸，對其使用詞彙的多樣性上影響更大。在如廁訓練方面，女孩學得更快，比男孩早二到三個月擁有控制力。[27]在其他領域的行為上，也許會存在性別差異，但都沒有身體發展的差異來得顯著。男孩出生時往往比較重，但女孩到了幼兒時期就會趕上。接著，相對來說，她們到了學步期就會超前。[28]在尚未成年的十八年中，每個孩子的發展歷程都不一樣，每個孩子的人生歷程都交錯著各種成長的突飛猛進和停滯。終究來說，每個孩子都會以自己的步調成長發育，而父母充足的照料和全面的關心會讓他們將資質更好地發揮出來。

自我形象

過了幼年期,發展里程碑仍持續標誌著那條邁向成年的路徑。邁向成年女性的旅程中,有一站是女孩的初經。對 Z 世代和千禧世代來說,茱蒂布倫(Judy Blume)的小說曾是許多女孩及一些男孩的指南,幫助他們應對舉凡家庭衝突、霸凌、身體形象以及性等眾多複雜的主題。在她的經典成長小說《上帝祢在嗎?是我,瑪格麗特》(*Are You There God? It's Me, Margaret.*)的電影版中,十一歲的瑪格麗特(福特森〔Abby Ryder Fortson〕飾)迫切地渴望經期的到來。「如果十六歲之前都還沒來,我就要去死了!」她這樣對她的母親(麥亞當斯〔Rachel McAdams〕飾)哀嘆。「親愛的,該來的時候妳就會碰到,」她媽媽睿智地開導她。然而,瑪格麗特身邊的女同學一個個都初經來潮,要保持冷靜和耐心可沒那麼容易。

瑪格麗特的挫折感來自想要融入的渴望,還有對自己發育的擔憂,擔心同儕向前邁進變得越發成熟時,自己會被當作孩子被拋在後面。她祈禱「就讓我長大來月經吧,讓我跟別人一樣正常普通,拜託拜託拜託」。初經取決於每個人獨特的生理時鐘節奏,但年輕的生命卻被文化比較以及渴望跟班上同學保持一致的欲望所標定。另一個讓年輕人格外在意的第一次,是他們破處的年紀。這件事有別於經期,是大部分人(但很不幸地並非所有人)能夠自己掌控的事,但引發的焦慮不相上下。社會比較加劇了年輕人性生活的壓力。在這邊,把性想成是單一特定的異性戀霸權插入行為沒有什麼意義。[29] 相反地,將性經驗視為一系列時刻構成的光譜,光譜上男女一點一點地尋找方向前

進，探索各種形式的接觸和情感交流，逐漸建立起雙方你情我願、相互信任並且相愛的關係，而不是將失去童貞當成某種競爭目標。

除了身體之外，人生還有一系列的重要時刻標誌著成長和變化。學會開車、離開學校、搬離父母，找到工作，或是上大學、結婚、買房，以及生孩子。這些生命階段並非循著線性、按部就班地一路發生，不同的人會經歷各種不同的轉換。你直到二十多歲快三十才拿到駕照，或者在學校參加補考，你搬走後住不下去再次搬回的兒時臥房，一兩年的空檔打斷你就業或升學的進程，你沒上大學過得反而更好，你發現不同類別的情感關係比傳統婚姻更重要；遇上經濟衰退並成為錯過資產爆發期的世代一員，奪去你擁有家的夢想，而成為父母的機會從未降臨到你身上，或者就跟你這個人不合。構成生命點點滴滴的這一整鍋機會和意外，滋養了人們的各種比較。

成年後，很容易會去羨慕那些小時候在學校成績不如你、現在錢賺得比你多，搞不好還真正擁有閃亮亮 BMW 的人。六十幾歲的父母會渴望擁有孫輩，對他們還沒孩子的女兒東問西問，要她學學那些已經把家族延伸到下一代的姊妹們。在工作中，我曾親眼看到因為待過政府或企業而較晚進入學術界的同事，對於自己早期的職業形象感到焦慮，也看過較晚就學的非應屆生艱辛地融入班上。大學社群裡的成熟成員應該對自己的地位和人生歷練有自信，而不是拿自己去跟新同事或新同學比較，或是在面對社交圈時刻意淡化自己的新工作或是新生身分。

對於千禧世代來說，臉書和 Instagram 成了公眾平台，讓人們更多地發表、慶賀和比較他們的社會成就，卻也成為引發焦慮的空間；在

那裡，一個人精心設計自己的數位形象，展示出比現實的自己好上半步的東西。這個「更好的自己」的受眾包括密友和家人，也包括相隔甚遠的朋友，好比說以前的同學或工作夥伴。沉迷於這些親密型的社群媒體而上癮，就像是持續經歷一場虛擬的高中同學會。裡面雖然有很多樂趣，分享故事也能豐富而深刻，然而這始終是一段略微偏離中心的社交史。社群媒體帳號實際上給人生「套上濾鏡」，讓人們有機會離開堅實的事實地表，進入鬼扯的渾水中。從修過的照片到精心編排的假期快照，再到半真半假的工作成就公告，一個全新的、歪曲的、微笑的、近乎原來的你，被擺在受眾面前供他們消費和比較。

任何使用數位平台的人都可能被虛擬的比較所困，「跟鄰居別苗頭」更全面的社會壓力則不斷引發焦慮，而這些壓力落在女性和男性身上時並不平均。打從女性二十歲過半開始，就會遇上關於婚姻、母職以及連帶的「在育嬰假來臨之前實現某個生涯階段」的殷殷期盼；那在年輕女性步入三十歲之後限制著她們的生命，而男性就不會經驗到這種限制。一波又一波的女性主義迫使我們重新思考女性和男性的社會角色。先是 19、20 世紀之交的第一波，推動女性投票權、受教育以及家庭計畫。再來是 1960 年代的第二波女性主義，把平等的範圍擴大到性行為、家庭、工作、生育權和家暴上。接著是 1990 年代的第三波女性主義，進一步推動女性解放運動，並把女性主義當成一種身分認同。雖然還有爭論，第四波女性主義可說起於 2012 年左右，關注性騷擾、身體羞辱以及強姦文化。其中一個關鍵成分是社群媒體的使用，此處不只是競爭性的個人主義和自我推銷的空間，也成為關注並解決這些問題並採取集體行動的場域。儘管女性權利有所進展，我們仍需

更加努力,好讓女性肩上的重擔能與男性平等地分擔。減少競爭性比較帶來的壓力,或許可以解決部分問題。

超越二元

鬼扯的英文是 *bull*shit。裡面的牛(bull)是公的不是母的,它帶有性別特徵並非巧合。面對真實推卸責任是男性的專長。[30] 男人可以開心地唬爛,比較著自己不太瞭解的東西。他們未必清楚曼聯(Manchester United)本季的防守是否比上個賽季差,不確定馬霍姆斯(Patrick Mahomes)是否應該比其他美式足球球員更早拿下年度最佳球員,因為他們看的英格蘭足球超級聯賽和美國國家美式足球聯賽都不夠多,可是他們想參與討論。他們可以放心地發表意見,即使證據不足仍很有說服力:一個鬼扯意見,反正這種話在同儕中沒有什麼不良後果,除非他們碰巧遇到對手足球俱樂部教練團或美聯社的朋友。川普將這種狂妄的意見發表視為更衣室閒聊而不當一回事,這種自吹自擂的、令人毛骨悚然的、沙文主義的對話,盛行於所有僅限男性的空間。在英國,它可能會被稱為酒吧閒聊(pub chat)、胡說八道(talking bollocks)、打趣開玩笑(banter)或是搞笑(bants)。

這並不是說,所有的鬼扯,或者所有沒在動腦的搞笑,或者鬼扯比對這個領域,是男性獨一無二的怪癖。而是說,男性比較有信心去提出各種想法和態度,去聽聽自己如何說,然後再來看看聽者怎麼回應。他們講的話可能不會反映自己的真實想法,因為他們可能會對一個主題採取試探性或大膽冒進的態度。所以對話的重點不總是具體的

個人信念,而是社會定位。為了說明這種認知斷連的情況,讓我們回頭去看前言裡的移民案例。除了布拉弗曼以外,還有一位知名的保守黨政治人物也對移民採取強硬立場,那就是前任移民國務大臣哈波(Mark Harper)。2013 年,他派出載有動態看板的卡車進入種族混雜的社區,警告非法移民「回老家或面對逮捕」而惡名昭彰。[31] 但同樣是這位大臣,翌年卻被發現雇用無證件移民清潔婦而被迫辭職。他裝腔作勢地呼喊移民之惡的姿態,不過是一種民粹伎倆;到了家,他卻享受著低薪移民的勞動好處。考量到他根本沒在檢查家中外籍清潔工的身分資格,我們很難認真把他的強硬說法當真。哈波和布拉弗曼的強硬言語都獨斷式地陽剛,還摻了鬼扯進去。

一個人可以展現「陽剛」特質又同時身為女人;同樣地,男性也可能具有「陰柔」特質。性別認同並非各自獨立,而是一個整體的兩個部分。然而在西方世界,人們認為性別非即女;即便有許多知名社會保守人士在面向公眾的角色中跨越了這種二元論,但性別二元論依然存在。鬼扯比對可以強化異性戀霸權的世界觀,進而強化性別角色。那些無法符合這個男性/女性分類的跨性別者、非二元性別者以及雙性者,面臨著令人窒息的偏見。

對於局外人來說,可能很難理解與常態不同的人生。異性戀往往以為同性伴侶中會有一個比較陽剛、一個比較陰柔,認為他們會表現出同樣的刻板性別角色。他們可能會納悶女同或男同伴侶關係中「誰是男的?」,就好像在擔心一對伴侶中若沒有一個男性家長,就沒辦法在 21 世紀運作下去似的。[32] 從兩方面來說,這種比較並沒有幫助。首先,這種比較複製了厭女概念,認為男性女性應該要嚴格區分家務

勞動和角色分工；另一方面，這種比較將同性戀家庭貶低為異性戀家庭模範的不完美複製品。研究顯示，事實上同性伴侶的關係更平等，而不是落入所謂的「丈夫」和「妻子」角色，[33] 而且性別角色在男同或女同伴侶之間是流動的，就像在異性戀關係中一樣。就如巴特勒（Judith Butler）所說的：「同性戀之於異性戀並不像複製品之於原版，反倒像複製品之於複製品。」不論你的生理特徵為何，不論你在性別光譜上處於何處，所有的性別都是一種表現。舉例來說，有些女同性戀伴侶會有男性化／女性化的差異，但在分配家務時，誰做一般定義下的陽剛或陰柔工作，並不跟其差異一致。逆轉比較，並反過來向同性伴侶學習，可以揭露異性戀規範是如何建構的，並鬆動父權制。

　　本章對於家庭、學校和人際關係的比較，採取了第一人視角的個人觀點。針對比較的批評，大多集中在它如何複製既定的社會規範和價值，而讓第一個孩子或是較早發育的孩子更有膽量，並把男性主宰且異性戀霸權的世界觀，強化為所有其他關係都應與之校準的模範。這些規範和價值並不是固定的法則，而是流動的、動態的且有待重新詮釋的。

　　在談過家庭背景之後，下一章要出發前往菁英運動的激烈競技場。在第一章中，我突顯了私密的個人比較如何塑造或阻礙個人發展，下一章我們將擴張視角，思考人們是怎麼把年輕運動員拿去跟他們並不熟悉的過往競爭者和當下競爭者相比。在競賽範圍內行為有著嚴格規範的世界裡，人們對於陌生人的個別表現進行了測量並轉為指標。這樣做，本該促成運動員之間富有成效並更注重真工夫的比較；然而，就連在這種相對客觀的競技場中，比較還是帶來嚴重的問題。拿大名

鼎鼎的偉大運動員來衡量才剛崛起的運動新秀，這種不適當且不公平的比較足以毀滅一名選手的生涯發展。全球直播的曝光度，也將選手面臨壓力時的模樣不斷以高畫質播放出來，製造了更大的壓力。個人的成功可能會讓人忽略整個團隊在打造成就平台上有多重要。運動是個娛樂產業，它頌揚有個人魅力的明星，也將男性運動員的成就置於女性運動員之上，而女性運動員的地位則因強化父權社會關係的比較方式而遭到了貶抑。

這樣比太扯！

第二章

梅西比馬拉度納更好嗎？

活在比較的陰影中

史上最偉大

還會不會有下一個麥可喬丹（Michael Jordan）？比爾羅素（Bill Russell）、魔術強森（Magic Johnson）、賈霸（Kareem Abdul-Jabbar）以及詹皇（LeBron James），都是討論史上最偉大球員（greatest of all time，GOAT）時出現的常客，但美國國家籃球協會（NBA）無可爭論的第一把交椅始終是喬丹。[34] 他的籃球才華實在太活靈活現，以致他的名字幾乎代表了超出人類能力極限的成就，也成為表達其他運動項目傑出成就的簡寫。他既是唯一（the）的籃球球員模範，也是唯一的菁英運動員模範。只舉一個例子就好。在 NFL，人們拿馬霍姆斯（Patrick Mahomes）生涯初期的傑出成就和喬丹的相比，即便他們的運動項目天差地別。[35] 喬丹是空前的美國超級巨星，這點無可爭議；他也是極少數能把名聲延伸到籃球運動之外、進入更廣大文化脈絡的全球名人之一。

在巴西，每個有天分的青少年賽車手都是下一個洗拿（Ayrton

Senna)。印度板球界夢想著下一個十六歲神童坦都卡（Sachin Tendulkar）優雅大步地走過三柱門。舉凡年輕傑出的加拿大冰球選手，都會被拿去跟格雷茨基（Wayne Gretzky）相比。一位才華橫溢的體壇新秀可以點燃整個運動界的熱情。故事就像野火延燒一樣，讓一個無名小卒在激烈的競爭中，搖身一變成為家喻戶曉的名字。甚至在還沒拿到首勝、進第一顆球或第一次奪冠之前，體壇人士就試圖拿著傑出巨星的過往歷程，為即將崛起的新星舖好未來的道路軌跡。電視上的權威評論員和酒吧裡的無聊人士都一樣，喜歡拿不同世代的選手做比較。這引來大量的冷嘲熱諷。即使那些自詡為專家的人，也只是根據自己對過往選手的模糊記憶，在給今日新秀的意見上加料。這一切看似無傷大雅，但這樣的比較也有其陰暗面。對年輕選手來說，要去繼承冠軍選手的傳奇可能是難以肩負的重擔。

2004 年，十七歲的梅西（Lionel Messi）在世界舞台上大放異彩時，評論員和前職業球員全都大吃一驚，紛紛把他跟同個國家的馬拉度納（Diego Maradona）做比較；後者與比利（Pelé）並列史上最偉大足球員的前幾名。面對這種比較，梅西本人總是輕描淡寫。他顯然並不喜歡被這樣比較：「就算我踢個一百萬年，也追不上馬拉度納。我也完全沒想要追上他。他是有史以來最偉大的球員。」[36] 2022 年，當梅西終於在卡達贏得世界盃冠軍時，他一掃過往始終令人失望的國際賽戰績陰霾，終於追平馬拉度納 1986 年帶領實力平平的阿根廷隊榮登冠軍的輝煌紀錄。儘管有了如此輝煌的戰績，堅持拿他和馬拉度納做比較還是觸怒了一些人；他們認為已故的馬拉度納是史上最偉大且無人可及的球員，是阿根廷足球員的終極模範。他的前隊友、也是阿根廷國家

隊助理教練恩里克（Héctor Enrique）就認為馬拉度納無可比擬，他說：「再也不會有誰像馬拉度納了，就算梅西連續贏贏三座世界盃，或是從中場倒掛金鉤都一樣。」梅西永遠只能追在「唯一迪亞哥」（El Diego）的後頭。沒有那麼一個與現實相違的世界能讓我們看到，若沒有把梅西拿去跟馬拉度納相比，梅西會變成什麼樣子。或許他曾經受到激勵去模仿他；又或許在國際賽中，他努力想要擺脫這個國家給他的期待——那個十多年來念念不忘要「利奧」像原版「金童」（El Pibe de Oro）那樣，帶領他們拿下世界盃的期待。

被比較壓垮

梅西在生涯晚期加入了邁阿密國際（Inter Miami），轉隊到貝克漢（David Beckham）旗下的佛羅里達新球團，吸引了許多名人球迷：金‧卡戴珊、勒布朗‧詹姆斯以及瑟雷娜‧威廉斯，都到場觀看他的首次出賽，展現了足球在美國日漸攀升的人氣及魅力。邁阿密國際的白鷺粉紅十號球衣，成了有史以來最多人購買的運動衣。[37] 梅西一直以來都是當代足球的終極參考標準。他是阿根廷和巴塞隆納崛起的新秀典範，也是其他足球隊裡小個子快速盤帶年輕前鋒的典範。在梅西的足球生涯期間，不時有些優秀選手和沒那麼好的選手被拿來跟他比較：佩萊格里（Pietro Pellegri）號稱「義大利梅西」，阿蘇林（Gai Assulin）號稱「以色列梅西」，李昇祐號稱「韓國梅西」，高爾德（Ryan Gauld）號稱「蘇格蘭梅西」，多斯桑托斯（Giovani dos Santos）號稱「墨西哥梅西」，宮市亮號稱「日本梅西」，拉梅拉（Erik Lamela）則號稱下一個「阿

051

根廷梅西」。其中有些人後來功成名就，或者還有成長的路要走，而其他人就只剩忠實球迷還記得。至於那位最不光彩的「新梅西」，沒隔多久就跟在正牌後頭上場了。

就在他首度於諾坎普（Camp Nou）球場登場的兩年後，Foot Mercato網站發表了一篇題名為〈博揚・克爾基奇：未來的梅西？〉（Bojan Krki': le futur Messi?）的文章。同樣十七歲的球員博揚，打破了梅西保持的巴塞隆納最年輕球員的紀錄。他在該俱樂部知名的學院拉瑪西亞（La Masia）表現突出，替巴塞隆納青年隊踢進九百球，之後又代表一線隊出賽一百零四場，攻進三十六球。就跟梅西一樣，博揚也是徹頭徹尾的前鋒，同樣最擅長踢十號位。這個位子既要組織攻擊，也要利用自己的視野和長傳把球傳給隊友。這兩人在球風和身材上都相近，身高都是一百七十公分左右。他們甚至還有幾分相似之處，透過家譜研究揭露他們是四代表兄弟。他和梅西並肩作戰，協助巴塞隆納取得多項獎座，包括三座西甲冠軍和兩座歐洲聯賽冠軍。儘管有明顯的相似之處，博揚的足球生涯並未像梅西的履歷複本那樣持續下去。

二十一歲時，他的球技巔峰和最佳成就已是過去式了。博揚因達不到梅西的天分而被焦慮所困。二十七歲時，他在訪談中回顧了自己的生涯。「一切都發生得非常快，」博揚說。「就足球來說一切進展得很順利，但對我個人而言並非如此。我不得不接受這個狀況，人們說我的生涯不如預期。當我上場時，他們的期望是『新梅西』。這個嘛，對啦，如果你拿我跟梅西比較的話……但不然你該期望怎樣的生涯？」儘管單看他的紀錄本身相當好，他卻在壓力下停滯了。「對我來說，是頭暈、覺得不舒服，持續不斷，一天二十四小時都是如此。

有股壓力在我的腦中，很強大，從沒消失過。我開始感受到這股強大的暈眩將我壓倒，讓我恐慌。」2008 年歐洲盃前夕，博揚的焦慮症發作，但以腸胃炎掩飾過去，因為在足球場上任何形式的精神狀況都被視為軟弱。就算離開巴塞隆納的高度壓力，不再時時被人拿來與梅西相比，也沒能讓他的職涯獲得新生。在巴塞隆納踢球的頭四年「制約了他的一切」。[38] 之後博揚成了足球浪人，從世界足球的天頂逐漸下滑，轉隊至羅馬、AC 米蘭（AC Milan）、阿賈克斯（Ajax）、斯托克城（Stoke City）、蒙特婁衝擊（Montréal Impact），最後在日本神戶勝利船效力兩年後，於三十二歲那年早早退休。

如今，博揚重返巴塞隆納培育下一代，包括十六歲那年打破博揚紀錄、成為該俱樂部最年輕進球者的亞馬爾（Lamine Yamal），以及十七歲就早早被拿來和該隊主力前鋒萊萬多夫斯基（Robert Lewandowski）相比的吉烏（Marc Guiu）。[39] 吉烏首次上場就於第三十秒進球，在那之後他「在 Instagram 上的追蹤者一晚就從四萬名飆升到一百萬名」，博揚說。「那太瘋狂了。『太棒了，太神奇了，一百萬追蹤者！』但那很難掌握，翻天覆地。」[40] 他們的導師將用他所有的經驗來保護他們，避免他們因為在世界足壇最知名的俱樂部踢球帶來的全球聲譽和壓力而受到傷害。

在運動寫作上，比較是獲得讀者注目的捷徑，但就如博揚的經驗所闡明的，不適當的言詞對於球員的心理健康會有長期影響。對於一位要在終場哨聲響起前發送報導，或在新聞淡季要把格子填滿的記者來說，將某人描述為下一個大明星，可替一個平凡的故事灑上夢幻色彩。但套用博揚的話來說，還是兒童的年輕球員「需要好的防護」。

媒體評論員在打造新名號時要謹慎思考該怎麼做，好讓還在發展中的球員未來有望兌現承諾，而不是被今日期望的重量拖著下沉。偉大的迪斯蒂法諾（Alfredo di Stefano）因受傷而錯過 1962 年世界盃固然是件憾事，但那些因為不堪情緒負荷而在精神上被壓垮，因此踢不到決賽的年輕人，難道就不令人惋惜嗎？正如沒人想看到球員因斷腿或腳踝扭傷而錯過一生一次的重要比賽；同樣地，年輕選手被人們不切實際的期望及比較所煽動的焦慮擊垮，也不是我們能接受的。菁英運動的心理健康需要更多的關注，因為現役及退休足球員有三分之一都苦於憂鬱症或焦慮症。[41]

遺憾的是，比較在足球界曾釀成一些悲劇時刻。青少年時期的本特松（Martin Bengtsson）似乎擁有足球員該有的所有天分。十七歲那年，他在瑞典的厄勒布魯體育俱樂部（Örebro SK）首次亮相踢職業比賽，接著擔任十七歲以下國家隊的隊長。人們對這名前鋒寄予厚望，期待他成為下一個伊布拉希莫維奇（Zlatan Ibrahimović），那位令人生畏、擁有「足球史上得獎最多的前鋒」紀錄的知名瑞典球員。有一張他們兩人的合影，照片中茲拉坦身高壓過慘白憂鬱的馬丁，笑容滿面地摟著他的肩膀。十九歲時，他進入義大利球隊國際米蘭（Inter Milan），伊布拉希莫維奇曾為該隊攻進五十七球。本特松一直夢想要在義大利踢球，但現實不如預期。他感到迷惘，因為足球表現是他在俱樂部能繼續受到重視的唯一認可。接著他因受傷而表現下滑，而這種無止盡的訓練和比賽循環，就像一座無法脫逃的「監獄」。「我需要找個人聊聊，而不是只跟我說『再努力一點』或『想法正面一點』。」就如他所解釋的，為了得到更好結果而承受的競爭壓力，是他犧牲更全面的社會

發展換來的。他變得越來越憂鬱而找不到出路：

> 我可能自尊心太強了，沒辦法直接說「嗨，這個我做不來」。我覺得太丟臉，而這種丟臉讓我想自殺⋯⋯應該是在 2004 年 9 月 21 日的前一晚，我在浴室裡準備好剃刀。隔天早上起來割了自己的手腕手臂，然後開始流血。我不知怎地進了房間，在那裡昏倒了。[42]

國際米蘭的青年學院對於這種激烈行為缺乏準備。一位諮商師前來跟他聊聊，但只給了他空洞的回應：「你是全球最大俱樂部的足球選手，收入不菲，還有車。」而她說的最後一句話是：「你想跟哪個名模上床都可以。」本特松不久後就從足球界退休，成為了音樂家。如今，他巡迴瑞典各處，跟年輕足球員談菁英運動帶來的心理挑戰。

金球獎

儘管梅西早年被拿來跟馬拉度納比較，但他的職業生涯依然成就非凡。二十幾歲時，隨著持續的精進和成就的累積，他越來越常被人拿去跟另一名成績與他不相上下的世界頂級新秀羅納度（Cristiano Ronaldo）比較。這兩人同樣擁有輝煌的戰績，生涯大部分時間都在西甲聯賽中度過，而且都是世界上收入最高的運動員，每個賽季的薪資和贊助收入就超過了一億美元（約台幣二十億元）。他們經常打破一年進五十球的紀錄，贏得十座代表進球最多者的歐洲金靴獎（梅西六座，

羅納度四座），而且最不可思議的是，兩人加起來拿了七十八個主要獎項（羅納度三十四個，梅西四十四個）。十多年來，兩人主宰了足球界，任何其他偉大的球員都會被拿去跟這兩名對手比較。就如世界盃得主、現任法國隊隊長姆巴佩（Kylian Mbappé）所解釋的那樣：

> 你確實總是會拿自己跟所在運動圈的佼佼者比較，就像麵包師傅會拿自己跟周遭最厲害的麵包師傅比較一樣。誰的可頌麵包做得最好，誰的巧克力麵包最好吃？我覺得梅西成就了羅納度，羅納度成就了梅西。對我來說，他們是史上最好的兩個球員，但我覺得如果他們少了彼此，恐怕就沒辦法連續十五年遙遙領先其他人。或許他們會在某個時候放飛自己。

在 2018 至 2019 球季（歐洲職業足球比賽多是夏季開打、翌年夏季結束），姆巴佩和梅西競逐歐洲最多進球寶座，但他發現不論自己表現有多好，梅西始終都領先他：

> 我進兩球，他就進三球；我進三球，他就進四球。這實在太扯，扯到我跟烏斯曼（Ousmane Dembélé，姆巴佩的朋友兼梅西在巴塞隆納的隊友）說：「這怎麼可能！他故意的嗎？他有在算我進幾球嗎？」烏斯曼跟他說：「他當然有在盯你！」[43]

該季梅西比姆巴佩多進三球，連續第三年拿下金靴獎。

每一年，梅西和羅納度都在足球界最耀眼的晚會上相聚，因

此 2015 年 1 月 12 日在瑞士蘇黎世湖畔 19 世紀音樂廳「會議廳」（Kongresshaus）的那個場合，對他們來說稀鬆平常。那年是男性時尚的低谷，這兩位足壇巨星穿著最誇張的西裝比鄰而坐，就好像一對招搖的華麗孔雀在炫耀自己的地位。梅西身穿金屬質地的勃艮第酒紅色三件式西裝，搭配著領結和黑襯衫；羅納度則身穿有光澤的藍黑色圓翻領燕尾服，搭配開至胸口下的背心。那年羅納度稱霸全場。這位一身古銅皮膚、神采奕奕又精心打扮的一百八十八公分葡萄牙前鋒，威風拿下年度最佳球員金球獎（Ballon d'Or）。他和梅西一共拿過十三座金球獎（梅西八座、羅納度五座）。他們的雙人壟斷實在是太過驚人，因為不只得獎，他們從 2007 至 2023 年除了四年之外，年年都入圍前三名，這是一項團體運動的非凡個人成就。

他們在金球獎上的卓越地位以及獎項本身並非沒有爭議。有些人認為，這個單一獎項體現了當代足球的一切錯誤：這是一種商業利益推動的虛華和個人主義的活動，打造出對於名人的崇拜。這個獎項是由國家隊總教練、隊長和記者投票選出來的，偏好某些類型的球員（前鋒）以及隊伍（知名隊伍）。敵隊俱樂部和國家之間的政治角力，扭曲了結果的可信度，但這個賽事在足球行事曆上原本很平靜的時刻吸引了人們的興趣。頂尖球員的比較，餵養了社群媒體機器，並成為球迷之間最熱烈討論的話題。該獎以及其他 MVP（最有價值球員）獎項都很主觀，既是一場人氣較勁，也是誰對球隊的成功貢獻最大的重大指標。亨利（Thierry Henry）於 2014 年曾質疑，為什麼無與倫比的西班牙國家隊，2008 到 2012 年拿下兩屆歐洲國家盃加上 2010 年世界盃的這一整段空前連勝，從未獲得人們的認可。「我希望得到解釋，為什麼過去

四年沒有一個西班牙人贏得金球獎？這個比賽太注重個人了。明星球員是很棒，但他們是在球隊裡面才這麼棒，而在球隊之外。」[44]一個比較寬容的解讀是，伊涅斯塔（Andrés Iniesta）、拉莫斯（Sergio Ramos）、哈維（Xavi）等眾多西班牙球星分散了票數，但另一個解釋是，幕後的國際足球總會（FIFA）政治力要推銷梅西和羅納度，因為他們已被樹立為擁有高知名度和商業吸引力的運動名流。不管哪個解釋，都凸顯了個人排名的荒謬。

金球獎獎勵虛榮心，並把個人成就置於團隊成就之上。作為足壇的終極比較手段，它助長了現代足球中眾多球迷痛恨的各種面向：名流文化、過度自我膨脹、商業主義；最糟糕的是，它可能會妨礙良善的足球。球員積極地把獲獎當作目標。甚至有贊助商鼓勵他們。據稱，巴西明星球員內馬爾（Neymar）如果拿下這個夢寐以求的獎項，就會從耐吉（Nike）拿到七十五萬英鎊（約台幣三千萬元）的獎金，這還不包括他已經在領的一年三千六百萬英鎊（約台幣十四億元）品牌宣傳費。[45]你沒辦法當足球員肚裡的蛔蟲，但羅納度的言論會讓你猜想那搞不好影響了他的踢球方式。比方說，會不會影響到他決定是否把球輕鬆傳給位置比較好的隊友，還是遠射一腳致勝球？羅納度談過他的執著：「第二座金球獎是我人生最美好的一刻。」他在紀錄片《羅納度》（Ronaldo）中這樣解釋。「到後來，我的抱負變成想要得到更多、還要更多。」[46]當他於2014球季贏得第三座金球獎時，他放聲大吼「Siiii」，也就是歡呼「Yes」的意思。這簡直就是說，對這位葡萄牙隊長而言，在瑞士阿爾卑斯山上穿著閃亮藍西裝的那個冬夜，比前個夏天於里斯本的歐冠決賽上跟另外十個穿皇家馬德里偉大白球衣的隊友，以4：1

擊敗同城對手馬德里競技（Atlético Madrid）而獲得的勝利更有價值。這個獎項代表的意義，是個人脫離隊伍的集體榮耀而獲得的勝利。這是個謬誤。就如亨利所主張的，現代足球的成功奠基於齊一的行動和紀律，球員則是無私地為了共同的勝利而努力，而不是找機會炫技想被剪進球賽精華。踢球時創意固然重要，但像羅納度和梅西那樣的球員若要大放異彩，他們身邊的人必須把自己的角色執行到完美。金球獎這個例子說明了在高度商業化的團隊運動中，選手是如何被個別化、遭到比較，並在激勵下去奮力爭取自己的榮耀。

體育娛樂

對剛起步的運動員來說，跟過往相比可能會讓他們難以承擔，而主觀排名也可能將個人的名流地位膨脹到球隊的名聲之上。運動是不完美的實力至上制，儘管在公平競爭下菁英能脫穎而出，但在運動場外，運動媒體和文化會塑造並摧毀名人：透過跟服裝品牌簽下廣告合約、記者的言詞、針對選手和教練的評論，以及日益增多的社群媒體。經紀人或形象顧問在塑造選手職業生涯上起的作用，就跟教練以及給予選手的訓練提示一樣重要。商業化稀釋了運動的純粹，然而許多球迷知道這點卻還是接受現場活動變成了按次付費的運動娛樂。賽場之外，浮誇的演出十分招搖：煙火、中場表演，以及穿著吉祥物戲服的表演者，簡直像是一場討好群眾的馬戲表演。這種浮誇氛圍把職業運動框定為一種消遣，提供給社會的一部分人。商業化過度吹捧某些菁英運動，加劇了比較，擊垮運動員或讓他們一飛衝天。但到目前為止，

我的論點仍有一個明白的缺漏，而那種缺漏在運動寫作中如此普遍，普遍到被視為理所當然。

這些比較全都發生在男性運動員身上。四波女性主義運動對世界體壇的影響甚微。遺憾的是，對新崛起的女性運動員來說，可以比較的前輩十分稀少，能夠拿來比較的運動巨星更是稀少。能夠激勵年輕女孩去實現難以想像的成就，或是鼓勵女性每天都更努力的偶像，更是少之又少。媒體關注、贊助和圍繞女性運動員的華麗慶典也比較少。這不是因為女性菁英運動員不存在，而是邁向運動不朽聖堂的大門被男性守門人把守。從體育新聞部、理事機構，到大力提升菁英運動地位的廣告部門，整個產業都是父權制度。要是真有女性超級運動明星突然讓大眾留意到，她們也常被拿去跟男性相比，而不是跟其他的偉大女性比較。

在美國北卡羅萊納州派恩赫斯特（Pinehurst）高爾夫球場上，高大的長葉松成群長在砂質山脊上，切分出山谷中的林間空地；這裡是舉辦比賽的絕佳美景勝地。2000 年，年僅十歲的魏聖美（Michelle Wie）第一次登上新聞頭條，她參加美國高爾夫協會（United States Golf Association，USGA）女性業餘公共球場錦標賽（Women's Amateur Public Links Championship），並成為史上獲得業餘錦標賽參賽資格的最年輕選手。四年後，她成了暨「老虎伍茲（Tiger Woods）後最受矚目的高爾夫奇葩」。這位韓裔美籍選手於 2004 年索尼公開賽（Sony Open）站上開球區，成為有史以來參與男子 PGA 巡迴賽（PGA Tour）的最年輕選手。曾經排名世界第一並在該年一月的那週與魏聖美同場競技的艾爾斯（Ernie Els）當時說：「她是真正的奇才。我很幸運能遇上老虎伍茲橫空出世的時

代，我在他還是業餘選手時看過他的表現。而我在魏聖美身上看到的許多特質，都讓我想起了老虎伍茲。我不記得有看過哪個女性高爾夫選手揮桿像她揮得那麼好。」[47] 她在自己的誕生地檀香山比賽時，首次挑戰時只以一桿之差未能晉級。打從一開始，魏聖美如此受到矚目，就不只是因為她是個高爾夫神童，而是因為她是個可以與男性競爭的女性。她和老虎伍茲以及其他男性的比較，引起了全球關注。索尼自發表第一台隨身聽所累積的知名度，恐怕還比不上2004年魏聖美登場時瞬間替它們增添的知名度。

　　過去二十年間，魏聖美拿下包括2014年美國公開賽在內的五個女子職業高爾夫協會（Ladies Professional Golf Association，LPGA）獎盃。她還在男子PGA巡迴賽出場八次，但從未晉級。雖然她在女子高爾夫球方面成績斐然，但她從未躋身LPGA勝場次數最多的前五十名高爾夫選手之列，也沒有進入名人堂。但她仍是最著名的女性運動員。打從第一次在全球攝影機前踏上球道以來，她一直是廠商夢寐以求的代言人。2006年，她成了全球收入第六高的高爾夫選手，收入有二千零二十萬美元（台幣近六億），大部分都是場外收入，而且那些收入就跟伍茲一樣，大部分來自耐吉。她的其他贊助商除了索尼，還包括起亞（Kia）和麥當勞。[48] 她參加男子比賽讓她名聲大噪，而且隨著她逐漸長大，她又因外表而持續受到關注。魏聖美覺得自己遭到誤解，而且人們太過關注她在場上的穿著：「我穿短裙並不是因為我想要暴露，而是因為我不喜歡裙子束縛大腿中段的感覺。」[49]

　　如今來到三十歲中段的魏聖美，已不再參加男子組比賽。一方面，與男性高爾夫選手的比較，尤其是跟伍茲的比較，提升了她的形象，

讓她贏得大筆贊助，最終讓女子高爾夫球更受關注。她收割了這些好處，成為財力雄厚的名流。但另一方面，參加男子比賽也讓她遮蓋了許多更成功女性高爾夫選手的光彩，還引起一些爭端，包括利用贊助商的豁免權，受邀參加原本並不符合資格的比賽。在談到贊助商邀約以及與男性高爾夫球選手的競爭時，魏聖美始終含糊其詞。她擁有史丹福大學的傳播學位，並定期以專家身分上電視，也善於管理自己的公眾形象。很難知道那些比較對她有什麼影響，但在 2008 年第八次嘗試晉級 PGA 巡迴賽之後，她說：「不論是女子比賽還是男子比賽，打一局好球，打出低桿數後的感覺都是一樣的。能打出幾場精采的高爾夫比賽，讓我很興奮。」[50] 這表示，她再怎麼樣首先都是個運動員，只想盡力達到自己的最佳表現。

客觀與主觀比對

正如女子網球選手先驅比利・珍・金（Billie Jean King）所言，「我們要進入男性競技場，才會受到注目，這實在令人難過。」魏聖美的經歷就是一個很好的案例。她的出名是與男性競爭的結果，而不是在女性運動中的成就。要逃脫這種比較的牢籠，女性運動得要提升到一個公平的立足點，其中一個引起大眾注意的辦法是爭取酬勞平等。美國女子足球隊曾要求跟男性球員一樣的工資，後者在世界盃這類國際錦標賽中往往只有亮相湊數的份，而美國女子隊已贏得世界盃四次，只不過她們在 2023 年的表現令人失望。女足取得了巨大的商業成功，替美國足球創造的收入是男子隊的兩倍。與隊友共同擔任隊長的拉皮

諾（Megan Rapinoe）帶頭爭取公平薪資，主張她們之所以爭取是為了更全面的性別平等：「這實際上關乎世界各地的女性在職場上能得到平等和尊重的對待。」[51]

2020 年，拉皮諾贏得了女子金球獎（Ballon d'Or Féminin）。與男子獎一樣，她的獲獎既是對運動傑出表現的認可，也是一項主觀的人氣競賽。她的得獎無可爭議。拉皮諾似乎具備一切條件：贏得世界盃球隊的隊長，因公開支持 LGBTQ+ 權利和性別平等而深受讚揚。在回絕白宮的邀請後，她在美國有線電視新聞網 CNN 的直播上抨擊川普總統：「你的言論在排擠人。你正在排擠我，你正把排擠像我這樣的人，你正在排擠有色人種，你正在排擠或許支持你的美國人。」[52]

拉皮諾是史上第二個贏得這個足球最高個人獎項的女性獲獎人。前一年，效力於奧林匹克里昂（Olympique Lyonnais）的挪威前鋒赫格伯格（Ada Hegerberg）率先拿下這個獎項。遺憾的是，這個已經遲到太久的平等認可時刻，卻因為爭議而遭到掩蓋。獲獎後，她被主持人法國 DJ 佐爾法伊格（Martin Solveig）問到，她能不能跳「電臀舞」——一種名聲不佳的性感流行舞蹈。這個問題可說是極為失當、近乎騷擾。你根本無法想梅西或羅納度這些男性球員會在他們的榮耀時刻被如此羞辱。這位挪威球星堅定地回了他一個不。現場觀眾驚呆了，鏡頭還掃向獲得年輕選手獎（科帕獎〔Trophée Kopa〕，與金球獎同時頒發）的姆巴佩，而他驚恐萬分的反應說明了一切。之後社群媒體上出現大量對佐爾法伊格的抨擊。在稍晚的訪問中，赫格伯格試圖將話題從憤怒中轉移，並說明這獎項的重要性：「很明顯地，這是個個人獎項，且它仍是一個象徵，因為我們談的是女子足球。那基本上是世界上最大規模的

運動,證明了我們正朝向對的方向走。」她進一步談到,她想成為年輕女孩的榜樣,還談到同樣身為足球員並在巴黎聖日耳曼(Paris Saint-Germain)效力的姊姊,是怎麼激勵她好好表現的:「我們從小就互相激勵、支持彼此。她是我生命中以及我職涯中最重要的人,因為她總是在我需要時幫助我,直到今天我們都是最好的夥伴和姊妹,我們之間有著特殊的羈絆。」[53]對赫格伯格姊妹來說,一些溫和的競爭和共同合作,幫助她們爬到世界的頂端。這些打從孩提時開始的個人比較,是讓她們的人生更臻於完善的基礎。

喬丹、梅西、魏聖美或赫格伯格的優秀都代表了實力至上論,而他們的成就和失落,都與公認既定規則內客觀可衡量的成績表現有關。然而他們的明星地位,也有著程度不一的主觀性質。基本上來說,他們的地位來自運動能力以及奪冠經歷,但他們的名聲也是運動娛樂產業的產物;該產業並不總是公平地比較女性和男性運動員,反而是被主觀的外表及魅力評估牽著走。一種客觀的迷霧隱藏了主觀的現實。就如我在地理學界的同僚拉希德(Kevin Lougheed)在科學研究方法入門課上說的那樣。他在課堂上放了一張來自《史酷比》(Scooby-Doo)動畫的投影片。《史酷比》每一集的倒數第二幕都有這樣的老哏:神祕事件公司(Mystery Inc.)的四名青少年成員——費德(Fred)、夏奇(Shaggy)、戴芬(Daphne)、薇瑪(Velma)——會揭穿看似超自然現象的反派,讓大家看見他只是個穿戲服的真人——某個在節目開頭就登場過的可疑角色。凱文那張揭穿真相的投影片上有這樣的字幕:「客觀啊客觀,我們來看看你的真面⋯⋯哦!搞了半天原來是主觀!」把體壇巨星拿來比較的行為也是如此。我們可以把馬拉度納和梅西的所

有足球成就列出來,徒勞地試圖產出客觀而指標化的比對,但到頭來,它還是會歸結為一個主觀的評估,最後會脫穎而出成為史上最偉大球員的,到頭來還是我們最喜歡的那個足球員。

如果說運動方面的比較是以客觀的表現衡量標準為依據,那麼其他行業的偉大就是毫無掩飾的主觀。下一章我們將前往政府和文化領域,那裡到處都是偉大人物充滿爭議的成就。在這些領域,關於偉大程度的比較已超過藝術家、名流、政治人物和科學家等關鍵個人的貢獻,反映出社會內部不平等的權力關係,以及人們對於某些男性領袖持續而有選擇性的崇拜。

這樣比太扯!

第三章

誰是有史以來最偉大的英國人？

將偉大人物互相比較的行動，揭露了社會的哪些部分

英國百大偉人

　　跨過西敏橋（Westminster Bridge），冷空氣沿著泰晤士河迎面而來，溫度也隨之下降。夏天的微風很宜人，讓人擺脫被水洩不通的城市街道困住的熱氣。在冬天，潮濕的寒意刺骨，人們把外套拉得更緊，腳步也加快了。往河的北岸走去，聳立的西敏宮比你想像的更小，但它仍是英國政治機構的強大象徵。下議院旁邊，國會廣場的綠地周圍圍繞著十二尊雕像。其中一尊為女性，十一尊為男性。它們並非像時鐘整點那樣平均排列，而是圍在花園的邊界上，連成一條迴力鏢狀的曲線。在西南角落的是曼德拉。順時鐘走下去，下一個是皮爾（Robert Peel），19世紀五任首相中的第一位。然後是林肯（Abraham Lincoln）、聖雄甘地（Mahatma Gandhi），然後迪斯雷利（Benjamin Disraeli）。於2018年最近添進去的是唯一的女性，婦女參政運動者的領導者福西特（Millicent Fawcett）。然後是六名政治人物。最後一位是最備受尊崇的人

物邱吉爾，他穿著有鈕扣的大外套，拉起領子擋風，一臉與全世界抗衡的模樣，佔據了與大笨鐘相對的角落。

邱吉爾在 2002 年那場獲得一百多萬張選票的英國廣播公司（BBC）民調中，榮登「史上最偉大的英國人」。這位英國戰爭時期英雄的偉大再次獲得了確認。就如一名女性發言人所說的「人人都對此感到欣慰」。公眾從一百個人物名單中做出選擇。儘管邱吉爾受到頌揚符合普遍預期，但這項比賽非但沒讓人人感到欣慰，反而在「偉大該怎麼比較」方面引發了不滿。英國百大偉人在評選方法和設計上都有缺陷。布魯內爾（Isambard Kingdom Brunel）名列第二，超過了達爾文和莎士比亞等史上傑出人士。布魯內爾是工業革命時代的偉大鐵路工程師。他值得被納入百大名單，但登上第二名就讓人有點意外；是布魯內爾大學（Brunel University）的學生發動的選戰，以及一些讓自家候選人爬上榜首的「巧妙」投票策略，把他的名次推了上去。要是真的成功奪冠（其實也幾乎成功），英國廣播公司可就糟大了。布魯內爾意外得到高名次，說明了比較是如何被操弄的。選出最偉大的英國人是一場吹捧美化的紙上競賽，但它帶來的影響並非無關緊要。不管哪個歷史學家回顧起這個日後大量重現的 BBC 指標，恐怕都不會只把布魯內爾勇奪第二當作是投票異常。

比這場民調的方法論更令人在意的，是那份調查三萬人後草擬的百人名單所引起的反應。選出的百人中只有十三人是女性，並且沒有任何非裔英國人。常被人理所當然認定是白人的墨裘瑞（Freddie Mercury，皇后樂團〔Queen〕主唱，印度裔英國人）是唯一的非歐洲人。在 BBC 宣告名單的文章中，這些遺漏沒有得到報導，文章上也沒提到性

別總數的不平衡,或是缺乏非白人代表。[54]今日我們很難想像列出一百個重要人物會如此缺乏多樣性。貝西(Shirley Bassey)、克莉絲蒂(Agatha Christie)、福西特、富蘭克林(Rosalind Franklin)、弗賴(Elizabeth Fry)、霍爾(Stuart Hall)、奧黛麗赫本(Audrey Hepburn)、汗(Noor Inayat Khan)、金斯利(Ben Kingsley)、魯西迪(Salman Rushdie)、西科爾(Mary Seacole)、伍德(Wilfred Wood)或吳爾芙(Virginia Woolf)都沒有位置。其中有些名字可能並不為人所知;而問題就在這兒。像BBC這樣的名單,在與達爾文和莎士比亞這樣大名鼎鼎的偉大人物相比的同時,也吸引人們關注那些未被充分重視的人。此外,這份名單還包含了令人反感的歷史人物,像是擁護法西斯和種族主義的鮑爾(Enoch Powell),以及創立童軍運動的貝登堡(Robert Baden-Powell)——有人指控他處決了一名投降成為戰俘並獲得人身安全承諾的非洲酋長。[55]2002年,BBC引用巴斯大學(Bath University)文化象徵專家哈斯特(Helen Haste)的話說,名單之所以納入貝登堡,就在於他體現了「某些右翼人士的英國鬥牛犬精神」。[56]今日看來,這是一個有欠考慮的荒謬說法。像這樣的公眾名單意義重大,因為它不是只衡量偉大程度,還激發了爭論,吸引了人們注意,並鞏固了聲譽。誰參與了討論和誰是贏家同樣重要。

邱吉爾和強森

英國百大偉人發表後的二十年,邱吉爾仍深受人們的仰慕。2014年,強森寫了一本歌功頌德的傳記《邱吉爾因素》(The Churchill Factor),這本書不僅有誇張過頭的讚揚,還鍥而不捨地拿時任倫敦市

這樣比太扯！

長的自己跟英國戰時領袖邱吉爾相提並論。就如《新政治家》(New Statesman)的洛伊德(Will Lloyd)所寫的：

> 這就是《邱吉爾因素》的精髓所在：在人們眼睛踢入足夠多的傳記之沙，直到他們抬起頭來再也看不清邱吉爾和強森的分界點在哪裡。詆毀邱吉爾的人既勢利眼又有點嫉妒——就跟批評強森的人一樣。邱吉爾的寫作是一種「戲劇化並宣傳自我」的方式——強森也是這樣。邱吉爾對同黨人士的背信棄義是「高尚之舉」——就跟強森一樣。接著，變得越發荒謬。「在習慣上」，邱吉爾「表面上類似伍斯特(Bertie Wooster)喜劇中的人物」——而我從未看過其他傳記作者這樣聲稱。就……像……強森一樣。

他專注於模糊筆下主角和自己的界線。藉由放大邱吉爾身為領袖、記者和民族英雄的特質，來為身為寫手和政治人物的自己加持，因為某些選民會把他跟這名楷模人物聯想在一塊。

儘管受到主流社會的尊崇，邱吉爾仍然是備受爭議的人物。2020年，當「黑人的命也是命」(Black Lives Matter)運動席捲美國並迴盪在世界各處時，從明尼亞波利斯到墨爾本、從費城到巴黎，歷史上那些種族主義者的肖像也遭到追求社會正義的抗議者的攻擊。大笨鐘對面的邱吉爾雕像成了英國抗議活動的主要地點。某個週末，他的雕像遭人漆上「黑人的命若不重要，那所有人命都無足輕重」、「邱吉爾是種族主義者」等標語，當時身為首相的強森，立刻號召民眾捍衛他的

英雄。在《每日電訊報》（Telegraph）一篇引人注目的專欄中，他熱切地宣布他會「用盡全部的氣力」來捍衛雕像，雖說該雕像並未面臨嚴重的推倒危機。邱吉爾雕像的論戰辯護，讓殖民年代紀念碑的保護行動成了法律與秩序議題，還為一場讓英國社會陷入兩極化危機的文化戰爭搧風點火。類似的裂痕已在分化美國，內戰的各種象徵讓美國社會一分為二。其他爭議人物在世界各處留下的紀念物——利奧波德二世（King Leopold II）在比利時留下的遺物，佛朗哥（Francisco Franco）在西班牙的遺物，維多利亞女王（Queens Victoria）和伊莉莎白二世（Elizabeth II）在加拿大的遺物，羅茲（Cecil Rhodes）在南非的遺物，以及庫克（James Cook）在澳洲的遺物——都引發了猛烈質疑，因為它們提出了身分認同的難題。邱吉爾既得到了人民的愛戴，也招致人們的憤怒。強森透過提供至死不渝的支持，將邱吉爾與帝國時期造成分裂的遺物進行折射偏頗的比對，從而贏得了民意。

邱吉爾作為一位韌性十足且意志堅定的領袖，也在大西洋彼岸引起了共鳴。約莫同時，美國各城市爆發抗議，川普卻造訪了華盛頓一間教堂，手持《聖經》合影，呼籲終結動亂。該總統給媒體拍照的時間，警察必須用催淚瓦斯驅散「黑人的命也是命」的抗議者。一名白宮發言人做了一個荒唐欠考慮的比對，主張這個精心設計的宣傳噱頭是美國人力量的重要象徵，類似於邱吉爾當年造訪被炸毀的倫敦。[57] 邱吉爾在戰爭期間的英勇名聲，和面對希特勒時堅定不移的「絕不投降」立場，為每個英國人和許多美國人所熟知。然而，倫敦和華盛頓有所不知的是，儘管邱吉爾在捍衛大英帝國時同樣直言不諱，卻在忽視外國人生命時也同樣輕率。

邱吉爾就跟貝登堡一樣,過去處在侵略性帝國主義的最前線。他年輕時曾經吹噓,自己在蘇丹開槍殺過三個「野蠻人」。他替英國的暴行辯護,其中包括在波爾戰爭(Boer War)期間讓二萬八千名阿非利卡人(Afrikaners,南非和納米比亞的白人移民後裔,以荷蘭移民為主)和一萬四千名南非黑人死去的第一批集中營。曾擔任國會議員的他,要求擴張帝國來捍衛「亞利安血統必定勝利」的信念。他是社會達爾文主義者,相信種族階級和優生學,並認定英國人會在這場全球競賽中獲勝。[58] 擔任殖民地事務大臣時,他於 1920 年代派出惡名昭彰的黑棕(Black and Tan)準軍事部隊,猛烈攻擊愛爾蘭的天主教群體。當庫德族反抗英國統治時,他說:「我強力支持使用毒氣來對付這個未開化部族……(那)會引起強烈的恐懼。」1931 年他離開政府,對印度自治運動發動作戰,並擺明主張印度人大多是「原始人」。

邱吉爾的領導風格在印度次大陸表現得最糟糕。他強烈反對印度自治,並在一次內閣會議中針對聖雄甘地的自決主張說出了以下的言論:「不能僅僅因為甘地威脅絕食,就把他給放出來。要是他死了我們就除掉了一個惡人,以及帝國之敵。」後來,他對印度人命的可怕忽視,在一個更大規模上得到體現。1943 年,孟加拉爆發饑荒,造成多達三百萬人死亡。這是一個難以想像的數字,但換個方法就能顯示這場災難的規模有多大;整個二戰期間,英國平民和軍事人員的死亡人數約四十五萬人。曾獲諾貝爾獎的經濟學家森(Amartya Sen)指出,孟加拉的死亡人數是帝國政策導致的結果。當殖民地的人民挨餓,英國官員請求首相調整食物供應的分配,邱吉爾拒絕了,怒稱他們「像兔子一樣生不停」是他們自己的錯。[59] 許多英國人可能不熟悉這些 20

世紀的全球暴行,但有個人應該十分清楚這些細節,那就是邱吉爾的傳記作者:強森。

2020 年,「黑人的命也是命」的抗議者在更全面爭取種族平等的行動中,呼籲重新評價邱吉爾的歷史遺產。面對這些抗議者,時任首相的強森不但無視他們的聲音,還翻倍支持邱吉爾。把自身聲望攀附在邱吉爾之上的強森,將那位戰時領袖的政治遺產,當成更全面的兩極化民粹主義認同的一部分而予以借用。鮑里斯(強森)這品牌,概括呈現了一種對於英國在全球舞台上偉大成就的懷舊遺緒。這是一種帝國式的偉大。英國相對優於他國的財富、權力和地位,源自於殖民貿易以及對世界各地的非洲人、印度人、愛爾蘭人和其他人的剝削。他的英國夢不斷回溯至二戰期間,並把英國在這場全球衝突中的領頭地位訂為國家歷史的決定性時刻。這種對英國戰時竭盡全力以及「大轟炸精神」(blitz spirit)的頌揚,是一種非常普遍的說法,本書到了第十二章將會探討當代數不清的文化和政治時刻,是如何被拿去跟 1943 至 1945 年的種種事件對比的。

強森這種受到邱吉爾影響的國家主義為他贏得大選,並與一種獨特的個人主義父權制有關。把國家跟一個所謂的偉人配對起來,是種存在已久的聯想,餵養了「單一英雄人物可以靠意志力達成重大改變」的神話。川普想要追隨美國開國元勳的腳步,一手「讓美國再次偉大」;戴高樂主義在法國成為一種介於隱喻和模範之間的宏大政治認同,有心效仿的領袖會把自己與之相比。

透過英國脫歐公投的勝利和自己的勝選,強森有所選擇的英國國家主義和顯而易見的使命感,一直是他向選民推銷用語的關鍵成分。

2020年底英國脫歐時，他底下一名保守黨議員在下議院耀武揚威地發言，滿心讚賞地把強森比做邱吉爾甚至亞歷山大大帝！[60] 有鑑於強森不到兩年就不甚光彩地離開西敏宮，這番話顯得荒唐可笑。雖然邱吉爾式的自信和陽剛在英國社會滿多人身上產生強烈的共鳴，但今日的選民並非1950年代那群再次選出邱吉爾的狂熱愛國民眾。一個越來越多文化、有許多殖民主義後裔並由文化全球化塑造的社會，意味著黑人、白人、亞洲人、英國人或歐洲人等身分的公民，都越來越會重新思考國家與歷史遺產的關係，並挑戰國會廣場雕像那類的帝國象徵。最終，強森自己的政黨將他趕下台，在這個大事不妙的時刻，證明了「有志成為偉人的人，其實仰賴更全面架構的支持」。

世界各地的偉人們

偉大意味著什麼？英國電視節目和大眾投票只是一系列全國百大XX競賽的第一步而已。過去二十年間，世界上有三十九場這樣的競賽，從2002年BBC的原版，到2018年最近一次在斯洛伐克舉辦的投票，每一場投票都反映了不同國家在文化和政治史上的特徵，但也有重要的共通性，讓我們更加瞭解在這些備受矚目的人物比對中，人們最重視的是什麼。

一些國家級的獲勝者是國際上家喻戶曉的人物，而且還是世界史上最有名的人物，好比說法國選了戴高樂（Charles de Gaulle）、南非選了曼德拉，而義大利選了達文西。其他人就比較鮮為人知了。最偉大的印度人是安貝德卡（Bhimrao Ramji Ambedkar），他是重要的政治家和

改革者，是在知名度比他高上許多的聖雄甘地被排除在外後才脫穎而出的。如果甘地也在名單上，應該會獲得壓倒性的勝利，從而削弱驚喜感，並讓整個節目不具競爭效果。基於同樣的理由，伊莉莎白二世和其他在世的王族也被排除在英國節目之外。巴西的競賽遵循足球淘汰賽的架構，競爭者捉對比較，最後的獲勝者出乎意料是靈媒夏維耶（Chico Xavier）。在探索頻道的《最偉大美國人》節目中，贏家不是大家預期的林肯、華盛頓、富蘭克林等總統，甚至也不是金恩博士，而是一個在小螢幕上更自在、後來轉行做總統的前電視演員雷根（Ronald Reagan）。

這檔美國節目於 2005 年雷根總統過世後不久播出，一播出就引發了投票支持的強烈迴響。他的兒子朗（Ron）告訴探索頻道，他父親不久前過世可能是成功奪冠的因素，並表示：「能加入這些偉大紳士的行列，我相信他會感到非常榮幸。」事後來看，雷根的票數大增的確不尋常，也是一種不合理的比較，但他的獲勝隨後被肯格爾（Paul Kengor）等保守評論者使用，來渲染他的名聲。跟英國原版一樣，美國版也面臨持續不斷的批評，特別是它彙編歷史人物名單的方式以及過於側重當代名人，像是狄珍妮（Ellen DeGeneres）、梅爾吉勃遜（Mel Gibson）、拉什林博（Rush Limbaugh）、麥可摩爾（Michael Moore）、瑪莎史都華（Martha Stewart）或菲爾博士（Dr Phil）等人，都不太可能出現在今日發行的美國百大偉人名單中；這些人裡面有些已淡出公眾意識的最前線，其他則是名聲早已敗壞。

儘管美國的那場比賽已是二十年前的事，但它的影響仍在持續發酵。以色列出生的藝術家拉哈夫（Jac Lahav），把探索頻道的製作當作

出發點，創作了他備受矚目的系列作品，其中包括超過三十幅名人肖像，以此頌揚在歷史、傳說和想像中層層疊疊的美國生活。這些作品於 2010 年起從李奇蒙美術館（Richmond Art Museum）開始巡迴，到 2023 年時仍在史雷特美術館（The Slater Art Museum）展出。這是一個持續演變的經典之作，探索了此類競爭如何成為備受爭議的文化遺產。拉哈夫如此費盡心思，並非想客觀地尋找出一位獨一無二的偉大美國人；相反地，這些肖像作品以一種批判方式，反映了這種齊一式偉大概念之不可得。就如拉哈夫所言，這些比較反映了「『誰是我們眼中的美國偉人』和『誰真正偉大』之間的拉扯」。為了反映這種模糊性，作品中收錄了幾個新名字，像是露絲拜德（Ruth Bader）、梅阿芳（第一位移民美國的中國女性）、衝鋒熊（Charging Bear，又稱第一民族領袖「小巨人」），甚至還半開玩笑地放了自己養的狗，Instagram 明星巴哥犬──摸摸（Momo）。[61]

把鏡頭拉更遠，一口氣橫過所有三十九場的全國電視競賽，就可以看到一個趨勢最為引人注目，也成為貫穿前三章人物比較的關鍵主題；那就是在任何一個國家的競賽中，女性獲選者都徹底缺席。不只從來沒有女性獲勝者，甚至在進行這種競賽的國家百人候選名單中，女性都只佔很小的比例。就算今天把已故的伊莉莎白二世納入英國競賽後重比一次，她的必然獲勝對女性主義者來說也只不過是個空頭獎項；她之所以能夠超越性別劣勢，靠的不過就是她不勞而獲世襲到的出身和特權優勢。

哪些人會被納入討論範圍為辯論設定了界限，並反映了在社會中演變不被承認的偏見。英國百大偉人名單中女性的代表性不足，並將

少數族群排除在外,從而複製了以男性為主且專屬白人的英國民族認同。黑人社區的憤怒促使他們於2004年公布了一份英國百大黑人名單,由護士先驅西科爾列名榜首。在「黑人的命也是命」於2020年引起全球關注後,「英國百大黑人」的新名單也出版了,但這一次該計畫出版的是一本頌揚集體的書,包括新的榜樣以及先前鮮為人知的歷史人物,而不是BBC民調那種只有單一獲勝者的美化版人氣競賽。近期一項調查發現,大部分的英國成年人沒辦法講出英國歷史上的黑人人物,更突顯了這類計畫的迫切性。[62]

如果有人質疑是否有必要就「誰值得公開紀念」展開更深入的全國性的對話的話,我們可以回到國會廣場。福西特的雕像,是在女性主義長期呼籲英國女性在公眾生活應該更具代表性後被豎立起來的。另外八座雕像持續穩固國族的白男認同。除了它們之外,四位偉大外國領袖中的三位——甘地、曼德拉和林肯——或許代表了族群多樣性,也代表了民主、平等和自由之聲。然而,在它們與種族隔離的堅定擁護者、南非首相史末資(Jan Smuts)共用國會廣場時,這種效應也被削弱了。

重新思考偉大

將邱吉爾和強森做比較的討論,最首要的目的並非在認定這兩個政治領袖的性格相似還是不相似。現代的英國歷史學家主張,強森就是比不上邱吉爾。山德布魯克(Dominic Sandbrook)和霍蘭德(Tom Holland)則指出,邱吉爾那位品格低劣、專營大眾吸引力的父親,也

就是托利黨民粹主義者倫道夫・邱吉爾勳爵（Lord Randolph Churchill），恐怕比他兒子更像強森。倫道夫非常擅長透過談及女王和帝國來煽動群眾，並形容他的對手「道貌岸然」，是「唱衰仔」；這些都是強森嗆下議院反對派時會說的話。他也是個徹頭徹尾的投機主義者和「糟糕的人」，試圖勒索威爾斯親王，而這些只是這位「有才幹但完全不能信任且不可靠的人」種種沒品爛事的一部分罷了。就如山德布魯克所主張的：「強森以邱吉爾為模範，但更恰當來說應該是倫道夫勳爵。」[63] 他與那父親有著一樣的人性缺陷，而不是跟那兒子有著一樣專心致志的政治遠見。強森試圖把自己硬塞進邱吉爾的模子中，以此複製的權力模式最終注定失敗。

　　這兩位記者出身的首相之間或許存在著某些相似性，所以若是只看表面，邱吉爾和強森之間的比較根本是鬼扯比對。然而，最根本的論點其實更深，也就是強森「想成為新的英國國家標誌人物」並「複製邱吉爾受到的尊崇和權力」的赤裸裸欲望，是一種嚴重錯誤且狂妄自大的志向，複製了一套過時的殖民主義、父權制度和壓迫性觀念。這位堅忍不拔的二戰領袖是死忠的大英帝國擁護者，他信奉種族主義觀點，無情地忽視外國人的性命，而且要為幾百萬人的死亡負責。邱吉爾的鬼扯世界觀並不適合 21 世紀的領袖。

　　從問「誰是最偉大的英國人」開始，本章揭露了邱吉爾在英國史上最糟糕的時刻，包括他在帝國衝突、暴行和飢荒中扮演的角色。對大不列顛島之外的愛爾蘭、非洲和印度，與其說他是那世代的英雄，不如說是個惡棍。或許我們可以取消這個有害的比較，找出另一個值得國家仰慕的個人？或許是名知名科學家或作家，或是不同類型的政

治人物？不管（好比說）達爾文、莎士比亞或伊莉莎白二世當中誰榮登最偉大英國人，終究來說並不重要；他們都有人類的缺陷，但我們理當讓他們和更廣泛、更多元且不斷發展的傑出人物群體一起接受頌揚。他們的偉大不只來自於他們的原創性，也源自於他們的出生環境、他們與其他學者、藝術家和政治領袖的聯繫，以及他們在更廣闊的全球社會中扮演的持久角色。個人比較會引發激烈而有趣的辯論，但從更廣泛的關係視角審視歷史上的關鍵女性和男性，不只能讓我們認識某些偉大人物，還能瞭解到一個偉大的社會需要什麼。就如拉哈夫的《偉大美國人》和「英國百大黑人」這類範例所闡明的，比較可以有效地吸引我們留意那些不會經常想到的人，並且開始幫助我們平反歷史上的社會不公義。

更廣泛來說，過去二十年遍及全球的「百大偉人」比較都是鬼扯，因為，雖然戴高樂和雷根可以算是真正的法國人或美國人，但這種電視轉播模式的整個前提存在著缺陷。當社會舉行競賽，而不是對不受時間影響的客觀成就提出總體看法時，這種競賽反映的是當下的社會態度。這種比較行為只是一種議論工具，反映了在歷史的某一刻某些人擁有特權，而那些人壓倒性地是男性、有領袖魅力、信奉國家民族主義，而且野心勃勃到無情的程度。他們把個人擺到集體前面，預示了一種更全面邁向個人主義的社會趨勢。在一個越來越競爭的世界裡，我們全體每天都被逼著互相競爭。從社群媒體發文按讚分享的競爭，再到 RateMyProfessors.com 上被比較的學者，以及 TripAdvisor 上各間動物園的線上評論，再到學歷工作方面的成就排行：基於績效的衡量標準催促我們去比較。以比較的方式瞭解社會很直觀易懂，但那總

是有益的嗎？比較往往是差勁、懶惰又危險的，卻對日常生活發揮了強大的影響力。競賽和排名影響我們的決定，扭曲了我們的記憶，並塑造了我們與人互動的方式。

前一章闡述了女性成就如何被男性成就所遮蓋，而這個模式又從家庭中和當地學校中，繼續帶到運動場以及世界上最成熟的議會民主國家之中。第二章談到人們對體壇偉大成就的理解反映了父權制關係、透過贊助施行的商業力量，以及運動娛樂的興起對男性成就的促進作用，還有個人名聲凌駕團體榮譽的現象。在更廣泛的社會中，偉大本質上來說是個人主義的。這從民主政體眾多領袖成功佔據「百大偉人」全國競賽名單的四分之一，並在票選中獲勝，就能明顯看出。儘管他們都有人氣背書，但他們的成就絕不能只歸功於他們獨特的品質和領袖魅力，還取決於他們背後的政黨力量和更全面的運動力量。

最後，我們來思考一個跟邱吉爾有關的比較，因為這個比較在下一章還會出現。邱吉爾除了身為「最偉大的英國人」以及作為強森自我吹噓的陪襯之外，也因為被比作某種狗而聞名。1940 年，英國面對最黑暗的那一刻，《每日快報》（*Daily Express*）的漫畫家斯特路布（Sidney Strube）畫了一隻鬥牛犬跨在不列顛群島的地圖上，牠的項圈上掛著寫著十號的狗牌，頭戴鋼盔，邱吉爾的頭被嫁接在牠的身體上，鋼盔上寫著「全力以赴」。[64] 這實在是再合適不過。就連他矮胖粗壯的體態、禿頭和一臉橫肉的模樣，都讓他看起來像隻鬥牛犬，而那成了他頑強性格的終極圖樣。整段二戰期間，藝術家都採用了這種聯想。它還跨越大西洋。一張知名海報上畫著另一張漫畫，上頭一邊是邱吉爾面孔的鬥牛站在英國國旗上，一旁寫著「穩住陣腳」，象徵英國抵抗納

粹德國擴張的奮鬥。雖然這個形象是繪者憑空想出的,但邱吉爾當年的第一隻寵物還真是一隻叫「度度」(Dodo)的鬥牛犬,是他在哈羅公校(Harrow School)念書時賣掉腳踏車買的。[65] 當公眾人物的形象和狗之間有這樣的相似性時,一個問題出現了,那就是:把人跟他的寵物進行比較是恰當的嗎?狗像主人嗎?

這樣比太扯!

第四章

狗會像主人嗎？
非人類比較如何藏匿階級和種族偏見

展示犬

嶄新的阿斯特羅人造草皮（AstroTurf）綠色臺面呢毯，正等待著參賽者出場。明亮的大廣告牌圍繞著體育館，擴音器的爆響回音燃起群眾的興奮。來自比利時、葡萄牙、俄羅斯、泰國和英國的參賽者一路走到場地中央，優雅地繞過銀色獎盃。人們的期盼逐漸升溫。當裁判首度沿著隊伍走來，敏銳地上下打量每隻狗，觀察牠們的頭型、身形、腿部，試著在完美的身軀上尋找瑕疵時，一種緊張的冷靜感降臨。電視評論員低聲逐一介紹決賽選手：一隻薩摩耶犬、一隻蝴蝶犬、一隻貝吉格里芬凡丁犬（Basset Griffon Vendeen）、一隻西施犬、一隻拳師犬、一隻愛爾蘭水獵犬（Irish Water Spaniel），以及一隻蘇格蘭狿犬。克魯夫茨狗展（Crufts Dog Show）的高潮時刻，具備了體育總冠軍決賽的戲劇性以及選美比賽的精彩編排。

追求美還要更美的犬隻，吸引全世界的競爭者前來比賽。每年有

兩百多種品種、共幾萬隻的犬隻在克魯夫茨競賽。然而這種純種狗展並非沒有爭議，建立譜系就是一種維持並推廣偏好基因特徵的嘗試。皇家防止虐待動物協會（Royal Society for the Prevention of Cruelty to Animals，RSPCA）和狗信託（Dogs Trust）等動物福利慈善團體都表達了憂慮，並於2009年停止出席克魯夫茨。[66] 嚴格的育種標準催生出有著理想外觀的狗，但人們想要的理想體態可能帶來不良的副作用，甚至遺傳性的併發症。過於扁平的臉和過多的皮膚褶皺，都有可能導致犬隻的生活品質低落。試圖達到某種標準的育種者，會將同樣品種的雄犬和雌犬交配，而這兩方有可能血緣關係已十分接近。反覆而頻繁的近親繁殖縮小了基因池，有可能會讓致病基因變得普遍，增加遺傳疾病發生的風險，像是髖關節發育不良（關節的球窩不合）、癌症和心臟疾病。西班牙獵犬很可能出現慢性腎臟病，這種漸進的疾病具致命性，通常於五歲發病，被診斷確診後平均只能再活二百二十六天。[67] 帶有該基因的狗不會顯現出病症，但如果親代雙方都有變種的隱性基因，幼犬就有25%的機率繼承這種致命疾病。

犬隻會展現出任何純種育犬者都控制不了的基因變異。繁殖問題在展示犬身上很常出現，畢竟狗主人在狗身上得到了該品種的完美體現，亦即用於比較的終極之犬。有些大受好評的品種是從少量繁殖犬繁衍而來的，如果其中一隻或多隻帶有致病基因，又如果是一隻繁殖出眾多幼犬的冠軍公犬帶有致病基因的話，這種疾病就會散布到整個群體中。配對策略有助於降低致病率，但將某些狗絕育又可能更進一步窄化了基因池並導致基因瓶頸。修正一個遺傳問題可能會產生新的問題。甚至連DNA測試都非萬靈丹。這些測試通常已有專利，也往

往所費不貲,而且測試是基於某基因和某疾病易感性的假定關係。[68]

不論是「選出某個品種的最佳個體」還是「找出終極的頂尖犬」,給狗做比較都是一門大生意。犬展為養狗注入時尚,以特定品種為中心創造話題並抬高需求和價格。巴哥犬和法國鬥牛犬等純種狗備受矚目。有些魅力四射的狗甚至是 Instagram 和 TikTok 上的偶像,擁有大批粉絲。不擇手段的育種者使用不負責的育種策略,靠著短期一窩蜂熱潮來謀利,卻製造出長期的遺傳問題。直到 1990 年代才出現的奧斯卡貴賓(Cavapoo,騎士查爾斯王小獵犬和貴賓犬混種)混種犬,開始在郊區家庭流行起來,因為牠們性格溫順、忠誠、善於交際,而且又有泰迪熊般的外表,最適合拍全家福。混種犬發展出慢性腎臟病這類基因狀況的機率較低,只不過幼犬特徵不如純種犬後代那麼容易預測。奧斯卡貴賓需求量大,而且價格不便宜。一隻幼犬要價一千八百至三千英鎊(合台幣七萬三千元至十二萬元),比沒那麼上相的品種貴太多。

克魯夫茨並不是社群媒體時代的產物。該展會打從 1891 年創辦以來就大受歡迎。在英國國家展覽中心(National Exhibition Centre)舉辦的這項活動定期吸引超過十六萬訪客,並在許多國家進行電視轉播。「最佳展示犬」競賽其實是終極的狗選美,試圖比較所有不同體型、大小和特徵的狗,並歸結為某種主觀定義下「狗身上最令人嚮往的特質」。這存在著一種奇怪的循環;就跟人類選美一樣,過去的獲勝者影響了今日的評選標準,而今日備受讚譽的特質又為後來的參賽者設下衡量標準。結果,特定遺傳特徵最終被認定為最珍貴的,無論是狗的血統或是人的選美皆是如此。相反地,那些有著相異或相反特徵的則會排名在低位。

這樣比太扯！

2019 年,「最佳展示犬」獎頒給來自比利時一隻叫狄倫（Dylan）的蝴蝶犬。評審艾利克森（Dan Ericsson）表示，他「實在太難決定」，但自己深受「這隻美麗的狗」吸引，因為牠擁有「你在該品種所能追求的一切特徵」，外加好的個性。[69] 獎品除了一座純銀的凱道爾紀念獎盃（Keddell Memorial Trophy）複製品之外，還有微薄的一百英鎊（約新台幣四千元）獎金。此外，還有一袋贊助者免費贈送的狗糧。飼主魯森斯（Kathleen Roosens）非常開心狄倫獲勝，準備了更美味的東西作為特餐：「你們都知道那句話：大吉大利，晚上吃雞（winner winner chicken dinner）！」[70]

魯森斯和狄倫成了幸福的一對。她修剪整齊、幾乎全白的金直髮、黑白兩色的兩件式裙裝，跟這隻獲獎蝴蝶犬的黑白皮毛搭配得正好。這種彼此呼應的外觀存在著某種隱喻。克魯夫茨一帶有許多人狗分身（Doppelgänger，指跟自己一模一樣的人）；有著硬生生直髮、臉部棱角分明的阿富汗獵犬，以及其飼主一頭剛從髮廊梳出來的金髮。像蓬鬆白雲一樣的比熊犬，和牠有著一頭雪般白髮的年長飼主。高聳的愛爾蘭獵狼犬，跟牠約兩百零一公分又瘦又緊實的灰髮訓狗師。搖搖晃晃的、毛髮蓬亂、嘴鼻周圍有著絡腮鬍的古英國牧羊犬，被有著漂亮大鬍子的粗壯漢子緊緊抱著。狗像主人，更確切來說主人像狗，是不是不言而喻的道理？漂亮的人是不是會有漂亮的狗？醜狗的要素是什麼，而又是誰擁有這些狗？還是說，在人狗相似這件事上想太多其實毫無意義？

第四章 狗會像主人嗎？

階級

將人和狗做比較很有趣，但表面相似只是眾多複雜關係中最明顯的面向。至於要帶什麼品種的狗回家，未來飼主和狗彼此相似的程度恐怕不是選擇時的最主要原因；更可能的情況是，那只是一個令人開心的巧合。當某人決定要和一隻中型哺乳類共同生活，並發現自己比起愛貓更愛狗時，寵物食品供應商愛慕思（IAMS）所提供的「狗品種選擇器」這類線上工具，可以幫助他們做出選擇。愛慕思app引導潛在飼主回答有關住房、戶外空間、家中孩童數、養狗經驗、家中是否有其他寵物、個性、吠叫容忍度、可給予運動量、獨立性、服從性、體型、飼主可刷狗毛頻率、掉毛量和期望特質排序等問題。線上比較提供的品種照片，永遠無法概括個別犬隻的特質差異，但提供了一個參考底線。其結果是一個指標，推薦了最適合品種的匹配百分比，以及一些替代選項。舉例來說，如果你偏好的是大型強健的狗，它會建議你養大丹犬、獒犬或羅威納犬。接著，你可以針對這些大狗的關鍵生理和行為特徵進行比較。

這類比狗網站提供了相對客觀的結果，卻忽略了影響主人做決定時許多沒說出來的因素——不同品種標誌的社會界線。狗除了是人們喜愛的對象，也是階級區分的工具。貴族階級長久以來都跟品種高貴的獵犬有關。1892年，紐卡斯爾公爵夫人（Duchess of Newcastle）在克魯夫茨花了二百英鎊，等同於今日的二萬英鎊（約台幣八十萬元），買了一隻叫奧達爾（Oudar）的波索獵犬（Borzoi）。波索獵犬是種優雅的巨大獵犬，有著波浪狀的毛。奧達爾是該年由俄羅斯皇帝尼古拉二世送

到克魯夫茨的十六隻波索獵犬之一，也是公爵夫人十三隻波索獵犬中的第一隻。[71]這種頭型狹長的獵犬，成為了富裕和品味的象徵。沙皇在19、20世紀之交會贈送波索獵犬給歐洲王室成員，然而該品種在1918年俄國革命期間卻瀕臨絕種，當時許多犬隻連同牠們的貴族主人一起遭到屠殺。

回到英國，備受推崇的拉布拉多犬連同蠟染夾克、威靈頓雨靴和路華汽車，成為美好鄉村生活的象徵。至於拉布拉多犬，不論是在大片私有土地上奔跑，還是在中上階級廚房的AGA爐具旁安睡，都是可靠和地位的象徵。相形之下，其他狗則展現出相當不同的性質。自信滿滿又矮胖又強壯的斯塔福郡鬥牛梗（Staffordshire Bull Terrier，又稱Staffie），一般來說會讓人聯想到工人階級的白人青年，但這不是一種正向關係，就如衛斯特（Ed West）在《每日電訊報》所寫的：「為什麼每次看到斯塔福郡鬥牛梗走在街上，繩子另一頭就可能是一個智商低於笨蛋的人，一個展現出不該有的自信的自大狂？我一點都不討厭這種狗，但牠們的主人活著就是在浪費氧氣。」[72]這文章的副標題是「為什麼下層階級對環境不好」，而衛斯特那沒在克制的怒氣清楚表明了，有些狗被人當作低階地位的象徵，而他還進一步討論了牛頭梗跟暴力之間的關係。斯塔福郡鬥牛梗因為攻擊行為上過新聞頭條，但造成最多次傷人索賠且在郵差遭襲事件中佔了三分之一的品種，是有錢有勢的拉布拉多犬──這種狗深受《每日電訊報》刻板讀者所喜愛。[73]

在城鎮裡，人們都知道房東會給那些飼養「危險」品種狗的房客加收押金，包括會聯想到工人階級的斯塔福郡鬥牛梗和更大型的德國牧羊犬等等。拉布拉多犬不常出現在這些限制中。在美國，人們總說

貴賓犬、混種㹴犬、吉娃娃和約克夏㹴是中產階級品種，就跟某些牌子的衣服、某些飲食習慣和裝潢風格一樣。某些純種寵物被納入人們的消費模式中，以此展現都市人的良好品味。至於在世界性大都會，養狗往往會讓人聯想到城市中無子女家庭——尤其是 LGBTQ+ 家庭——的增加，而嬌生慣養的寵物狗可能被用來替代孩子。[74]最小巧可愛的寵物可以從旅館、瑜珈課、美容師甚至狗食卡車獲益。美國布魯克林的威廉斯堡（Williamsburg）和展望公園（Prospect Park），長久以來充滿著幫寶寵（Pamper Your Pet）的店面和狗公園，而米洛廚房（Milo's Kitchen）和冰狗狗（Frosty Pooch）這樣的狗食卡車，不斷穿梭在文青另類街區和寵物友善公園之間。[75]

　　住房甚至還可以推銷給特定的狗和狗主人。在倫敦溫布利公園（Wembley Park）的蘭斯比大樓（Landsby Building），有二百九十五間公寓出租給人類和動物租戶。但有一個問題：寵物必須經過挑選「面試」。面試小組的成員之一是奧斯卡貴賓犬富藍奇（Frankie），牠會幫忙檢查有望承租的狗兒夠不夠乖。獲得認可後，牠們會得到一個特殊項圈，一個零食包，並且能進入專屬的狗公園和狗障礙賽訓練班。一房公寓要價從月租一千八百英鎊（約台幣七萬多元）起跳，若有（行為良好的）狗再加收五十英鎊（約台幣二千多元）。不確定哪種狗會讓富藍奇搖尾巴，但我猜應該是那種會讓人聯想到中產階級身分的狗。牠肯定會歡迎一位擁有溫文儒雅、衣著得體、國際化主人的奧斯卡貴賓同伴。

這樣比太扯！

複製狗

養狗者有個傾向，就是同樣的品種會一代接一代地養下去。狗主人通常會尋找與原版相似的繼任者，就跟紐卡斯爾伯爵夫人飼養波索獵犬，或是女王伊莉莎白二世飼養知名的科基犬那樣。然而，如果嬌縱的新幼犬和剛過世的忠誠老狗不太一樣怎麼辦？如今有個替代選項。維亞珍寵物（ViaGen Pets）聲稱自己是「複製我們所愛動物的全球領導者」。該公司能為那些無法想像世上還有其他狗比得上過世愛狗的愛狗人士，提供基因雙胞胎服務。這個流程要價五萬美元（約台幣一百四十萬元）。[76] 最初，顧客要花一千六百美元（約台幣四萬六千元），讓獸醫收集寵物少量組織樣本做基因保存，以此買下複製寵物的選擇權。維亞珍隨後會以培養一樣基因組成的新細胞，把它們冰凍起來，直到顧客準備好複製他們的愛狗。一旦代孕成功，接下來會發生什麼事情就是個開放問題。基因上一樣、具有同樣「天然」成分，但養育過程不可免地會不一樣的狗，要怎麼發展成新夥伴？複製狗會接觸到不同的行為、飲食和刺激並遇上新的病原體，牠們的特徵會怎麼跟原版模範分歧？迫切渴望重啟一段逝去夥伴關係的主人，會不會對根本無法相比的新版狗感到失望？

這個產業還在起步階段，所以能討論的經驗還很少。維亞珍網站上滿滿都是主人的留言，文中的主人們購買了基因保存，但還不能複製自己的狗。要不是原版的狗還活著，就是他們還在哀悼狗的離世，或是他們還在為後續的流程存錢。第一批採用這種神奇服務的主人包括名人造型師諾沃（Roberto Novo），他的顧客有小甜甜布蘭妮（Britney

Spears），還有凱文克萊（Calvin Klein）等。為了撫平自己的寂寞和傷痛，他收下愛犬法國鬥牛犬馬奇多（Machito）的複製狗，而這隻基因複本被巧妙地命名為馬奇多多（Machitwo）。新冠疫情期間，有人拍下他們戴著成套互搭的口罩在紐約進行日常運動的照片。[77]

諾沃對馬奇多的依戀，以及為了重新造牠所做的努力，證明了人狗之間的關係有多強烈。這種親密羈絆會讓我們憑直覺推論，養同樣品種狗的人們具有某種相似性。雖然主人可能會用看似客觀的生理特性來比對他們的狗，像是克魯夫茨推廣的那些屬性，或是比狗網站上出現的屬性，但決定哪隻小狗會在哪個社區找到家，到頭來更重要的還是跟品種相關的主觀價值——狗會怎麼展現主人的身分、牠們暗喻了他們的哪些特徵。比較狗的問題就在於，當某人說他不喜歡某個品種時，他們的意思往往是他們不喜歡那個品種讓他聯想到的人；就跟衛斯特公開指出的那樣。所謂較好和較差的狗，有可能成為各種根深蒂固歧視觀點的替代表達方式。當這延伸到「不是因為某人養狗而不讓他租屋，而是因為他養了某種狗而想必是某類人」這類不道德判斷時，就會變得有害了。在英國，「高級」和「低級」品種的狗是階級社會結構的一部分。把人跟他養的狗合在一起比較的行為，發出一股優生學的惡臭；一種介於育種、優越感和地位之間的不愉快聯想。用狗的品種代表階級已經夠不好了，更糟的是用狗代表種族。

種族區分

2009 年，我移居非洲進行為期一年的研究。頭幾個星期，我跟一

些南非白人住在莫三比克首都馬布多（Maputo）市郊。幾年前，他們從德班（Durban）跨邊界過來這裡擴展建設生意，在這個全球數一數二貧窮的國家靠著投資熱潮獲利。他們生活在一個鐵絲網圍住的複合居住區，那裡有休旅車停車場、一堆堆建材和幾間移動住宅（park home）；在英國，這種住宅被稱為固定式拖掛車（static caravan），在美國則稱作拖車（trailer）。作為南非的一塊飛地，那裡還有一個烤肉（braai）區；戶外烹飪是該國人們的消遣。除了四輪驅動車、磚頭和灰泥、小屋和烤架之外，他們還帶著狗。我從小就跟狗一起長大，小時候我家有隻很愛叫的黃金獵犬，雖然性情溫和，但有時會嚇到陌生人。然而我的英國經驗，完全沒讓我有心理準備去面對他們的南非巨犬。對我而言，與其說牠們是別的品種，還不如說是別的物種。第一次看到牠們時，我頓時楞住了。坐在我面對一臉陰鬱、流著口水、雄壯威武的，是三頭巨大棕色的波爾鬥牛犬（Boerboel）。這是一種有著胡桃棕色短毛的獒犬，牠們黑色的頭就像摩托車的頭盔一樣，是兩塊堅硬的巨大球體。牠們緊繃的肌肉和雕塑般的腿部，看起來更像是賽馬而不是守衛犬。白天牠們在有遮蔭的複合居住區角落休息，那地方我從來不敢靠近。晚上我則會確保自己就在我的移動住宅外下車，以免遇到牠們。牠們給人的感覺非常恐怖。

在整個非洲南部，這種狗都帶有種族歧視的色彩。[78] 這個區域不久前都還因為南非種族隔離政策、少數白人組成的政體和殖民主義，在社會的各種問題上留下重重烙印。人狗關係和身分認同糾纏不清，因為某些純種狗象徵種族的純正性。這樣的純種狗包括羅德西亞脊背犬（Rhodesian Ridgeback），該品種長久以來都跟白人殖民者的大型狩獵

活動有關。羅德西亞脊背犬背脊高聳，是一種強力且體能優秀的巨狗，被稱作獵獅犬。這個暱稱讓許多人以為牠們真的獵殺過巨大的貓科動物，但其實那只是種名詞的誤用。脊背犬會在狩獵中追蹤並招惹獅子，讓獅子迷失方向。牠們會利用自己的敏捷度閃避揮來的利爪，卻從不與狩獵對象正面交鋒。由於在殖民地維安上的用處，羅德西亞脊背犬連同純種德國牧羊犬和波爾鬥牛犬都被視為「白人狗」。牠們具現了南羅德西亞（1980年以前的辛巴威）以及1994年以前的南非高壓白人至上主義政體的文化追求以及暴力。[79]

進入21世紀後，這些「白人犬種」在後殖民時代的非洲南部城市各處取代殖民地警察，替富裕的私人住宅擔任第一線警衛。過往白人警察曾開著巡邏車在特權社區巡邏，如今這些犬種不知疲倦地巡邏著私人領地邊界。牠們為以白人為主的飼主提供陪伴，並向牆外以黑人為主的群體提出警告信號。白人飼養的狗對黑人身體的侵略性，甚至延伸到受過非裔男子體味訓練的大警犬。[80]

開普敦是南非最富裕的地方。它有地中海型氣候、美食、飽受好評的葡萄酒，以及無盡的海景。過去二十五年，該城市的富有居民大量增加，而守衛犬的數量也連同私人保全大軍、閉路電視攝影機和裝了尖刺的牆壁一起增加。這些狗騷擾黑人家務工、自行車騎士，甚至學童。在開普半島上正逐步轉換為高級住宅區的開普利村（Capri Village），黑人孩童會把狗主人的家認為是無論如何都要避開的區域。[81]

南非各城市是歧異的空間。這裡有極度富有的人，也有一貧如洗的窮人。除了沿海地區有百萬富翁聚居的開普敦外，還有一些城鎮的居民幾乎全是黑人，有著遠低於世界上其他地方的最低預期壽命。黑

人城市的狗非洲犬（Africanis）是第三種南非在地品種。牠們跟純種波爾鬥牛犬和脊背犬一樣，都是非洲僅有的犬種。當有錢人開著光潔亮麗的休旅車快速奔馳過骯髒的城鎮時，他們會瞥過這些中等體型、身形輕盈、有著纖細口鼻、體色混著黑色、黃褐色和米色的狗。非洲犬遊蕩在貧民窟邊緣。有些是半野生或流浪犬，就像南亞的印度野犬（pye-dog）一樣。柯慈（John Maxwell Coetzee）1999年榮獲布克獎的後種族隔離時代小說《可恥》（Disgrace），就探索了與這些「黑鬼狗」（kaffir dogs）共同生活的男男女女；那個渾名結合了充滿冒犯、讓人完全無法容忍的形容詞。[82] 一般來說，非洲犬在繁衍後代時沒有做育種控制，因此牠們是一種相對「雜種」的動物，缺乏人們認為的高雅。在醜陋的種族主義者眼中，牠們的屬性可以拿來和與牠們一起生活的人類群體相比擬。這可說是最鬼扯的比對。

人狗關係的演變

打從殖民主義崩盤、南非種族隔離瓦解後，非洲南部在養狗方面的種族隔閡也開始瓦解，但如今依然存在。在辛巴威首都哈拉雷（Harare）這邊，自1990年代以來，黑人新中產階級開始飼養舊白人殖民者青睞的同一種凶猛守衛犬，來保衛他們時髦的家並在高大宏偉的門上貼出「小心惡犬」的標語。不過，保護自己的地產反而增加了社區的不安全感，因為孩童面臨被狗咬傷的風險，因此許多憂心忡忡的家長選擇接種疼痛的狂犬病疫苗。[83] 人們對狗的這種新態度讓朱瑪（Jacob Zuma）感到十分不滿。2012年，時任南非總統的朱瑪主張，喜

愛自家寵物勝過愛人的人「缺乏人性」。他把照顧狗等同於白人文化，並責怪那些在狗身上花大錢、會遛狗或帶狗去看獸醫的黑人是在拒絕非洲傳統。

在黑人城市精英中，養狗的方式也有所變化。辛巴威作者奇諾迪亞（Shimmer Chinodya）在他的短篇故事《流浪動物》（Strays）中，追查了狗主人之間的區別：

> 狗就是狗。普通的非洲狗比較差一點。普通的非洲狗是會被踢、被罵、會被扔東西的生物……（然而）……歐洲狗比較好一些……牠是家庭成員，有個性、有名字、有狗屋，有獸醫急護卡，而且當然還有一筆預算……一隻身處力爭上游中產家庭的郊區非洲狗，是介於兩者之間的東西。雖然牠可能獲益於白人鄰居的榜樣，再怎麼樣牠還是家庭的附屬物。[84]

在南非，有些狗已成為了家庭正式的一員，就像馬魯萊克（Tinyiko Maluleke）寫到他已故的夥伴那樣：

> 布魯諾（Bruno）高大、黝黑又帥氣。每當我回到家，布魯諾總是會跑向大門歡迎我——就這樣好好過了十年。2015年2月的最後一個星期四，布魯諾去世了。而我做了一件非常不非洲的事：我為我的狗布魯諾哭泣。有什麼舉動比一名成年黑人男性為一隻死掉的狗哭泣更不非洲的呢？如果可以，我一定會避免這樣做，我發誓。我會等到走出動物診所

（dierekliniek）再哭。[85]

就如馬魯萊克這個私密故事所闡明的，新一代富裕的南非黑人，藉由跟狗分享新家、愛護狗，照顧狗，並為了狗的逝去而哀悼，挑戰了身分認同的概念。

在人狗關係中歷經轉變的不只是人而已。又稱「小鎮特產」的非洲犬也開始出現地位上的變化，而且已開始在白人郊區找到家。南非育種者協會（South African Breeders Association）一直試著將非洲犬重新定義為「真正的非洲狗」，但這僅僅是一項南非白人的孤立計畫，透過狗將讓白人身分和原住民身分聯繫起來，並確立白人是南非正當居民的主張。[86]

前總統朱瑪對新興黑人中產階級養狗行為的批評，以及白人認領非洲犬所下的工夫，都證明了狗有多麼容易被外界所塑造。沒有哪種狗本質上是「黑人狗」或「白人狗」，那是一種人為的區分，背後有政治、維安和文化的意圖。狗的選擇和南非後種族隔離時代的身分認同息息相關，而不只是牠們的身體特性和行為特徵而已。當不加批判地將某些狗的品種比擬為黑人種或白人種的時候，牠們便成為一種社會和種族階級制度的代碼。在整個非洲南部，人們對狗的態度清楚表達了人們內心最深處的焦慮和偏見。

狗是主人在物質上和意識形態上的外顯部隊。不論狗主人喜不喜歡，他們對狗的選擇都代表了自身認同的新部分。不論人狗之間的關係有多複雜，其他人還是會根據那隻狗的外觀、舉止以及和其他品種的比較來評判他們，就算這個比較很荒唐也照做不誤。狗是身分認同

最公開的部分。出外散步時，狗可說名符其實地「跑在最前頭」，給人留下深刻的第一印象。牠們清楚說出主人的階級地位。而社會地位取決於其他更多因素，包括身分、工作和教育。

選擇養什麼狗既是透過客觀比較找出最合適的品種，也是在尋找一個符合既定社會價值和階級慣例的狗。尤其在英國，全國人民對階級地位的執著，代表我們很快就會把他人的寵物視為強力的身分標誌。我們一個勁地以人們繩子另一端的動物，做出對人們內涵或許為真但恐怕是假的鬼扯猜想。又或者，這種說法太過以人類為中心，應該要反過來：我們根據主人的外表，對狗的特徵做出不準確的判斷；但不論你怎麼說，這種比對對於這兩種物種而言都很不公平。

第二部

地方

第五章

為什麼有些大學失敗了？
指標的暴政

學期開始時

我求學階段英文學得不是很好，但我非常喜歡我的英文老師羅伯茲先生（Mr Roberts）。他的個子很高，面容粗獷但友善，有著一臉棕灰色「門環形」鬍鬚，還有那道讓他看起來有點像狄更斯（Charles Dickens）的八字鬚。羅伯茲常說九月第一週是一年當中他最喜歡的時節——他所謂的「夏天的菸屁股」。在那段時間，每個溫暖的晴天感覺都像是當年最後一個晴天。那些借來的夏日明亮時光值得珍惜。他還說，他熱切地期盼學生開學返回教室之日。當時，我們班上對於珍奧斯丁和莎士比亞的興趣不大，因此我對此有所保留。對一位優秀的英文老師來說，那間綜合中學想必是一所很有挑戰性的學校。二十五年後，在我教了十多年書之後，我必須承認，學年的開頭真的一直都滿令人興奮的。在溫暖明亮的九月天，這種感覺更是強烈。

陽光普照時，倫敦國王學院（King's College London）的始業日感覺就

像一場節慶。史特蘭德校區（Strand）掛有大一新生博覽會的紅色旗子和紫色橫幅。新生在外頭排隊等候，溫暖的陽光照在他們的皮膚上。接待處入口，一群人群擠在門邊，熱烈地等待著新生。十八九歲的年輕人擁入長廊，其中許多人第一次來到倫敦，而所有人面對大一生活初期的混亂和機遇都顯得懵懂無知。新的友情和關係熱烈地燃燒，有些會維持一輩子，有些則是開始沒多久就會消失。對多數人來說，大學是一場探索的快樂冒險；對某些人來說，卻是一趟充滿壓力和創傷的陰暗航程。

第一週，我和我的導生會進行團體會面。我盡可能地就該如何在這段萌芽期間找到前進方向而給予建議。幾天後，在演講廳裡，當我開始介紹構成現今世界的地理基礎時，我望向那一整片一百五十人，認出之前見過的幾張面孔。幾週後，我對他們的第一篇小論文給予回饋並討論他們的作業，而我看出學生在接受新想法的同時，開始出現對周遭世界進行創造性批判思考的早期跡象。幾個月後，他們第一次前往約克的中世紀遺址實地考察，有些拼圖片開始嵌合起來。在不屬於學院正式場合的下午茶中，我和他們談天，聆聽他們在現場的觀察。第二年他們在里斯本進行國際田野調查，下午茶換成咖啡和千層蛋塔，我看到他們把理論連接到手頭資料，開始獨立思考，變成更老練的研究者。最後一年，我監督他們的學位論文，協助他們把自己的想法、訪談或其他田調以及他們對既有理論的反思混合起來，產生對知識的新貢獻。他們會產生某個真正屬於他們的東西，以此完成學位。

在追求學位的整個過程中，我們不時以打分數來評判學生的進展。分數顯示了學生的表現，其中不可避免的是令人不安的比較。我

第五章 為什麼有些大學失敗了？

最常在學生抱怨分數時遇到這種比較。他們聲稱我給的分數跟另一名老師相比太過嚴苛，或是我給的分數跟班上另名同學相比過於嚴苛。對學業成績的焦慮，是導致學生身心健康出現危機和出現精神問題的主要因素。[87] 為了緩解受挫學生對於成績的焦慮，我建議他們和給分數的老師見面，以便瞭解老師給分的考量和標準。獨立審視作業，並從給分者的角度理解優缺點，總能讓人更瞭解自己可以努力的方向。這比「把一份作業跟有不同決定因素的其他作業做比較」更有幫助。

我曾面對很多給分方面的牢騷。身為副系主任，我得同時處理來自學生和教師的抱怨。先前我必須監督二百五十名學士生的學習成果，因此我籌劃了二度評分並進行統計測試，看看是否有哪位教師打的分數太過離群，要麼太過嚴苛或是太過寬鬆。我們會就那些離群值進行討論，並把有疑慮的案例交給外部檢驗。這個工作有龐大的比對作業，而我查遍了無止境的 Excel 試算表，尋找不尋常的模式。我跟我的學術同僚和行政同事一起工作，我有信心那是以最高標準執行的。然而，或許英國高等教育把太多精力投注在評估上。這種對成績的過度關注是否做得過頭，導致那種常被報導的學生身心危機出現？於此同時，以市場為基礎並以結果為導向的制度，是否削弱年輕人利用大學時光去冒險、探索新想法的機會？[88] 學生是否變得害怕失敗，害怕有可能錯失某些畢業後的生涯途徑？近期與一名學生的相遇，讓我開始思考這些問題。

在一個討論新研究計畫的小組教學結束後，一名叫茱麗葉的大學生留下來，說有事情要跟我談。我們聊起她調查南倫敦一個由自建住宅者組成的另類社區的計畫。我心裡預料，這樣對話下去接著她就會

103

問要怎樣才能拿到 A 級分。所以我開始說，若以得到高分為目標的話什麼方法最好，接著意想不到的事情發生了。茱麗葉打斷了我，很有禮貌地表示她對於拿到 A 級分沒有興趣，她只想知道該如何把握這個學習機會。她想知道她可以冒怎樣的風險。她想要自我挑戰。到頭來，她表示想充分利用這段修習學位的經驗，當然如果順帶拿到高分也是不錯的收穫，但她並不把目標放在被某種尺度衡量是否表現良好，而是想要滿足自己的好奇心和學習欲望。跟她對話讓我很吃驚，並讓我留下了深刻的印象。茱麗葉是對的。學生和教師普遍都忽視了大學教育的真義。得到高分這個單一目標，把學位降格成某種類似考駕照的東西，重要的就只有帶著對的證書離開，好讓你在開往成功生涯的道路上順利前行。

以上案例反映了我在英國的經驗。全世界各地的教育制度同樣都是以這種不完美的實力至上主義為中心打造的。學校的評估拿孩童和年輕人做比較，以此衡量他們成績的優劣。學生被降格為等級：「她全A」、「他的GPA（成績平均積點）是 3.70」、「他們只拿了一個 2:2」[1]。這些指標讓雇主可以比較應徵者，或讓父母可以比較孩子，或讓父母向鄰居炫耀孩子的好成績。在後來的人生中，這些一度至關重要的指標漸漸不再重要。許多成年人不願提及自己早年的成績紀錄，覺得那些紀錄並未真實反映出他們的自我、過往經歷、成就和技能，甚至反映不出他們真正的智力。他們會以學校很爛、父母不支持或是評估標

---

[1] 譯注：在英國大學成績分級制中，2:2 指第二階第二級，類似於「中下」，後文會有詳細說明

準有問題,來掩蓋自己當年的表現。他們會把自己的成績放在環境脈絡下檢視,因為孤立來看的話,當年的教育成果實在稱不上是衡量智力水準的完美工具。

　　承認正規教育中不時就有虛假的實力至上論不只是一種常識,也可以用來改善教育成果。英國和美國大部分的醫療學位,都只有通過／未通過的簡單分類,以此讓學生培養醫療實作中不可或缺的團隊合作意識,同時也減少學生之間無益的競爭和比較。[89] 這同時也解決了畢業生排名低的問題;嚴格的醫學院考試會確保所有通過者都符合行醫標準,但誰會想給一個 D 級分的醫生看病呢!瑞典的所有大學更進一步做到不衡量學生整體表現的地步;學生畢業時不會拿到級分,也不會跟同學進行排名。[90] 學位成為一個通過／未通過的資格證明。一位瑞典同事跟我解釋,這鼓勵了學生去冒險、去實驗,並在學習中更自由地展現創意;此外,「未通過」類別的存在,確保學生證明自己在整體學門中有合格的能力。我知道我的學生都聰明又有能力,因為他們上大學之前就取得了很好的級分。拋棄掉大部分的評量能將他們解放出來,真正去學習並發展出新技能,提升他們的批判思考能力、問題解決能力、實驗和呈現論點的能力。短視地專注在結果上,使學生不願冒險,被害怕失敗的恐懼所困住。學業成績造成的焦慮消耗了某些學生的心力,使他們做出了不良行為。我工作最艱難的時刻,莫過於列席參加開除作弊學生的委員會;這些學生從第三方取得作業答案並冒充是自己寫的。ChatGPT 這類人工智慧的出現使作弊更加容易,進一步削弱了傳統課堂作業的價值。然而,以語言模型為基礎的聊天機器人的興起,強化了我們對畢業生的需求;他們能適當地運用

科技並以機器無法複製的方式來對世界進行批判性、創造性的思考。大學若能轉變教育方針，避免像機器一樣只以炮製乏味的評估衡量學生，將會是邁向更進步開明社會的一步。

給級分

JK 羅琳（J. K. Rowling）、吉羅斯（Bear Grylls）、查爾斯三世——過去三十年最成功的作家、登上聖母峰的電視節目冒險家，以及英國國王——這三個知名人士有什麼共通之處？他們的畢業成績都是2：2。以大學教育結果來說，他們的成績普普，但從他們更全面的技能或是出生條件來看，這樣的結果並未阻擋他們日後的發展。這種跟戴斯蒙・屠圖大主教（Archbishop Desmond Tutu）姓氏諧音（「屠圖」跟「2：2」〔Two-two〕）而被稱作「戴斯蒙」的成績，越來越代表水準以下的低成就。英國那種讓人搞不清楚的排名分級共有四等：第一等（1st）、二等上（2：1）、二等下（2：2）以及第三等，另外還有未通過的這個分類。近年來，對大部分的學生來說，以2：2或是更糟的第三等畢業，已成為重大的失敗。當整個學界到處出現令人眼花撩亂的級分膨脹，那些分級的價值也一起遭到了損害。

在2010至2011年間，以及2021至2022年間，英國學生得到第一等的比例，從16%增加到32%。二等上的人也增多了，以至於第一等或二等上的佔比從67%增加到78%。[91]至於戴斯蒙、第三等和未通過者則成了越發罕見的珍禽異獸。五個大學畢業生中有四個不是第一等就是二等上，因此英國的高等教育管理單位學生辦公室（Office for Students，OfS）警告說，成績通膨是一個恐怕有損公眾信心的重大迫切問題，同時也質疑大學在使用給分權力時是否有負起責任。大量給出第一等級的學校，有些是英國最卓越的學府，包括倫敦帝國學院（48.5%）和倫敦大學學院（47%），這些學校吸引來自世界各地越來越多的優秀學生；但有不少名氣沒那麼大的學校也出現第一等激增的情況。安格里亞魯斯金大學（Anglia Ruskin）的第一等佔比從 2010 至 2011 年的 14.5%，一口氣增加到八年後的 36.7%；布拉德福德大學（Bradford）的這個數字從 10.8% 變成 35.1%。京斯頓大學（Kingston）則在同個時期內，從 14.6% 變成 33.6%。[92]

這要怎麼解釋？情況到底是：一、更聰明、更努力的新生在更完善的機構中接受更好的教師以有效率的方式教學，導致他們在學業上爆炸性的進步？更好的學習方法和更優越的教學，是否導致 Z 世代的成就超過前面所有的世代？又或者是：二、大學的給分標準出了嚴重問題？首先，客氣來說，大學生活確實變得更專業了。學生更重視表現，學校也更重視優質教學。新的線上技術也讓學習變得更加便利，然而學生在那麼短的時間內真的進步如此神速嗎？不論是課堂作業還是考試答案，都無法以實證方式證明變得更好或是更不好（因為用來比較的工具就是成績本身）。但是坦白說，學生的成果和水準並不像有什麼巨大革新，我反而常聽到相反的說法。根據我的經驗，來自不同學校和學門的老師都在哀嘆學生沒花時間閱讀、寫作程度不佳、缺乏技能或創造力不足。所以答案真的是給分的方針變了？學生辦公室對各種標準表達了憂慮，並強調「分數必須經得起時間考驗」，尤其要能夠進行跨時間的比較：「程度分類必須對學生和雇主都有意義。」[93]有

鑑於成績大量通膨，認為今日的第一等學生跟十年前畢業的第一等學生完全相符，是不切實際的說法。

是什麼在驅動這種成績的膨脹，為什麼打分數的人和學校要讓成績逐年提高？就個別教師來說，他們必須完成教學、研究和行政等不同領域的承諾目標，在面對日益繁重的工作量和壓力時，給分就成了一個容易走捷徑的地帶——並不是給出較少的文字意見及回饋，而是透過給分大方；因為前者太容易被抓包，說是**鑽漏洞**。對於一位過勞的教師來說，微妙地向上修正有著多重好處：這讓學生更快樂，打消了抱怨，促進了樣板式回饋，並且減少了需重新給分的重考數量。就學校的層面來說，也出現一個把學生成績往上堆的文化**轉變**：重新制定給分標準，制定規則降低低分的比重，以及來自高層的吩咐、鼓勵教職員讓學生對自己的學習經驗感到滿意，並讓他們的學歷更好看來提升未來在就業市場上的展望。最後一點，也就是想要改進滿意度的欲望，成為大學經營者的首要目標，因為高滿意度提升了該校在排行榜上的位置。

大學最終是由其成員而非排名來定義的。本章會將人和地方連結起來。在這個連接點上，論點會從以學生為中心、以人為本的比較，**轉向**關注大學如何互相比較這種基於地方的比較。人和地方都需要以相互關聯的方式來理解，而不是孤立地進行比較。優劣取決於其非固有價值、學生與其他學習者之間的關係，以及更全面的高等教育背景脈絡。給分引發的辯論，說明了人們認為分數是相對的──Ａ級分並不像溫度計上的**攝氏一百度讀數**，不是客觀的經驗真理。2024年水的沸點，跟2023年或2004年或史上任何一刻都一樣，但Ａ級分並非如

此。成績表現有其背景脈絡;要看接受的教育品質,並跟更全面的同輩人成就有著相對關係。伊頓公學的學生拿到的 B 級分,跟資源貧乏的城市周邊綜合學校的學生拿到的 B 級分是一樣的嗎?拿掉脈絡的比較就沒有價值可言。「地點」的比較也是如此。要瞭解某所大學是否成功,要看的遠遠不只是指標而已,還要看該校與更廣大的社會之間有什麼關係。我們需要把「地點」放進教育的全景中,但那樣的地形學從未被繪製出來。[94] 在這個領域中,由學生滿意度調查、研究卓越架構(Research Excellence Framework,REF)以及排名構成的那一整套扭曲的指標,成了不實的成敗測高儀。

調查

有志入學的學生、學界、雇主和政府都會用排名來比較各大學。其中最具說服力的排行榜是國家學生調查(National Student Survey,NSS)製作的。每個應屆畢業生會被該單位邀請,就「評估與回饋」和「學習團體」等類別,給自己攻讀學位經驗的滿意度打分數。每間大學和每個教學單位都會根據學生滿意度進行排名,或者說穿了就是「顧客滿意度」。名列前茅會讓他們沾沾自喜,並且用來宣傳自己並吸引更多的申請入學者。低排名則是另一回事。我曾參加很多次高階管理者會議,他們本身遠離日常教學的現實,卻會透過指責、提高聲量以及更糟的方式來宣洩不滿。沒有什麼比國家學生調查的糟糕結果更讓他們生氣的了。隨著大學越來越市場導向,更多學生就代表更多收入,招生成了至關重要的競爭。國家學生調查是少數為了想讀大學的學生

提供比較的現有指標，因此它的影響力與日俱增，但它真的準確並且有用嗎？

國家學生調查受到許多人的批評，[95] 因為它是個粗略的量化分數，把橫跨不同區域、社會、文化和學科領域的不同機構歸為一類。該指標非常敏感，其中「最佳」和「最差」的機構常常只差幾個百分點。因此，在一個一百人的年級組中，只要有少少幾名學生不滿意，排名就會有很大的落差。藝術課程往往比起其他學科拿到更低的滿意分數。這可能是因為經過訓練後，藝術生比起其他更實證取向學科的同學更批判這種評估。結果是，擁有眾多藝術課程的大學往往排名較低。對於想上大學而將各大學進行比較的學生來說，這種排名沒什麼特別幫助，因為他們不會察覺到藝術學科和科學學科混在一起對排名造成的影響；他們最好不是比學校，而是把個別學科拿出來比較。[96]

上述批評至少還理所當然地認定這項調查有用；但其調查方法存在著許多問題。國家學生調查是在大學最後一年的期中進行，而不是在拿到學位之後，而此時學生正面臨沉重的壓力。這就好像在送上點心時給餐廳評分，但那時你還沒嘗到最後一道菜或是看到帳單！此外，頂尖大學的學生，尤其是劍橋和牛津這兩間大學的學生，會有一種自我實現預言的欲望，渴望再次確認自己唸書的地方最棒。另外，整體調查也發現，校園大學（英國教育術語，指宿舍、教學研究設施等都集中於一座校園的大學）先天就更「令人滿意」，因為它們的社區意識更強；與之對比的是，位於城市中心的大學沒法真正被拿來比較，因為這些大學的學生通常更分散，不只參與大學，還參與更廣範圍的社會文化社區——家庭、雇傭、夜生活、宗教、運動，諸如此類。比起以上缺失，

更令人擔心的是,該調查對實際學生經驗造成的實質影響。

在國家學生調查開始前夕,系主任會替最後一年的學生舉辦派對和其他讓人感到愉快的活動。這聽起來很荒謬,但確實發生過一些有爭議的事件:可享有免費飲料的學生被帶進電腦室,那裡的電腦已下載調查問卷。僅管學生辦公室對許多學校會鑽制度漏洞感到憂慮,[97]但這仍未阻止各大學舉辦這種以促進「學生更佳體驗」為名義的一次性活動,好讓學生在接受國家學生調查之前對「學校是否展現教育卓越性」轉移注意力。連教學也進行了重整。論文時間表、考試日期、教學活動和重要的評鑑期限,都在行事曆上做了調整,好給調查挪出空檔。整體來說,一旦國家學生調查期結束,應屆畢業生就會在理當是大學旅途最高潮的那一刻,突然失去學校的關注。

在我所在的地理學科裡,系所之間一直存在迷你的軍備競賽,看誰能提供最具異國情調的目的地——去古巴哈瓦那體驗街頭慶典,去南非觀看足球和葡萄園,甚至一路飛到紐西蘭體驗高山環境。理由就在於,跨大陸田野之旅,尤其是最後一年的旅行,會讓學生在勾選國家學生調查的問卷之前,得到一生難得一回的經驗和快樂回憶。不幸的是,這些旅程並非總是安排在適當的學習階段,這些地點選擇也未必符合整體的課程設計。世界各處這些偏遠地點給予的田野學習機會,在英國或歐洲都可能找得到,除了更經濟實惠之外,還能減少長程飛行的碳排放。但這些海外目的地確實提供了讓學生驚嘆的機會。

少數學生曾針對這項調查對其教育的過度影響表達不滿。2017 年,一場全國性的抵制運動在全國學生聯合會(National Union of Students)的支持下發起,他們擔心國家學生調查會讓得到高分的大學

藉此提高學費。整個教育界，到處都有人對於「學生是否該被定義為消費者」和「市場力量應該多大程度伸進大學」等問題感到擔憂。[98] 畢竟國家學生調查只是一個意見調查，而且是那種你在網購後、入住旅館後，或在客服中心通話後，會收到的那種問卷之美化版本。評等和評論的文化無所不在，然而其中一些調查所產生的資料，即使不是統計學家也會覺得有問題。然而，比較不需懷疑的是，這種對意見和回饋高度重視的做法，會誘使學生將自己視為購買教育的消費者；而且不只國家學生調查有這效果，這樣的狀況貫穿學生整個求學過程。學生辦公室同時也強調，一些教師認為國家學生調查「把過度的壓力放在教職員身上，讓他們面臨更嚴格且無正當理由的監督，並在課程間做出相互競爭卻似是而非的比較」。

　　但整體來說，最具破壞性的是對於學術標準的損害。在調查的影響下，為了追求「令人滿意」的教學，給分者背負了龐大的壓力，被迫給出高分來滿足學生的期望。我認為，許多學界人士因為看到這項調查對於學習和成績的扭曲影響，贊成立刻停止這項調查。許多學生也很清楚自己的回應有多大影響，而透過它來懲罰或獎勵自己的系所。幾乎每個想在高等教育體系爬上高位的管理者，都會利用該調查結果或是其他指標來展示自己的領導才能，這已是公開的祕密。國王學院前學院院長曾與這種比較正面交手，並對其損害效應十分敏感，表示這是一個古德哈特定律的極佳範例：當在調查中取得高分這個具體目標成為至高目標，人們往往會不顧後果地為之努力。國家學生調查是一個鬼扯比對，它奪走大學的精力，讓他們無法專注在能真正造就大學的要素上。

第五章　為什麼有些大學失敗了？

排名

　　除了國家學生調查之外，還有太多具影響力的排名形塑了英國各地學者的生涯。在教職員會議、教學分配、工作小組和升等申請中，除了討論國家學生調查之外，還有另一個姊妹研究指標引發了更多爭議，甚至對個別學者的職涯發展具有更深遠的影響力：那就是研究卓越架構（REF）。簡單來說，研究卓越架構可以成就一個人的職涯，也可以毀掉一個人。每六到八年，全英國高等教育部門的研究結果，會透過研究卓越架構流程進行審查。每個活躍的學者都必須交出自己的最佳成果來接受評估。他們的論文、著作和其他成果會由一個學術小組以一到四顆星的等級進行評分，以此選出最佳大學系所。單篇論文的分數從不公開，公布的只有總分。我認識其中幾位小組成員，他們抱怨說，評比是一項漫長而艱鉅的工作。四星論文代表在原創性、重要性和嚴謹度上領先世界，價值極高。頂尖大學都試圖產出最多的四星論文。而承諾交出會被認可為四星的作品，可能會影響大學如何招募員工、改變研究方向，也可能會抑制合作，破壞教學與研究之間的平衡。

　　2011年，當我即將完成博士學位並踏入學術就業市場時，我很幸運地遇上許多大學想要招募做過傑出研究的新人教職員的時機；而研究卓越架構要到2013年才出現。我曾在頂尖期刊發表論文，履歷也極有競爭力，最後獲得了一份很好的工作。2013年之後，一些學校限縮了教職員招募，因為他們在研究卓越架構開始前花了太多經費去提升陣容。接下來的幾年裡，許多發表紀錄比我更好的博士畢業生難以找

到長期的正職工作，因為學校已不再用同樣方式投入資源。今日給生涯剛起步學者的工作，往往以兼任教學研究為主，而不是混合教學和研究的傳統教師職。這代表說，教學工作越來越常由較沒時間做研究的同事來完成。對學生來說，這讓高等教育與研究最前線更遠。大學就業的扭曲並不只發生在資淺職位上，也發生在最資深的層級；在那個層級中，競爭超級明星教授的行為，讓少數幸運者的薪資得以飆升。

一些學校為了提升研究卓越架構的排名，會做出一些極為短視的決定。就跟足球俱樂部到了轉會窗期間（一年中進行足球球員交易的固定時期），會在一個像梅西或羅納度的球員身上揮霍預算一樣，大學在審查日前夕也會晃著高薪和低教學負擔的胡蘿蔔，吸引最搶手的學術人才。然而，明星球員是來了之後要透過場上表現來給新球隊增添價值，學者則是帶著累積的工作成果前來，他們近期的四星成果能直接轉移到新機構。所以，有些學校會在那些成就輝煌的教授步入生涯晚期時將他們找來；雖然他們的最佳成果已是過往雲煙，但仍可以給系所帶來神奇特效。但這樣做會打擊那些長期效力的教職員，導致士氣低落。對資金雄厚的大學來說，與其在從內部培養人才，不如雇用那些擁有卓越紀錄的人更輕鬆。*明星人物吸收了所有讚譽，而我在這邊把人物刻意寫成了 man（男人）*，是因為在學術圈裡，發達的通常是老白男。在整個學術界，收入和晉升之路相去甚遠。2021 年，英國高等教育只有三十五名黑人女性教授，相較之下白人男性教授有一萬二千八百六十人。[99]

在研究卓越架構審查日來到的幾年前，學者會議就開始盛傳關於某位頂尖教授去留的謠言。對於處在頂端的個人來說這是好事一樁，

但相比之下,在這場浩大活動中落敗的總是那些資淺同事,他們得要承擔更多的行政及教學責任,並幫忙招募那些會帶學費來付給大牌學者的學生。處於生涯早期的教師能用來研究的時間比較少,而那會扼殺他們的生涯;但同時,他們薪資成長的機會會受限,因為薪資預算都被少數最高階男性給啃光了。另外,大部分的大規模研究都是通力工作,建立在團隊合作的基礎之上,但在研究卓越架構下,那位明星人物不會給周圍團隊注入能量,反倒會反常地不主動跟自己系上的同事合作,造成更進一步的扭曲。在單一大學內,多位作者的共同著作只能歸給一人。相較之下,和其他學校的同儕完成的共同著作,可由多間大學提交。這鼓勵了學者與外部人士合作,一起獲得優秀研究的好處,而不是在自家機構內指導處於生涯初期的同事。更有甚者,還會去和他們競爭為了下一場研究卓越架構而共同產出的書籍或期刊文章的掛名提交權。這聽起來或許有點牽強,但我確實見過學術關係因研究卓越架構而崩解。我見過資深教授面對面激烈爭吵,甚至有一次還看到兩名好友因此再也不跟對方說話,倒退到為了誰是共同著作之第一作者而透過電子郵件進行法律談判。這是一種更普遍、有時會造成損害的文化,讓霸凌行為在英國頂尖大學教授之間盛行。[100]

　　最終,每個人都在研究卓越架構中成為輸家。爭論作者權的微型政治會扼殺部門的熱情,為了研究卓越架構而進行的短期狂熱招募,會產生長期的不良影響;另外,趕著完成研究計畫並在審查日之前急忙寫出結果,更使研究卓越架構原本想要激勵的那一類世界級研究環境遭到損害。最糟的是,人們即便教學和行政表現良好,也會因為一個糟糕的循環而失去工作。學生支付大筆學費,而大學管理者使用學

費收入來強化其研究卓越架構結果,而不是思考如何讓新招募的教職員融入或強化其教學能力。人們不去做對學生最好的事,不去思考新的研究目標,不用延續性的方式管理大學,反而執著在又一個古德哈特定律的範例中,只為提升自己的相對排名而努力。

挑戰排名

校系比較在決定大學活力方面有越來越大的影響。從全球規模來看,《泰晤士高等教育》(*Times Higher Education*,依字首簡寫就成了讓人容易搞混的 THE)這份雜誌發表了各樣排名,不只包括世界大學排名,還有新大學排名以及全球聲望排名。另有《美國新聞》(*U.S. News*)以及 QS(英國教育升學就業專業公司)在彙編其他的全球校系比較。那些天差地別、跨越眾多無法相比的學科、經濟和社會背景進行各種教學研究的大學,都不斷被排出高下。每所大學都渴望成為世界一流的大學。

在英國,專門出版大學比較指南的小型出版產業正蓬勃發展,反映了英國人對名聲、地位,以及說到底,對階級的癡迷。包括《泰晤士報》和《衛報》在內的報紙,以及《大學完全指南》(*Complete University Guide*)都根據不同變項來做機構評比,包括主觀的等級清單。大學教師最喜歡的報紙《衛報》或《泰晤士高等教育》的個人專欄,偶爾會譴責大學領域市場化的蔓延,以及目標設立、相互比較和訂下衡量標準的反效果和士氣低落效應。[101] 必須揭示這種社論立場的矛盾,因為同樣這批媒體零售商絕對很清楚,想上大學的學生以及他們的家長如何熱切渴望消費排名,而排名更是給他們的網站帶來可觀的

流量。

這些比較的一個共通點,在於學校的排名都落入預先設定的先後排序。你很難找到一個不把劍橋或牛津排在榜首或至少接近榜首的排行榜。解釋這種情況的一個因素,就是自我實現預言。基於觀點的主觀指標,往往複製了舊的排名。*這裡的現實是*,替學校給分的帶頭學者中,很多都是劍橋和牛津的校友,他們正面地回想自己幾十年前的大學經驗,強化了母校的地位。去認識其他沒那麼知名的學校裡有什麼革新和變化,恐怕不符合這批大學教師的既得利益。

牛津劍橋的研究成果世界一流、教學品質一流──這點無庸置疑;但這些結果本來就在預期之內。他們的學院招收家世背景極其優越的最聰明學生,其經濟資源讓其他地方的研究設施相形見絀。有可能其他大學辦得「更好」嗎?有些學校從劣勢背景招收更多學生,協助他們開拓全新知識視野和工作展望,邁向上一輩只能夢想而無法實現的未來;或許這些學校用了較少的財務資源卻對教育做出了更大的貢獻,因此更令人刮目相看?或許像伯貝克(Birkbeck)這種學校,提供成年學生改變一生的學習機會,更應該獲得讚揚?又或許,支持新想法和新興學門但沒那麼時髦的學校,像是伯明罕大學創新的當代文化研究中心(Centre for Contemporary Cultural Studies),其實更應該得到讚譽,因其研究留給他人更多益處?以更整體的觀點來看各間大學,就能看出偉大的成就不一定都出現在最顯著成功的地方。

出了領銜的牛津劍橋之後,其他學校的排名就不太一致。舉例來說,在英國的最新排名中,我所在的倫敦國王學院在《每日郵報》排行榜中位居第九,在《泰晤士報》的指標中排名十八,在《大學完全

指南》中排名第二十四，而在《衛報》排名第二十九。造成這種差異的理由是：對於衡量什麼或是該如何衡量並沒有一致的共識。是什麼成就了好大學或爛大學？該如何在下列這些不同屬性中權衡：入學標準、滿意度、研究品質和畢業後的展望？不同的發布者以不同方式權衡這些因素的輕重。這個資料也「充滿了干擾訊號」，而且年年大幅改變。國王學院的名次四處跳動，排名可以移動個幾十名。在《衛報》排行榜上，國王學院的名次在 2020 到 2023 年間從六十三名跳到二十九名。它光是其中一年就爬升了二十一名！但我很清楚學校並沒有出現什麼突飛猛進的根本變化，而其他大學也沒發生什麼造成大幅下滑的事情。排行榜的年年變動，讓它在判斷短期趨勢上根本毫無意義。

有鑑於國王學院在英國大學的排行榜上從第九名到第二十九名不等，我們可以理所當然地假定說，它在全球排名中離頂尖大學很遠。然而，2023 年《泰晤士高等教育》竟把它排為全*世界*第三十五（以及全英國第六）、QS 排三十七（全英第七），而《美國新聞》則將它排名第三十三（全英第五）。一個國內地位如此平凡的大學，怎麼會在國際上表現優異？很顯然地，這些國際排名使用的方法，跟英國內部的比較方式很不一樣。對國王學院來說方便的是，可以專挑幾個最好的全球排名拿去當作宣傳素材。

但這樣的比較真的有用嗎？

這些統計數據都有的問題是：試圖將多方面的資料取出一個進行

整體排名。從國家學生調查和研究卓越架構這類資料來源取得的不同變項——研究、教學、畢業展望等，全部被簡化為一個簡單的排名。各個大學在上述幾個面向上的表現並不一致，所以如果你改變了（好比說）教學和研究的評分比重，新的排名就誕生了。到頭來，你就是沒辦法給眾多面向的資料做個排名，就如量化社會地理學教授哈里斯（Richard Harris）所言：「遺憾的是，那也沒能阻止人們去嘗試這麼做！他們使用大量的不同方式，並以眾多不同資料這麼做了，這就解釋了這樣的排行何以大量增生，以及大學可以挑選並推廣那些把他們排名最高的排行榜，做大肆宣傳！」[102] 他繼續說，大學的比較和排名沒有萬無一失的方法，排行榜再多也無法解決這個問題，「它就只是揭露了每項排名有多武斷而已。」哈里斯的論點不是完全反對比較，而是擔心差勁的比較方式會讓大學鑽指標的漏洞來提高他們的聲望。所謂的卓越、成功、最糟、缺陷，這些屬性往往沒有固定範圍，而是反映了價值判斷。比較行為試圖把這些主觀判斷轉換成客觀事實，但它們就不是客觀事實；它們是被統計建構出來的。

儘管這些比較統計數據是人為製造的，卻真的產生了影響。在排行榜頂端很棒，在底端則很失敗。最低分的學校就算提供了良好教學、高品質研究，並且憑自己的實力做出了對社區的貢獻也還是一樣：在評比結果下，它仍舊是個失敗。然而，在比較中評比較差的大學，就跟那些給自己的舊學歷加上警語的成年人一樣，他們的差也都有充分的理由。或許他們招收的是弱勢學生、教授具挑戰性的科目，或在處理在地環境中的難題。這種關聯性十分重要，但那種產出看似扎實證據、實為簡單數值的指標，卻與此脫節。

在荷蘭有間頂尖大學，一反英國高等教育部門那種無止盡增生、以指標衡量表現的趨勢，主動退出了全球比較排名。先前全球排行第六十六的烏特勒支大學（Utrecht University），藉由不提供任何資料給《泰晤士高等教育》，自信滿滿地脫離了這本英國雜誌的2023年排名。烏特勒支大學表示，該排名「過度強調給分和競爭」，主張科學研究的合作與開放性更為重要。他們進一步強調，把一間複雜的大學降格成一個簡化的分數十分荒謬，因為「幾乎不可能用單一數字，來衡量一間有著眾多不同課程和學門的大學的品質」。[103]

回到英國，比較的首要地位已跟大學的市場化勾結在一起。過往曾是公共財的大學，如今已漸漸變成準私人部門。隨著學生背負起幾萬英鎊的債務，高等教育的市場已經發展出來。各大學競爭著年輕人，在招生上揮霍資源，好在一場教育零和賽局中提高收入。舉例來說，在藝術和設計學門中，許多較不出名的院系出現學生人數下滑，而排行前面的成功科系則快速增長。在注重實作的創意學門中，師生比例至關重要；但在排名最高的藝術院系中這個數字可能已惡化，因為吸收了越來越多的頂尖學生，卻沒有雇用同樣比例的教師。至於那些在較小、「較不成功」院系學習的學生，卻能獲得更多的工作室時間，取用更多資源，得到更多授課時間。這些院系或許不在排行榜前面，卻能在排名低迷的情況下提供最佳的教學經驗，而這種經驗對學生來說可能更為重要。

學校的關注力已從提供學生高品質的學習經驗偏離，更著重在讓更多背負學貸的申請者明日就能入住宿舍。此外，學者們還被要求擔下操弄各個排行榜研究教學指標的任務，從而損害了他們更全面的教

育者兼研究者角色。在這些目標導向的學校高層,是一群新興的高層管理階級,他們從學費中賺取高額薪資,並執著於製造各種能讓他們的權威和報酬合理化的創意比較。據報導,在一次惡名昭彰的爭論中,雪菲爾大學(University of Sheffield)的副校長瓦倫泰恩教授(Professor Gill Valentine)跟一群學系面臨關門危機的考古系學生談話時,做出以下這個不像話的比較,也就是把學生貶為類似超市裡的消費商品。當有人問瓦倫泰恩能否降低入學需求以招收更多大學生時,她回答說:「我們必須保護我們的品牌。如果你在瑪莎百貨(Marks & Spencer)購物,而瑪莎百貨擺了奧樂齊(Aldi,德國起家的全球連鎖廉價超市)等級的產品,人們就不會想再跟你買東西了。」這讓出席的學生覺得自己「極不被需要且不重要——我們的價值就僅止於支付的學費和拿到的級分⋯⋯一旦來了這裡,學校就再也不在乎我們了」。[104]

我並非唯一對高等教育界的組織結構感到擔憂的人,最受關注的論點時常會集中在兩個當前挑戰之上:一個是太多人去念大學卻修習到低品質的課程。另一個是心理健康的危機正在脆弱而缺乏支持的學生中擴散。

潛藏在第一項挑戰之下的,是人們認為有些學位因為是低排名大學發出的而不值得擁有的想法。無情的比較使得一些機構就算給出的是有品質的教育,也一樣被宣告失敗,只因為他們位在階級底端。所謂的「爛」大學,是在由指標定義下該校與其他學校相比表現差勁,以及深入高等教育的市場力量共同創造出來的。古德哈特(David Goodhart)在《通往某處的路》(*The Road to Somewhere*)[105]一書中,提出一種並非只有他提過的功利主義論點,那就是存在一種「由資歷過

高卻從事低技能工作的畢業生所構成的膨脹的認知階級」。這論點本身很有問題，而培育出這論點的是主張「有大量人正從『失敗』的機構畢業」。在此，我的觀點截然相反。如果說有一名從低排名大學畢業的哲學系畢業生成為了酒吧經理，那並非代表英國大學的失敗，而是整個社會的成功，才能讓一個酒吧經理在一所新大學學習了三年哲學。把這樣的人和他們上的課程視為是種失敗，是一個政治和文化問題，而我們這些關心大學教育基本權利的人需要克服這種問題。

至於大學生身心健康危機這個範圍更大的議題，我的確沒辦法給出完美答案。年輕人面臨的許多壓力都是社會相關的壓力，遠遠超出大學生活經驗，而且可能因為新冠疫情的陰影變得更沉重。然而，就我所知，國家學生調查這類比較做法是問題的一部分。國家學生調查並沒有提高學習滿意度，而是火上加油，讓學生驚覺自己身處在壓力鍋的環境之中。過去十年，我親眼看到越來越顯著的精神健康問題，伴隨著成績膨脹、國家學生調查的擴大，以及排名文化越來越普遍一起發生。相關性未必指出了因果關係，但市場力量的加速作用、學生各種費用提高、成績表現的壓力日增，以及達到高級分的期望，都在學生和教職員身上堆積了壓力。這為大學生活經驗注入了焦慮，也損害了教育工作者協助學生解決問題的能力。

市場化力量加諸在大學之上的最糟糕案例，是倫敦帝國學院醫學院毒理學教授格林（Stefan Grimm）的悲慘經歷。有人跟格林說他「難以達到指標」，因為他沒有成功獲得他的教授職預期的一年二十萬英鎊（約台幣八百多萬元）研究資金，因此要面臨績效審查。[106] 他以窒息結束了自己的生命。一封格林死時發出的電子郵件，描述了他被大學「當

作狗屎一樣」對待,並明白指責過度競爭的文化:「這些傢伙不知道他們毀了人們的一生。這個嘛,他們確實毀了我的一生……這裡早就不是大學,而是只有少數人處於最高階層的企業……牟取暴利,而我們其他人則是被用來榨錢。」[107]帝國學院發表文章回應這場悲劇時,表示「格林教授的成果並未受到正式審查」,他們遵循的是「非正式和正式績效管理」這種標準做法。[108]

可悲的是,格林的經歷和他所經驗到的市場化毀滅性影響不只出現在各大學,而是遍及英國各級學校和學院,以及世界各地競爭激烈的教育領域。在英國學校,英國教育及兒童服務與技能標準局的督察制度已成為學校主管的持久創傷。擔任該局首席督察的斯皮爾曼（Amanda Spielman）承認,這個制度創造了一種「恐懼文化」。[109]督察透過定期訪視來評估學校表現,最終把英國所有學校評定為一至四級:傑出、優良、待改善和不足。督察關注四個關鍵領域:教學品質、行為態度、個人發展以及領導管理,卻不關注學校所處的更廣泛的關係和環境脈絡,好比說當地的貧困情況,以及離校生今後的職業發展軌跡。教育及兒童服務與技能標準局把各個學校的多因素特性全部化為單一個詞的評比,一直以來都受到各方譴責。前教育大臣布蘭克特勛爵（Lord Blunkett）就表示:「在後疫情世界中,我們應當致力於結合複雜的要素為學校打造出有意義的樣貌,將過度簡化的評判轉化為寥寥幾字的衡量結果,已不再具有意義。」[110]另一位前教育大臣貝克勛爵（Lord Baker）強調了一個叫「目的地資料」的數據,認為有必須把這納入學校評估,來產生更有意義的比較。「目的地資料是學校的關鍵評判,因為說到底,知道他們離開國家教育之後的情況如何是很重要

的事。」[111] 雖然這幾位前大臣並不反對學校績效指標化的大原則，但他們都希望能修正已經失靈的比較制度。

打分數的武斷性影響了各學校的行為，讓他們想盡辦法地利用督察報告，有時會因此疏於處理學生的需求（成了古德哈特定律的又一個範例），一如國家學生調查和研究卓越架構對大學造成的有害影響。[112] 晉升評比層級能為校長和更廣泛的社區群體帶來巨大的回報，所以成功的壓力也越發大了。社區卓越學校是在地房價的極度敏感因素，會讓身為屋主的在地家長對報告格外留意。遺憾的是，當學校的評比成績下降時，影響可能是災難性的。佩里（Ruth Perry）是伯克郡卡佛杉小學（Caversham Primary School）的校長，當她的小學從傑出降等為不及格時，她在巨大的精神壓力下輕生而亡。[113] 這種鬼扯比對必須停止。

第六章

里斯本是新巴塞隆納嗎？
全球比較如何損害在地文化

歡迎來到里斯本

　　濃厚的蛋黃色卡士達醬，稍微烤出一個個深棕色斑點，外頭繞一圈奶油酥皮，酥脆又泛著金色。這個蛋塔的底層餅皮薄到不可思議，就像幾張描圖紙一樣。恰到好處的餡料搞不好還灑了肉桂粉。葡式蛋塔（Pastéis de nata）在葡萄牙各地都很風靡。在里斯本市中心一間裝飾藝術風格的咖啡館前排隊，我常常發現自己正熱烈期盼著，卻因為我前頭的客人一個個用手指戳著玻璃櫥窗比較著蛋塔、試圖挑選他們認為色澤最棒的那個、近看時又改變心意而感到有一點不悅。一旦他們做出最後的選擇，我就會快快地挑選一個，然後貪婪地享受它的美味以及濃縮咖啡的濃烈苦味。不過，如果你想要吃到全世界最好的蛋塔，你必須離開市中心，並搭乘 15E 電車到貝倫區（Belém）。不過那時你吃的就不是 Pastéis de nata 了，而是更特別的東西——貝倫蛋塔（pastél de Belém）。

一百五十多年來，貝倫蛋塔都從一間同名咖啡館出爐。不過，那又出自一份比咖啡館更古老的食譜祕方，來自附近的耶柔尼莫斯修道院（Jerónimos Monastery）。這棟晚期哥德式的建築奇觀，是五個世紀前里斯本作為強大的葡萄牙帝國中心時期最重要的建築物。它如今不再是聖耶柔米會（Order of Saint Jerome）的所在地，而是以聯合國教科文組織世界遺產的身分獲得保存。傳說中，當僧侶在這裡發現大量的蛋黃之後，便製作出蛋塔。作為一個天主教國家，過往葡萄牙各地的女修道院和修道院都使用大量的蛋白來為僧侶袍上漿。剩餘的蛋黃便成了製作甜蛋糕和糕點的原料。19世紀，眾多宗教修會解散後，這項烘焙傳統持續了下來。全國各地，每間社區烘焙坊都能製作出美好無比的黃金極品；除了蛋塔還有柏林果醬包（bolas de Berlim，塞滿卡士達醬的甜甜圈），甜的上帝麵包（pão de Deus）以及貝殼狀的小巧軟蛋（ovos moles）——全都富含明亮的蛋黃。貝倫區這邊，僧侶們於1837年將小心保護的蛋塔食譜祕方賣給附近一間糖廠，於是那裡成了葡萄牙最知名的烘焙坊。如今，貝倫區糕點店每年吸引了幾百萬觀光客。

世界各地的訪客除了為葡式蛋塔湧入里斯本，也為了夜生活、電車之旅、沙丁魚、新古典建築，以及接近亞熱帶氣候的明媚陽光而來。最受歡迎的景點包括：上城（Bairro Alto），由迷宮般窄巷構成的上城區，窄巷裡擠滿了酒吧，每個夏夜都是街頭派對。迷人的28號電車線，有著跟蛋塔一樣的毛茛黃經典造型車身。這些不隨時間而改變的地面電車，在鋪著鵝卵石的街道上嘎嘎聲作響，沿著斜坡發出尖銳聲急速駛下，最終抵達市中心的大廣場。到了這邊，帝國時代就存在的典雅商店、排屋和教堂組成了華麗如畫的整體，坐落其間的餐廳大量供應簡

單新鮮的烤海鮮。里斯本有著足以跟任何歐洲大城相匹敵的優雅壯麗和文化吸引力。

在典型的觀光客視角之外，我最喜歡的亮點在馬維拉（Marvila）區東部。在這裡，創意和工業遺產碰撞相融，古老的半廢棄河岸倉庫畫滿了嚇人的諷刺街頭藝術，有些經活化改成咖啡館和二手物品店。同樣在東部，有個曾是女修道院的地方如今成了國立磁磚博物館，頌揚著無與倫比的工藝、色彩和樣式，還附有一間美觀的庭院花園咖啡館。葡萄牙的瓷磚畫（Azulejo），以著方形或是其他形狀的錫釉瓷，蓋滿了修女們的修道院走廊和小房間，展現出斑斕的磁磚設計。色彩鮮明的新舊作品，裝飾著里斯本的整個門面。能大飽眼福的東西實在太多。在城裡悠哉遊蕩後，光是花個片刻在眾多觀景台（miradouros）中挑一個，然後來杯冰涼的帝國杯（imperial，細長的一杯生啤酒），看著燕子乘著從太陽烤熱的舖路面升起的不穩定氣流在頭頂穿梭，就足以溫暖我的心。

當里斯本與巴塞隆納、柏林和布拉格等競爭對手爭奪歐洲最佳度假城市頭銜時，蛋塔和哥德式建築明顯成為國際觀光宣傳的特色。當有著貝倫知名風景的里斯本，被拿來跟有蘭布拉大道（La Rambla）、布蘭登堡門（Brandenburg Gate）以及查理大橋（Charles Bridge）等亮點的其他歐洲城市比較時，城市政策也越來越面向全球受眾。我們看到新的措施出現，試圖改善城市各個面向、把城市包裝成一個絕佳的短期度假地，而不是專注在市民福祉上，讓無論中央或邊陲、富有或貧窮的所有市民，都能擁有可以安居樂業的生活條件。以「將里斯本與世界其他城市進行比較」為中心運作的全球視野，在過去十五年間改變了里

斯本的城市生活。

全球化旅遊

　　無論是最知名的旅遊指南景點,還是不為人知的珍寶,里斯本都吸引了大批觀光客。從世紀之交至今,里斯本的國際觀光客成長了近兩倍,一年就有六百萬人到訪。[114]到訪者來自隔壁的西班牙,另外葡萄牙長久以來也受到英國人、法國人和德國人的喜愛,但中國和美國的觀光客逐漸成為該首都最大宗的觀光群體。[115]里斯本不僅人氣高漲,其地位也不斷提升。在整塊歐洲大陸上,各個城市競爭著觀光客的歐元,而里斯本較之對手越來越常大幅勝出。根據《獨立報》所言,里斯本已經「好一陣子都是歐洲最佳度假城市;堪稱新的巴塞隆納」。[116]這個葡萄牙首都在2017年的世界旅遊獎（World Travel Awards）中贏得「世界頂尖度假城市」。它接著又被拿去跟區域鄰居相比,並獲得大量讚美,如英國廣播公司稱其為國際商務旅客的「歐洲最佳工作兼娛樂之都」[117],以及美國有線電視新聞網所謂的「最酷首都」。[118]里斯本是不是一個比巴塞隆納「更好的度假城市」,或者「最佳」文化首都或商務旅遊點,完全都是主觀的看法,而我們有必要揭穿這些新觀點是如何形成的。

　　全球比較正在改變城市生活的形貌,並推動城市的中產階級化。與其他歐洲城市相比,里斯本作為一個旅遊勝地的地位可說是日益提升,但這卻對居民有著不良影響。這個城市正全心全意地擁抱全球化。訪客搭著易捷航空（easyJet）抵達、靠著Uber移動,待在Airbnb公寓

裡,並用同一批網站或旅遊指南查找旅遊地點。一間老派指南出版商在策劃城市新體驗方面格外活躍;而一間過往以文化活動資訊和書籍聞名的國際媒體公司 Time Out,租下了里斯本的主要市場空間——里貝拉市場(Mercado da Ribeira)。這是一種放眼全球新型旅遊模式的起點。自 2014 年開始,重新命名的「Time Out 市場」已進駐二十六間餐廳、八間酒吧,十來間商店,以及一家高價位音樂表演場所。特許經營店送上 Time Out 寫手精心策劃的高檔美食,其中許多是當地知名餐廳或名廚經營的專賣店。攤位擺放了精緻的葡萄牙經典美食,除了蛋塔還有好比鹽漬鱈魚、bifana(豬扒包),以及大受歡迎的國際菜色:「最棒的漢堡,最棒的壽司」。有一種全球地貌正在興起,而里斯本是第一個前哨站:那之後 Time Out 市場陸續在波士頓、邁阿密和紐約開幕,並計畫在芝加哥、杜拜、倫敦、蒙特婁和布拉格設點。如此一來,Time Out 可說加入了廉航、Airbnb、Uber 的隊伍,成為國際公司大拼貼的一塊拼圖;這一類公司將短期陌生城市體驗乾淨俐落地打包起來,減低觀光客的困難。

這跟 1970 至 2000 年代主宰短途旅遊界的「套餐行程」不同;在那個年代,途易(TUI)和湯瑪斯庫克集團(Thomas Cook)把幾百萬歐洲北部的觀光客,送到南歐的度假村和海灘。套餐行程造就了葡萄牙的阿爾加維(Algarve)以及西班牙的太陽海岸(Costa del Sol),如今仍是改造旅遊市場的重要力量。但是新興的全球線上旅遊公司更加靈活,對於變化的反應也更加迅速。他們讓想出門的觀光客輕鬆到了極點,觀光客只要打開筆電,輕鬆點擊連結,就可以不費吹灰之力地安排一個迷你假期。他們推廣的體驗往往同質性高,而且暴露了全球化的一

個矛盾；隨著各種聯繫越來越頻繁方便，體驗新國家的機會增多，但我們與不同地方的接觸卻越來越狹隘。城市旅遊正變得越來越相像。

　　Airbnb 租房的盛行以及提供的熟悉體驗，闡明了全球化能怎麼抹煞掉在地認同。Airbnb 主宰了全球觀光城市的短期租房，並提供極大量的選擇，但最受歡迎的公寓往往提供了相同的使用者體驗。眾多房客在各自的假日租房中消費著同種熟悉的裝潢美學。在搜尋演算法中排在最前面的那些公寓，不論是在貝倫區、布魯克林、畢爾包還是布達佩斯，都有著共通的外觀；每一間都相似到詭異的程度。Airbnb 那種適合發 Instagram 的大白話陳設，趨向世紀中期風格的家具複製品，背景是乾淨的白牆、灰色沙發、好照料的多肉盆栽、仔細挑選能體現在地文化的咖啡桌書籍，[1] 偶爾很鮮明突出的單面牆，牆上還寫著或許最能象徵全球化美學的空洞詞句：「咖啡」、「擁抱」、「去活、去愛、去歡笑」，或者「現在是酒點鐘！（It's Gin O'Clock!）」。拉上窗簾，你身在哪裡都一樣沒差。那麼，這種觀光全球化為什麼令人擔憂呢？不論是 Time Out 市場還是樣品屋般的 Airbnb 租屋，不同的城市提供可以相比的經驗有什麼不好的？巴塞隆納的過往經驗以及里斯本的新興體驗各自闡明了，城市生活轉為觀光客取向以及租屋市場的繁榮，對於在地居民來說，在社會面及財政面都可能會有破壞性的影響。

---

[1] 譯注：指那種客人來訪時能擺出來給人輕鬆閱讀，藉以消磨時間或開啟話題的大本書籍。

有國際吸引力

里斯本作為觀光勝地的成功，是城市政策直接以國際受眾為目標的結果。這個城市在爭取投資、觀光客及有錢移民方面一直都堅決果敢，而且不是與葡萄牙其他地方，而是跟巴塞隆納、柏林、都柏林和布拉格等全球其他城市競爭。觀光發展委員會、航空公司、國際休閒連鎖企業以及一些富遠見的在地企業家引領了這項變革。它變成一個讓有本事全球跑又擁有可支配收入的富裕人士灑錢的地方，而不是一般葡萄牙公民居住的家園；後者已被趕出了價格高昂的市中心。城市中心的商店、餐廳和旅館，除了想吸引歐洲人一疊疊的歐元，還想吸引外國美元、英鎊、日圓以及人民幣，而不是在地人微薄的消費能力。這已經遠遠超出促進觀光而已，里斯本吸引的不只是短期觀光客，還有越來越多的外來者，他們待在這裡的時間更長，選擇把這裡當成安居數月、數年甚至餘生的住家：這些人包括國際交換生、來「邊工作邊旅行」[2]（workation）或是開啟新生活的自由科技創業者，以及富裕的外國退休人士。這些群體的到來，強化了人們對里斯本是一座活力充沛、成功發展的全球城市的印象。里斯本因此與其他世界級休閒勝地並駕齊驅，成為人們考慮去度假或在陽光下重新起步的好地方。這與巴塞隆納長久以來的經驗有著相似之處，當年這裡也是用急速上升的租金把當地人推出城外。[119]

市議會和國家政策制定者刻意下工夫提升里斯本的國際知名度，

2　譯注：結合「工作」和「假期」創造的詞，指的是在度假地點工作。

使其與加泰隆尼亞首都等其他城市相比時更具競爭力。最初，葡萄牙政府在世紀交替之際運用引人注目的一次性活動，給首都打造新形象。它和對手城市爭相競價，拉抬自己的地位。最早的一個特大型活動是1994年榮膺歐洲文化首都，接著又於1998年成為世界博覽會主辦城市，之後又成為2004歐洲足球錦標賽（European Football Championships）的決賽城市。那三場文化盛會以及其他眾多活動不只推動了改變，也吸引了新一代遊客前來葡萄牙。長久以來，葡萄牙一直深受預算有限的觀光客歡迎，儘管阿爾加維是廉價假日套餐行程的目的地，但這些全球性盛會促使新興中階市場和高端旅館、更好的餐廳、會議場所以及嶄新景點的蓬勃發展，並刺激了交通相關的投資。它們吸引了幾百萬名新遊客，他們在里斯本的消費額比起過往多上太多。里斯本在航班表、旅客手冊以及旅遊評論上，還有全球會議巡迴中的地位，都日益提升。最後這一項，在里斯本於2016年永久取代都柏林，成為年度世界頂尖科技業會議——網路峰會（Web Summit）的主辦城市時，得到了重大提升。

網路峰會於2009年起在都柏林開辦，很快就吸引了科技界大咖的注意，包括推特創始人多西（Jack Dorsey）、特斯拉老闆馬斯克（Elon Musk）等等。當地明星也被這個愛爾蘭盛會所吸引。U2主唱波諾（Bono）於2011年出席，甚至為一批精挑出來的矽谷領袖團體舉辦了一場都柏林的酒吧巡禮。有鑑於該活動的高知名度及其作為加速全球化平台的獨特地位，搶奪舉辦權可謂里斯本的一次絕佳機會。葡萄牙首都在與阿姆斯特丹和倫敦競爭後勝出。[120] 創辦人柯斯葛瑞夫（Paddy Cosgrave）2015年宣布此消息時表示：「我們所有的與會者都希望有最好的結

果。里斯本是個擁有蓬勃新創社區的偉大城市。更重要的是,它有著便利的交通和旅館設施以及最高水準的會議場地,能容納八萬多名出席者。」[121]對他來說,顯然里斯本提供了一切,而峰會自從搬家後更是日益茁壯。來自幾百個國家的七萬人前來聆聽史諾登(Edward Snowden)、布萊爾(Tony Blair)、坎通納(Eric Cantona)、微軟主席兼執行長史密斯(Brad Smith),以及網路發明者柏納斯—李(Tim Berners-Lee)等講者演講。儘管演講範圍如此廣泛,但這可不是人人都能參加的活動,因為四天活動的標準票價是每人九百九十五歐元(約台幣三萬三千元)。

高額的入場費並沒有逼退全球的科技群眾。打從2016年起,一波波的峰會出席者從西歐和北美出發,攜帶機上隨身行李、筆電和裝滿比特幣的銀行帳號抵達。這些無拘無束、通曉科技的數位遊牧者,受到生活風格與低生活成本吸引,開始定居於里斯本。這些富有的年輕專業人士,往往與城市普遍民眾相隔離。他們在英語為壓倒性多數語言的群體中社交,他們把錢花在各種新興服務產業上:共同工作空間、專屬健身房、由瑞麥地產(RE/MAX)和第一太平戴維斯(Savills)等全球地產商出租的公寓酒店(serviced flat)[3]、Uber之類的叫車服務以及其外送分部Uber Eats,還有其對手葛洛佛(Glovo),或者還會去Time Out市場招待自己的訪客。這些服務因其價位,以及客群鎖定全球化顧客而非融入當地生活步調,往往不提供給在地人。旅居海外者喜歡三歐元(約台幣一百元)的小白咖啡配高價的斯卑爾脫麥片,而不

3　譯注:同時具備住家設備以及飯店服務的出租住宅。

這樣比太扯！

是五十歐分（約台幣二十元）的苦味濃縮咖啡配便宜的豬扒包。

用筆電工作的創業者成為里斯本中產階級化的象徵，而他們光顧的那些企業佔據市區的黃金地段，他們的住宿選擇又集中於市中心，這推高了住房租金。一些矽谷新生代甚至買下公寓——那些坐落首要大街，跟都柏林、倫敦或舊金山相比都便宜到令人難以置信的住宅。他們的每一筆感應支付，都促使城市生活從滿足在地人的生活需求，轉向滿足全球菁英需求前進。

除了這些吸引數位遊牧者的搶眼活動外，地方政府也透過重塑悠久傳統，進行更全面、更持續的嘗試，來讓該城市對外國消費者更具吸引力。2003 年起，市議會發起一個投標，替為期一個月的天主教民眾節（Festas Populares）尋找新品牌。這個於每年六月十二日和十三日舉行、已有數個世紀的傳統，是以頌讚里斯本半官方守護聖者聖安東尼（Santo António）為主。這些都是在地人的尋常慶典，以教堂、社區和愛為主題，其中包括了沙丁魚盛宴。平面設計師希爾瓦（Jorge Silva）響應了議會的競標，想到用沙丁魚作為象徵符號推廣整個城市，這麼一來便把這個夏季節日商品化了。現在它們更像是沙丁魚慶典。自那之後，在氣候溫暖的幾個月份裡，沙丁魚形狀的符號裝飾著各個店面及餐廳，沙丁魚瓷器、沙丁魚 T 恤，巧克力沙丁魚，當然還有沙丁魚罐頭在內的沙丁魚形狀禮品，紛紛進入觀光客的行李箱中。大街上，人們大量消費烤沙丁魚。每年六月，全葡萄牙吃掉三千五百萬條沙丁魚——或說每秒十三條沙丁魚。[122] 民眾節期間，觀光客和在地人會湧入街道，用手抓著烤沙丁魚吃，他們站在路上聊天、狂歡飲樂，並享受著油膩膩的散亂魚肉。儘管這是 2003 年之前就已經存在的社會

活動，卻在該年之後擴大規模並商業化，推手包括大酒廠薩格里什（Sagres）的關鍵贊助。民眾節和沙丁魚成為里斯本將自己塑造成魅力城市的手段，里斯本就此成為一個令觀光客感覺刺激且別具特色、比歐洲其他城市更讓人放鬆而有異國情調的地方。但這是一種被發明出來的傳統，透過刻意安排，讓街頭充滿活力和吸引力，跟在地天主教傳統根源完全脫節。

試圖讓里斯本更有吸引力，並讓外國人更容易融入的策略還不止如此。該城市政府 2015 年的觀光計畫，由德國公司羅蘭貝格策略諮詢（Roland Berger strategy consultants）所策劃，就是一個面向外部、面向全球策略的明確例子。羅蘭貝格把世界各地年輕的城市度假者定為里斯本市中心的關鍵市場，因此提議把城市切割成三個可行銷的區域化組套：上城區是「年輕里斯本」（Lisboa Jovem），市中心是「時尚里斯本」（Baixa Chiado），而城堡周圍包括阿爾法瑪（Alfama）在內的中世紀地區則是「歷史里斯本」（Lisboa com história）。[123] 這些不僅是市場策略，還產生了實質的影響。如今，在這些區域內的任一間咖啡館裡，你聽到英語的可能性都跟聽到葡萄牙語的可能性一樣高。

里斯本的改變在晚上尤其明顯，整個城市每到那時就會迎合學生、在地中產階級、歐洲觀光客以及富裕的外國居民。流竄於城市的大量新來者改變了城市的質地、目的和意義。關鍵地區劃給了特定群體，幾乎沒留下能打破社會藩籬的邊緣空間。有些地區明顯是優先服務外來者，接著才是當地人。在所謂淨化里斯本紅燈區的行動中，有條知名街道「新卡瓦何街」（Rua Nova do Carvalho）於 2013 年漆成了粉紅色，如今被稱為「玫瑰街」（Rua da Rosa）或「粉紅街」。身為一個

非常獨特又廣受歡迎的觀光地點，它給當地人帶來了狂歡、噪音和干擾；雖然改變或許帶來了一些改善，但同時也把脆弱的商業工作者轉移到不大顯眼但可能更危險的地方。更全面來說，它象徵里斯本的一些地方是如何變成更像一個主題公園，而非宜居的城市。還有一個例子是上城。這個地區同時吸引了葡萄牙人及國際大學生。交換學生組織伊拉斯謨（Erasmus）利用特定的酒吧和街頭，來管理並推廣街頭飲酒和派對。上城的老居民一直處在里斯本轉型的風頭浪尖，在里斯本被國際譽為酷炫的派對城市的同時，眼看著自己生活品質逐日下滑。

學生成為里斯本租賃市場最重要的群體，並推高了地產價格。諾弗雷（Jordi Nofre）等在地學者把里斯本各大學國際留學生和遊學生的湧入，指為「公家及私人引導的更全面城市國際化策略」的一部分，[124] 並認為「學生化」連同相互關聯的觀光客化和中產階級化過程，已對里斯本居民造成了負面影響。面向外部的發展方針，以及一波波來到里斯本的遊客和新住民，開始對一些社區造成損害。當我跟在地人交談時，雖然他們對於外來者的龐大數量感到憂慮，但一般來說他們還是歡迎外來者，最大的問題反而是人們對該城市越來越難以負擔的房價感到憤怒，因為這拉低了生活品質。但並非人人都不快樂，有些當地人因從事休閒旅遊業而大發利市，或是見證了自家地產因增值而致富。整體來說，中產階級化轉變了市中心歷史悠久的社區面貌，讓城市的窮人難以負擔。反對團體對抨擊政府，認為政府做得太過頭，把全球地位放在滿足里斯本市民的需求之前。

Terramotourism：「一場觀光地震」

每當我在度假途中漫步經過房地產仲介的櫥窗前，我總是難以自抑地駐足瀏覽，並開始做起白日夢。我會開始心算，計算匯率，算算自己可以負擔多少。我發現自己正想像著在新國家重啟生活。在里斯本，我會想像著陽光、悠哉的生活方式、以及用我在倫敦的小公寓價格換這裡的大公寓。我會怎麼布置我優雅的城市住所？或許用來自跳蚤市場的家具，一定要有一些獨特的瓷磚。這樣的未來真是迷人。對我來說這是一個不時發作的幻想。打從 2007 年以來，我一年至少造訪葡萄牙一次。我曾經在里斯本住過，也曾帶大學生來此進行實地考察，讓我的地理學學生認識什麼是都市不平等。我親眼見證房價的暴漲。許多認識我的人都聽我說過當初要是在房地產飆漲前入手就好了，但即便是現在，這裡的房價還是價格實惠、十分誘人。這就是關鍵所在：對外來者來說，這個城市誘人的時間持續太久了。

過去二十年來，廉價航空和 Airbnb 這種新興線上訂房平台的出現，成為里斯本和英國、美國、德國以及其他地區連接的新紐帶。短程旅遊向財力雄厚的外國買家宣傳低價公寓，並邀請在地的地產投機者發揮所長，盡可能地買下最多的住家，並把它們改裝成度假租屋。里斯本市中心就是這種全球化新技術一舉成功並產生實質影響的地方，旅遊觀光大幅推高了該地的房價。

開啟新貴移民並進一步刺激地產市場的，不只是全球公司，還包括了政府政策。備受爭議的「黃金簽證」制度，可說是這個過程的象徵。這種特殊簽證方案把居留權給了那些投資地產至少五十萬歐元（約

這樣比太扯！

台幣一千七百萬元）以上或者創造出十個工作機會的人們，並吸引了來自巴西、俄羅斯、中國和南非的富裕移民。政府政策協助里斯本市中心成為全球地產的熱點。這種發給不動產投資的「黃金簽證」因在地人士對於房價上漲的強烈反彈，於2023年10月中止，但它們仍是移民的熱門選項。葡萄牙的D7退休簽證，提供永久居留葡萄牙的途徑，而且是以具備等同於葡萄牙最低薪資百分之百（也就是每年九千歐元，約台幣三十一萬）之固定被動收入（好比說退休金）的非歐盟／歐洲經濟區公民為目標。[125] 另外，還有給遠距工作者的創業型D2「數位遊牧民」簽證，條件是收入為該國最低薪資的四倍，這些人可以延長居留長達五年。[126] 這兩種簽證吸引了全球化的有錢移民搬到里斯本，並在太受注意而導致分歧的「黃金簽證」方案中止後，繼續提供移民途徑。[127]

全球化不是只把富人帶到里斯本而已，於此同時，包括巴西人和中國人，以及東歐人、說葡萄牙語的非洲人和南亞人在內的貧窮移民，也抵達了里斯本並進入次級勞動市場工作，有時甚至沒有居留證件。他們大多從事最沒有吸引力、技術門檻低且缺乏保障的工作，工作範圍包括支撐觀光的服務業，像是外送人員、清潔人員、廚房助手及小販。[128] 他們的到來以及勞動管理的缺失，在工資方面造成了向下的壓力。全球化的這個隱性陰暗面，讓原本旺盛發展的休閒產業對葡萄牙勞工階級來說不那麼有吸引力了。當在地人面對新來者處於劣勢時，他們進一步脫離市中心的經濟生活，而不同文化群體之間出現了緊張關係。

要瞭解里斯本過度熱情地接受城市改變造成的損害，我們必須從全球觀點轉換到在地觀點，來領略全球化對城市居民的影響。其中一

個受到最嚴重影響的地區，就是有著迷宮似的狹窄鵝卵石街道、佈滿摩爾人和猶太人痕跡、構成中世紀城堡周圍的歷史街區「阿爾法瑪」。在阿爾法瑪，每隔幾間公寓、有時甚至整棟公寓都在 Airbnb 上出租。國家政策又一次促進了地產飆漲而讓在地人蒙受其害。中間偏右的政府於 2012 年實施了新租賃法，這讓驅趕長期租戶變得更容易。當新投資客買下頂尖房地產時，阿爾法瑪的許多租屋者就會被他們趕走。[129] 租金漲到二房公寓平均一個月一千歐元（約台幣三萬多元），遠高於全國最低薪資，同時逼近里斯本平均稅前月薪，也就是一千四百七十二歐元（約台幣五萬元）。[130] 然而，在像阿爾法瑪這樣的熱門地點，可用的住屋越來越少。一個月一千歐元的租屋轉手到 Airbnb 上，至少一晚開價一百歐元，到了旺季以及網路峰會等需求旺盛的期間，價格還會更高。一個理性的商人會迅速趕走長期租戶，轉而擁抱觀光事業。

　　里斯本只有大約五十萬居民，全市卻有超過二萬間觀光客公寓出租（集中在市中心），另外還有幾萬間旅館客房、度假別墅以及其他臨時住所。2015 至 2023 年間，房價增加了 137%，租金則在 2022 至 2023 年僅僅一年之間就增加了 37%。[131] 這種社會經濟轉型已從歷史悠久的城中心向外擴散，包括封閉社區（condomínios fechados）、豪華公寓、學生公寓，以及其他佔據主導地位的短期租屋獨家開發案。[132] 那些搶購地產的人，包括瑪丹娜（Madonna）和法斯賓達（Michael Fassbender）在內的一線名人。在許多情況下，這些地產不是家園，充其量只是一年當中某些時刻會有人的第二個家。有時候，它們就只是空著那裡的投資機會，是試算表上的一項資產。它們的新主人把里斯本連上全球資本和流動的網絡，並把工人階級從古早以來混居的社區移

了出去。

低工資和高租金的相關性、遊客的暴增、城市經濟的全面轉型，以及新的排擠、流離失所和勞動力的地理分布，都撕裂了里斯本的社會結構。有些人拿該城1755年的天災玩起文字遊戲，稱之為「觀光地震」（terramotourism）。而阿爾法瑪堪稱震央。強硬的在地人繪製了反中產階級化的壁畫，並在街道上方的窗戶之間掛上標語。在其他地方，那些在我其中一個計畫中[133]受訪的摩爾拉利亞（Mouraria）和瑪格達雷納（Magdalena）等市中心貧民區的前居民，則因為附近公寓的噪音、太多觀光客以及住房過於稠密，離開了他們的社區。里斯本的居民並非只是被動接受這種轉型；居住運動（好比說Habita）、政黨（好比說左翼陣營〔Bloco de Esquerda〕以及葡萄牙共產黨〔Partido Comunista Português〕）以及社會運動，都試圖反抗推廣觀光與都市更新的霸權敘事。在針對當地政府的反中產階級化示威活動中，成千上萬的人走上街頭不斷抗議，有些標語就只是寫著：A casa a quem a habita——「家是住的地方」。

彰顯特色而非比較

里斯本被一個自豪的國家政府推廣為歐洲最佳城市。他們冀望里斯本能與其他偉大城市齊名，成為一個與阿姆斯特丹或都柏林並駕齊驅、甚至與更大的巴黎或倫敦相媲美的城市。在里斯本工作的城市地理學家門德斯（Luís Mendes），把旅遊業、尤其是里斯本需要與其他城市「競爭」的這種想法，視為中產階級化過程的關鍵因素；他進一步指出，中產階級化對在地人造成了很大的傷害。[134]跟他有同樣看法

第六章　里斯本是新巴塞隆納嗎？

的批評者大都被埋沒了，因為里斯本就其本身，已是這種競逐的贏家，獲得了許多讚譽。里斯本市中心的旅遊經濟活力，使它榮登 2015 年「歐洲年度創業地區」（European Entrepreneurial Region of the Year）寶座。另外兩名葡萄牙學者卡爾摩（André Carmo）和艾斯特文斯（Ana Estevens），直接把這個「創業能力」跟重構都市空間聯繫起來，強烈譴責道：「今日里斯本就跟其他歐洲城市一樣，是一個充滿悖論和矛盾的城市。可以說，這是一個為了資本而打造的城市，而不是為了人們打造的城市。」[7] 很重要的是，這個改變是全球地圖的一部分，而里斯本和與之競爭（關鍵在於它們*互相比較*）的那些熱點，如柏林、巴塞隆納和布拉格等城市，都在中產階級化的過程中遭到破壞。

　　*里斯本會是新巴塞隆納嗎？*從全球熱度、觀光成長、有錢移民的湧入和房租的飆升來看，兩者有著清晰明顯的相似之處。這是一個看似真實的比較，因為它們的確有幾分相同。然而，這兩座伊比利亞半島上的偉大城市也存在不可調和的差異，是這類輕率的比較容易忽略的部分。在國家政治方面，它們相異到了極點。里斯本是一個統一民族國家的心臟及行政中心，也是葡萄牙及其歷史帝國的縮影。巴塞隆納則是加泰隆尼亞的最大城市，這個自治體的許多人都想離開西班牙，並定期舉辦針對聯邦政府的群眾抗議活動。這兩個獨一無二的地方還有許多更基本的差異。然而，是什麼產生了「*里斯本是不是新巴塞隆納*」這個提問？這裡的鬼扯比對並不在於文化地理上的差異，而是在於這個問題的大前提。這種迷信隱含的概念是，有著千百年歷史的里斯本最近才開始變得對外來者具吸引力，是一個可以被消費、被享用、被剝削，並在關注轉到下一個時髦城市時被遺忘的地方。

城市的領導者在這場爭奪成為觀光和國際投資者最佳地點的競賽中，忽略了市民的需要。柏林這邊，新的外國居民跟在地人一直有著緊張關係，因為數位遊牧者湧入了這個酷炫的德國東部城市，擠走了在地居民。布拉格這邊，觀光團擠滿了這個歷史古城的部分地區而爆發衝突。巴塞隆納這邊，Airbnb 和觀光客主導的中產階級化造成的影響被稱為「集體移出」，造成當地居民的生活損失。[136] 各個城市互相學習，競相成為「下一個柏林」、「比巴塞隆納更好」，或許還有「新里斯本」，但關鍵決策者過於留意能提升城市全球名聲的東西，而非聆聽人民的需求，尤其是都市貧困者的需求。城市紛紛降格為最全球化的度假城市，有著最佳化的套裝屬性，包括各式各樣的 Airbnb 住房，排名最佳的酒吧，最輕鬆的航班等等。各國政府受到引誘去吸引新的投資，而那些投資又膨漲了地價，營造出經濟成功的假象。同時，這並未促成那種本身就值得讚揚、獨特又有趣的在地文化發展，反而以壓倒性的趨勢將城市體驗簡化並同質化，讓觀光客更容易接受並消費。

　　當企業領袖思考要把會議辦在里斯本還是都柏林，並想要擁有「最佳」會議設施時；或者當一個城市觀光客尋找能提供近似柏林的體驗時；或者當退休專業人士尋找地方買進第二個能沐浴在如巴塞隆納陽光下的家，或者找地方用歐元換更多地產時，國際旅遊獎、企業讚譽以及其他主觀的城市比較或許很有用。但對於葡萄牙、愛爾蘭、德國或加泰隆尼亞的城市居民來說，這樣的國際比較並沒有意義。對他們來說，他們的城市在全球人氣競賽中是否登頂並不重要，重要的反而是城市是否能盡可能地提供他們最好的家園。優良的醫療保健、

好的學校和負擔得起的家,這些對居民而言來說非常重要,但對短期遊客來說意義不大。大部分的人沒辦法隨便就搬到其他「更好」的地方去;把工作、家庭和朋友丟下,甚至比我搬到里斯本的白日夢還要不切實際。

城市領導者拚了命讓城市具備全球吸引力的同時,可能會讓它們更不宜居。他們有可能會天真地遵循其他地方採取的無限制全球化範例。外來投資可能會抬高地價,讓人負擔不起住屋;重新包裝各區域可能會損害其歷史底蘊;改變傳統則會破壞在地文化。吸引全球品牌可能會讓城市變得同質化,掩蓋其獨特性。貝倫蛋塔店對面有間麥當勞,看到觀光客大啖地球上隨處可見、沒滋沒味的大麥克圓麵包和鹹餡餅,而不是享受世界級蛋塔的獨特脆皮和絕妙甜味,實在讓人唏噓。里斯本城內各處的知名老咖啡館,都必須和那些迎合外來者口味的新店家競爭。

這不是反對你去城市度假、去開會或是買第二個家。里斯本和其他知名觀光城市都需要遊客為其經濟做出貢獻。每個人都有機會去海外旅行、念書、工作和生活。舉凡你造訪某個地方,請都試著支持在地商家,花點時間去人跡罕至的地方冒險,取得豐富的本地視角而不是淺薄的全球式觀點。所以,這不是一個粗暴的反全球化論點,而是在向政治領袖呼籲,總是要把城市在地居民的生活放在第一位。國際之間的比較把全球受眾放到了最前面,壓過了在地居民的需求。遊客可以是整體風貌的一部分,但不該損害城市生活。國家政府和市議會立下的政策定義了外來者的體驗,但其實也可以制定政策來緩和過度中產階級化,以及避免恐怖的觀光地震。歐洲的眾多偉大城市能同時

為市民和外來者提供了諸多好處,但在保持城市自身特色和歡迎新來者之間必須有所平衡。在此,很重要的是,新來者同時包括有許多錢能消費的人,以及來自貧困地區想要求學、工作一段時間或重新開始的人。這些特質造就了一座真正偉大的城市,至於不同特質會構成什麼樣貌,取決於在地因素獨特的組合,而那些因素幾乎是無法比較的。

第七章

非洲的成功故事？

國際比較如何掩蓋了一個失敗的國家

殖民主義與衝突

葡萄牙帝國一度是世上疆域最遼闊的帝國。在17世紀的鼎盛時期，其疆域從歐洲邊緣一路延伸至大西洋的馬德拉群島（Madeira）和亞速爾群島（Azores），再遠至巴西的亞馬遜盆地，跨越赤道來到幾內亞灣，環繞遍布非洲南半部的海上貿易站，來到包括印度果阿（Goa）、印尼帝汶，還有遠東中國海岸上的澳門等等的亞洲飛地。殖民資本主義以及奴隸、香料和糖的貿易，讓里斯本富裕起來，並資助貝倫區在該城最早的黃金時代開始發展。在接下來四個世紀裡，隨著歐洲的競爭對手挑戰葡萄牙的貿易網路以及殖民地人民爭取獨立，這個帝國漸漸分崩離析。1932至1968年間，薩拉查（António de Oliveira Salazar）以實際獨裁者的身分統治葡萄牙，並試圖在20世紀中期重振帝國。薩拉查認為殖民地應該「生產原料來賣給母國，換取工業產品」。[137]他跟他的英國同輩邱吉爾一樣是個熱切的帝國主義者，並在2007年的葡萄

牙電視競賽中被選為史上最偉大的國家代表人物。

20世紀的葡萄牙是歐洲最窮的國家之一，但仍受益於殖民帝國的餘緒。里斯本和波爾圖（Porto）的主要產業之一是成衣製造。1960年代，便宜的安哥拉和莫三比克棉花為這個產業提供了82%的輸入，該產業雇用了三分之一的工業勞動力，並占葡萄牙出口總額的五分之一。[138] 同時，棉花在莫三比克被稱為「貧窮之母」。[139]小農被迫種植棉花，收購棉花的價格又低到可憐，他們的糧食消費下降，饑荒頻仍。他們受到殖民警察的騷擾，逼迫他們繼續種植棉花，反抗者被放逐到非洲另一邊的聖多美，從此再也見不到故土和家人。

1960至1970年代，薩拉查的新國家[1]（Estado Novo）接連苦戰，試圖維持住五個非洲殖民地卻徒勞無功。許多非洲人和葡萄牙人白白死去。長期血腥的海外衝突催化了里斯本街頭的抗議，導致軍方在幾乎沒有流血的康乃馨革命（Carnation Revolution）中推翻了新國家政權，之後安哥拉、維德角、幾內亞比索、莫三比克以及聖多美普林西比相繼於1975年獨立。進入21世紀，這些葡語系的非洲新興國家都面臨艱難的發展挑戰以及普遍的貧窮困境。其中，莫三比克絕對是世界上最貧窮的一個國家。

在莫三比克行動，開車是最佳選擇。你不會去搭公車，除非你窮到跟所有莫三比克人一樣，除了走路之外沒有別的選擇，那當然就另當別論。鐵皮（Chapas，葡萄牙語的意思是「金屬片」）是危險、過度擁擠、緩慢又不舒服到極點的小巴士。鐵路實際上也不能算是一個選項，因

1　譯注：1933至1974年間統治葡萄牙的獨裁政府。

為只有三條線。打從殖民時期以來，鐵路運輸就已經衰敗。部分舊沿海鐵路直到近期才清掉1992年結束十六年內戰所留下的地雷。在脫離葡萄牙的獨立鬥爭結束後，過去幫歐洲人戰鬥的莫三比克人和新馬克思主義者主宰的政府——莫三比克解放陣線黨（Frelimo）——之間的衝突又重新點燃。反對該政府的莫三比克全國抵抗運動（Renamo）背後有隔壁南非的種族隔離政權撐腰，還獲得冷戰期間想顛覆新獨立黑人社會主義國家的美國暗中支持。衝突導致超過一百萬人死亡。[140]

首都馬布多的中央火車站在戰火中倖存了下來。這個終點站是一座宏偉的美術學院派（Beaux-Arts）建築，是葡萄牙人和南非人在19、20世紀之交興建的。如今，與其說是一個轉運站，不如說是個文化地標。《新聞週刊》認定它是全球最美的十個車站之一。圓頂的立面，構成那部以獅子山為舞台且由李奧納多（Leonardo DiCaprio）主演的驚悚電影《血鑽石》（*Blood Diamond*）的背景。車站裡，空蕩的月台間，殖民年代的酒吧在溫暖的晚上，為一批四海為家的菁英群眾，送上冰涼的雞尾酒以及現場演奏的非洲爵士樂。

要在這個比德國大上兩倍多的國家旅遊，另一個選項是乘坐莫三比克航空（Linhas Aéreas de Moçambique，LAM）——在英語使用者之間常喚作「延誤不一定」（Late and Maybe，兩者縮寫相同）。莫三比克航空以延誤聞名，而且不幸地於2013年發生死亡空難，二十七名乘客跟六名機組全數罹難。

開車出遊讓人精疲力竭，尤其如果你開的是邊界另一頭在南非註冊的車，或者如果你是白人。警方的檢查哨是日常生活的一部分，他們又尤其偏好檢查外國駕駛。典型的相遇一開始是出現交通錐，然後

這樣比太扯！

是警察的皮卡車停在縮小車道，構成一個交管點。戴著法式高圓頂警帽的警察揮著手，要緩慢移動的破舊汽車、卡車和鐵皮巴士持續前進，等待適合的獵物。一名警官若無其事地把 AK-47 步槍掛在肩上，其他人則在陰影處休息，躲避熱帶地區的酷熱。你在隊伍中緩緩前進，試著不要跟他們對上眼。你快靠近暢通的道路了。幾乎要到了。這時一隻手揮著示意你過去。一名警察漫步到你的車邊。你熄火搖下車窗。要求如下：駕照、護照、登記註冊、保險、兩個紅色三角警示牌、兩件黃色反光背心。經過了三十分鐘的檢查之後，一切正常。警察穿過柵欄，開始檢查車體。他繞到車後逐一測試車燈，這時他停了下來。有個東西引起了他的注意，乘客側的後視鏡有個小裂縫。仍坐在駕駛座上的你在同一塊鏡子上瞥見了他的倒影，稍稍對到了一眼。他的專業假面褪下，臉上瞬間浮過一抹微笑。

警察回到駕駛側車窗前。他認為這輛車不安全。你勉強辯解說，你用這面幾乎沒破的鏡子可以清楚看見後面：*這沒什麼問題啊，警官*。跟正在經過的鐵皮相比實在是不成問題。一台那樣的巴士正載著比原初設計多上一倍的乘客，左側後車燈整個砸爛了，而且還有濃濃的黑煙從排氣管怒吼而出。不用擔心那台鐵皮。你這台車不安全。你得付罰金———一萬梅蒂卡爾（metical，約台幣四千六百元）。通常必須要去警局繳罰款，*但或許可以找出一個解決方法*。如果你擔保會修好，他倒是可以使用他的裁量權。但你能不能幫個忙？警用卡車快沒油了而警隊需要錢加油，你能不能幫忙？

所以，賄賂就是這樣進行的。為了給足面子，有一種做做樣子的公共服務。每個人都知道錢實際會到哪去。隨著車的冷氣關掉悶熱起

來,你不自在地在被汗濕透的駕駛座上坐立難安,手忙腳亂地找起皮夾。你一隻黏答答的手在口袋裡摸到了幾張紙鈔。身上不到一萬塊的你試著抓出適當的量,不要太少,也不要太多。同時,壓抑住胸口凝結的怒氣,並把「不管損失多少錢總比去警局一趟好」這個剛冒出來的念頭壓下去。你還是沒把錢拿出來。當你猶豫時,他的同袍挪了挪肩上突擊步槍的重心。那是威嚇你的小動作,還是說他只是站了幾個鐘頭想換個姿勢舒服一下?你在那一小疊鈔票上又加了一張然後交出去。第一個警察點了點頭揮手叫你走。你繼續向前開,低聲咒罵。滿心後悔和如釋重負。

警察這樣的敲詐令人不悅,而且就算是有經驗的外國駕駛也還是會感到不安。在熱得像火爐的夜晚,當城市街道上氣氛高度緊張時,那種敲詐有可能會讓人害怕到不行。這種小騷擾是外來者的莫三比克經驗,但也展現了警方令人厭惡的瀆職情況。絕大部分的莫三比克人屬於世界上最貧困的人。對他們來說,擁有車輛是不可能實現的夢想,大部分與警察的相遇,都不是隔著車窗或是隔著白人特權的偏光稜鏡發生的。沒多少莫三比克人會遇上這種往往依種族收賄略的路邊對峙,但仍有其他各種恐怕更致命的警察濫權會傷害他們。對窮人來說,他們沒辦法靠一疊梅蒂卡爾就擺平警方製造的種種難題,那些警察既不負責任又經常使用暴力:勒索、暴行、威嚇選民、傷害人權以及貪腐,全都是國際媒體和獨立觀察者對莫三比克共和國警察(Polícia da República da Moçambique)做出的控訴。[141] 警政是國家失敗的一環,但更廣泛來看莫三比克的表現如何?整體來說,在克服了幾個世紀的葡萄牙殖民以及幾十年的戰事之後,它成為一個成功國家了嗎?

這樣比太扯！

繁榮還是貧窮？

莫三比克在國際間並不出名，但如果你直到最近才對這個三千萬人口的國家有點認識的話，你很有可能會聽說它是一個相較之下成功的範例，一個正在崛起的非洲國家。運輸和警政的負面經驗與其國際聲望並不一致。自內戰結束的三十年來，該國都被挑選出來當作與撒哈拉以南非洲其他國家相比的一個成功案例，是非洲大陸各國的模範。莫三比克擺脫20世紀末的戰事，進入和平、穩定且經濟快速成長的新千禧年。有不少比較拿該國和衝突導致傷痕累累的賴比瑞亞、腐敗的幾內亞比索，以及揮霍掉豐富天然氣資源的安哥拉相比，使該國有較為正面的評價。[142] 聯合國前秘書長安南（Kofi Annan）於2002年造訪莫三比克時，曾讚揚「莫三比克持續成功的經歷以及營造出來的互信氛圍，是對非洲抱持懷疑與放棄態度者的最佳解藥」。十四年後，安南的繼任者潘基文造訪該國，曾表示莫三比克「對全球社區來說」是一個「重要的成功經歷」。在2000至2010年代的這段期間，莫三比克的年成長率平均為一年6.5%；這是一段非凡的的經濟持續擴張時期，是全球平均2.9%的兩倍多。[143] 2010年，《衛報》說此時是「莫三比克的繁榮時期」；同一年，英國廣播公司報導說，世界銀行以及國際貨幣基金（International Monetary Fund，IMF）認為莫三比克是一個成功案例。[144] 國際貨幣基金選擇在馬布多主辦2014年會議，名稱就叫做「非洲崛起：建立未來」（Africa rising: Building to the future），進一步堅定了這種想法。

大膽的政治支持聲明、輝煌的經濟發展軌跡，以及閃亮的媒體報

導,都在測量國家成敗的國際發展指標中得到證實。可以預期莫三比克和非洲鄰居相比會有更好的表現,並朝向中等收入的地位邁進。然而,事實遠非如此。聯合國自己的比較指標——人類發展指數(Human Development Index)——一個備受推崇的社會進展測量數字,指出莫三比克一直以來的發展都很失敗。2010 年,預期壽命為四十八點四歲,人均國民總所得只有八百五十四美元(約台幣二萬五千元),而且孩童平均只接受一年的學校教育。[145] 莫三比克在一百六十九個國家中排名一百六十五,就跟過去二十年的情況一樣,落在排行榜的榜尾。在聯合國的統計中,莫三比克比飽受衝突蹂躪的蘇丹和阿富汗還低。我親眼目睹過大部分莫三比克人經驗到的一貧如洗。在多年的田野調查中,我花了無數小時聆聽各種飢餓負債、失學孩童、醫療保健失能、貪腐和警察暴行的故事。在莫三比克備受讚揚的景氣中,貧窮才是他們生活的現實。

我們該怎麼解釋這個矛盾?為什麼聯合國兩任秘書長會錯誤地將莫三比克和非洲其他國家進行比較?為什麼他們和其他眾多國際評論者會讚揚一個人民身陷貧窮的失敗國家?這個鬼扯比對的背後隱藏著什麼?

捐贈者的心頭好

莫三比克是所謂*捐贈者的心頭好*(donor darling)。發展援助的提供者,如美國國際開發總署(United States Agency for International Development,USAID)以及英國援助(UK Aid)之類的國際機構,負責決定援助哪些

國家。有錢的國家可能出於某些偏好選擇支持特定窮國，好比說地緣政治的重要性、共同文化或宗教價值觀、歷史關係，又或者有引導對方的政治和意識形態的企圖。這導致了失衡，因為捐贈者往往會聚向受歡迎的地方，而某些*心頭好*會不斷累積經費支援；於此同時，另外一些貧窮國家成了沒人支援的*援助孤兒*，好比中非共和國和甘比亞。莫三比克之所以能得到這種集中的資助，有著眾多互相牽連的前因後果；而這背後的理由，可以解釋它和非洲其他國家放在一起比較時，為何持續受到偏愛，但卻嚴重誤導了捐贈機構。

內戰一結束，馬布多就成了眾多捐贈機構的主要標的。那些援助支持和解和重建，協助修補受到損害的社會，並讓外國勢力影響該國政策的作用制度化。1992 至 2018 年間，共有四百七十八億美元（約台幣一兆四千萬元）的捐贈支援流入莫三比克。[146] 一開始，援助金確實有助於締造和平，但這並非純粹的利他行為，因為這些資金越來越帶有附加條件。有錢的國家有他們想要推動的經濟世界觀。打從獨立以來每次選舉都獲勝的執政黨莫三比克解放陣線，得要遵從政策方案，這代表他們必須放棄馬克思主義意識形態，並採納自由市場原則。領導階層滿懷熱情地這麼做了，他們成了新自由經濟的建築師。莫三比克解放陣線減少了國家對於商業的干涉，以此鼓勵外國投資並培養有競爭力的經濟體。這些舉動帶來了外資並刺激了經濟成長，但對大部分的莫三比克人來說並沒有什麼有意義的進展。

莫三比克的大型投資者，主要有巴西的採礦巨擘淡水河谷公司（Vale）、另一家登記在倫敦的礦業公司力拓（Rio Tinto），還包括義大利的埃尼（Eni）和美國公司阿納達科（Anadarko）在內的石油和天然

氣公司,以及越來越多的中國企業大舉收購莫三比克的自然資源,特別是硬木。最具代表性的外資來源是馬布多附近一間鋁加工廠莫札爾(Mozal),在2010年代中期雇用了不到二千名員工,卻占了莫三比克出口的40%。大部分外國企業都有一個共同點,就是專注在自然資源的開採和加工處理上,這為社會創造的就業機會和全面益處非常有限。也有少數莫三比克人變得很有錢,像是莫三比克解放陣線黨的領袖就因為擔任在地與全球經濟的中間人,開拓了賺錢的機會。[147] 最典型的案例是2005至2015年擔任莫三比克總統的格布扎(Armando Guebuza)。格布扎在內戰期間是名將領,後來這位前社會主義革命者成了莫三比克最富有的人之一,綽號是「格大發先生」(Mr Gue-Business)。他於1990年代發展事業,並在銀行、釀酒廠和電信公司沃達康(Vodacom,部分股權由南非的特爾康〔Telkom〕和英國的沃達豐〔Vodafone〕所持有)持股。[148] 從解放領袖到網路遍及國際的大亨,格布扎的轉變體現了外國企業和莫三比克政府之間密不可分的關係。

莫三比克一直是全球企業和捐贈團體的寵兒。世界貿易組織對於該國在2000至2010年代實施的金融政策格外滿意,因為那代表非洲正逐漸邁向自由化,同時認為「貿易自由化和經濟改革在莫三比克出現顯著的成功跡象」。[149] 世貿組織大力讚揚莫三比克。與意識形態不那麼堅定的鄰國相比,莫三比克忠實地遵循了美歐倡導的經濟政策方案,並在聯合國獲得廣泛的支持。許多具全球影響力的右翼經濟學家和政治人物都認為,不受束縛的自由市場經濟是繁榮的關鍵。他們砸下大量金錢和工夫來支持這個理念,希望改革後的後社會主義莫三比克成為其他非洲國家效仿的範例,即便現實情況阻礙了這個幻想的

實現。

　　莫三比克被譽為發展典範時,聽眾並不是莫三比克的普通老百姓;他們很清楚自己不只比歐美富國貧窮,也比不上南非那一類非洲較富裕國家。這些話基本上也不是講給莫三比克解放陣線黨聽;他們沒有天真到對發展僵局毫無所覺,但支持性的陳述強化了他們與捐贈者的密切關係。這番話反倒是要講給其他非洲領袖聽的,看似為真的莫三比克「成功」故事,目的是要把經濟自由模式散播到其他國家。聯合國和主要捐贈國家藉著推廣莫三比克,試圖把其他非洲國家導向同樣的新自由主義發展途徑。

好好過活

　　當時這個錯誤比對有著強大的意識形態基礎,但也有難以證明的個人因素。住在馬布多的期間,我親眼目睹許多有影響力的外派人員,他們的正面經驗如何影響他們對莫三比克的看法,並認為這解釋了為何這個「成功」標籤很難撕下。在我攻讀博士學位研究時,這裡是個十分適合生活的地方,就連普通的外國薪水也能過上奢華的生活。2010 年代的頭幾年,我開始在國王學院擔任地理學講師,同時持續拜訪該地並樂在田野研究,但我越來越擔心在莫三比克工作的風險。我曾撰寫莫三比克關稅部門腐敗的文章;該部門曾發生稅務調查員遭暗殺的事件。在這篇文章發表後,我開始擔心自身安危。[150] 接著,在莫三比克生活和工作面臨的更全面危險,讓我對那裡的安全狀況更加疑慮。有人持刀搶劫我,我還在車禍中失去一個朋友。所以,儘管我

第七章　非洲的成功故事？

深愛這個國家，我還是決定不再回去，轉而前往同樣貧窮的獅子山進行研究。很遺憾地，我自身的顧慮預示了莫三比克日後迴避不了全面性的生活安全崩壞，而那打破了成功故事的神話。

馬布多長久以來一直都是熱門的海外派駐點。當年在這個充滿活力的亞熱帶海岸城市工作時，我認識了聯合國機構的工作人員、外交官、私人顧問，以及來自主要國際非政府組織的援助工作者。許多人是行遍世界各地的專業老手。我曾在大使館舉辦的熱帶花園露天接待會上結識外國官員，跟經濟學家一起在沙灘海景餐廳吃飯，享用大盤大盤的明蝦，並與國際志工在火車站的雞尾酒吧開趴。幾乎無一例外地，大家熱愛這裡的生活方式，並認為與阿富汗、剛果民主共和國以及中非共和國等大部分極低收入國家相比，這裡是更能享受外派人員生活的絕佳地點。生活非常輕鬆。就連警方檢查哨那樣的干擾，都可以靠著持有外交使團的外交護照來避開，再不然那些外派人員也很樂意直接伸手進口袋，快快賄賂完警察以免耽擱太久。馬布多是人們渴望居住的地方，而在這裡工作的每個人都有既得的利益，想要繼續講述一個捐贈計畫成功、經濟自由化行得通、莫三比克正在起飛的敘事。[151] 這是一個有著許多外國作者的虛構故事。

教師花園（Jardim dos Professores）是馬布多富裕中心的一個小公園。它合人心意的居高臨下位置，有著新鮮的海風以及面向印度洋的壯麗海景。這個花園有別於莫三比克的大部分公園，它維護得非常漂亮。保全人員巡邏花園，而且雖然這裡名義上是公眾空間，實際上是留給在地菁英和外派人員的一塊飛地。相思樹園（Campo das Acácias）這間現代中產階級咖啡館提供苦味濃縮咖啡和甜葡式蛋塔，跟里斯本的幾乎

不相上下。這些食物和飲料的歐洲價格足以用來支付保安和花園維護費用，因為外頭的整個公園幾乎都被咖啡館主人納為私有空間了。我跟一個認識的人相約在那裡討論工作，而他帶來一位資深的北歐外交官。這位外交官徹頭徹尾是個口才和教養兼備的貴族，然而當對話轉往莫三比克的貧窮程度時，我們的看法卻截然不同。雖然我的田野調查和資料分析讓我相信貧困仍然頑強地遍布各地，國家經濟的成長沒給大部分莫三比克人什麼益處，但他在外交巡訪和短暫訪問時看到那些經過精心挑選、最受益於捐贈者援助的貧窮社區，讓他持相反的看法。他主張，那些地方已經發生了有意義的正向改變。從他的角度來看，要瞭解他是如何形成那種看法的其實並不難。

　　莫三比克的自由市場轉型，為馬布多的休閒產業注入了活力。這個國際化的首都有一小群富有菁英，如果你口袋有一些錢，就會有很多玩樂機會。但這場經濟繁榮大半是無就業的成長，而大多數依舊貧窮的莫三比克人只分到了極少的錢。當莫三比克解放陣線廢除該國的社會主義體系時，投資者除了迎來所渴望的自然資源並以此牟利之外，還帶來了去工業化、失業以及嚴重的社會困境。[152] 經濟自由主義的預期受益者是在地企業家，然而在莫三比克「成功」的繁盛時刻，我針對馬布多的小企業主以及最貧窮的市集商人和街頭攤販進行大量田野調查時發現，儘管有著經濟成長，他們卻面臨生活水準的停滯，並被困在持續的貧窮中。[153] 他們沒什麼吃的，卻要勉強維持家計，一天只靠著幾美元勉強度日。窮人被拋在後面，只有少數莫三比克人變得超級富有。當我踏出馬布多並走遍該國各個地方時，我看到了無止盡的貧窮。在許多農業省分，人們就跟世上其他地方一樣窮。

儘管光靠經濟成長不足以對抗貧窮，但新的資金必須惠及窮人。雖然莫三比克各地的貧窮程度在內戰之後的那幾年內下滑，但到了 2000 至 2010 年代，貧窮率還是保持穩定。2020 年，聯合國報告指出該國仍有 72.5% 的人生活貧困，[154] 而撒哈拉以南非洲的整體貧窮率是 55%。在整個 2000 至 2010 年代初期，當聯合國由維護莫三比克聲譽的安南和潘基文領導時，該國在聯合國的人類發展指數中還是幾乎墊底。到了 2020 年，它的指數仍比周圍所有非洲南部國家都低。別忘了，莫三比克長久以來都被聯合國領導人推舉為其他非洲國家的發展成功模範！這是一個鬼扯比對，而且是一個悲慘且重要至極的鬼扯比對，因為人們是出於政治理由稱讚自由經濟方針和投資者友好政策取得的成功。然而，這些政策實際取得的成果卻比同類國家的政策還要糟。新自由意識形態使得大部分的莫三比克人持續貧困。

打破迷思

到了 2020 年，莫三比克正在崛起的虛假敘事變得越來越無以為繼。現實反咬了一口。聯合國的領導階層不再把它當成相對成功的案例來講。該國面臨越來越多的挑戰：銀行貸款貪汙的政治醜聞、未能滿足的發展需求、組織犯罪、經濟崩跌、政治衝突以及造成嚴重破壞的氣旋。[155] 最令人擔憂的，是莫三比克全國抵抗運動支持者以及該國北部伊斯蘭民兵組織的暴力攻擊不斷增加，後來還急速發展成全面性的衝突。雙方都利用了警察和維安部門的弱點。值得注意的是，雖然前幾任聯合國秘書長大肆讚揚莫三比克，但葡萄牙裔的聯合國秘書

這樣比太扯！

長古特雷斯（António Guterres）卻強調該國無力控制暴力，他對包括「斬首和綁架女性和孩童」在內的大屠殺報導「感到震驚」。聯合國聲明接著寫道：「他強烈譴責這種肆意妄為的暴行。秘書長呼籲該國官方對這些事件進行調查，並追究責任者的責任。」古特雷斯進一步呼籲衝突中的各黨派遵守人權法。[156]2020年初，有多達五十人在與伊斯蘭國有關的戰鬥人員的襲擊行動中喪生。

這些暴行是更廣泛衝突的一部分，以德加多角（Cabo Delgado）為中心；這個北邊省分是幾十億美元天然氣計畫的所在地，卻也是莫三比克最窮的地方之一。由於政府機構的能力有限，採礦和天然氣開採的擴張，導致農村人口失去賴以為生的農地。在地人也做不了天然資源部門的新工作。沒有土地和工作機會，讓許多年輕人開始接受激進傳道士的思想宣傳，進而加入了叛亂組織。共和國的警察部隊本應提供國家安全，卻跟首都政府走得很近，幫助莫三比克解放陣線加強權力的控制並在街頭索賄。德加多角離馬布多超過一千六百公里。在莫三比克基礎設施分崩離析的情況下，開車到那裡得花上好幾天，但對從不遠離首都美好事物的大部分外派人員、前來參訪的國際政治人物以及外交官來說，那裡是另一個國家。這不是說莫三比克的安全崩盤對馬布多就沒有影響。過去五年，首都的知名人物遭綁架勒贖的事件不斷增加，而失能的警務對此無能為力。2022年，全國紀錄中有十二起這類事件，至少付出了三千五百萬美元（約台幣十億元）的贖金。[157]

莫三比克正重新陷入內戰，國土最北方的窮人正承受著嚴重的後果。[158]這場衝突已造成四千人喪生，還有近一百萬人因為暴力事件而逃離家園，然而全球媒體卻幾乎沒在報導。[159]2021年以來，南部

非洲發展共同體（Southern African Development Community）派出了包括南非國防軍（South African National Defence Force）在內的部隊，與莫三比克軍隊一同對抗武裝反抗團體。國際特赦組織（Amnesty International）把這場戰爭命名為「被遺忘的戰爭」，並取得莫三比克及南非部隊的焚屍影片。該單位稱那些行為是「針對平民的暴力、法外處決，以及其他違反人權和違反國際人道法的行為」等更廣泛悲劇的一部分。[160] 莫三比克幾十年來所謂發展的成功，留下的卻是一個悲慘失敗的國家。

　　二十年來造成誤導的國際比較，掩蓋了這場如今正在揭露的大災難。聯合國接連多位領導者以及更廣泛的捐贈者團體，共同宣傳了一個扭曲現實的莫三比克幻影。從全球層面來看，安南和潘基文這樣的權威人士之所以主張該國的表現比類似的非洲國家更好，是因為他們希望其他國家遵循馬布多所採納的同一套政策。從當地來看，外國援助工作者在首都內和首都周邊得到的良好生活印象，扭曲了他們對莫三比克所謂的成功發展的整體感受，畢竟在那裡的外派生活，比在其他極度貧窮的發展中國家裡要愉快得多。[161] 合起來看，國際社群以一種扭曲的、選擇性的且帶有意識形態的方式來使用經濟指標，同時採用了半真半假又偷懶的個人經驗建構了各種比較，這些一個一個地將持續存在的貧窮以及莫三比克解放陣線政府的失敗掩蓋了起來。下一章將以全面性的觀點，來觀察國際發展為何無法弭平富國跟窮國之間的鴻溝。

這樣比太扯!

第八章

為何某些國家窮？

拆解發展的比較模型

發展的階梯

上一章關於莫三比克發展失敗的討論，援引了不同的證據、與貪腐警察部門的面對面體驗、對於外派人員生活的反思、對生計的實地研究、貧窮比例的數據以及關於衝突的報導。或許，最能駁斥這種正面結果的，是該國在聯合國人類發展指數的排名。人類發展指數結合預期壽命、教育和人均收入等不同的統計數字，比起只用國內生產毛額（gross domestic product，GDP）這種財務指標把發展簡化為經濟成長來得更有效。就如莫三比克的證據所表明的，經濟成長的時候餅可以越做越大，但如果窮人拿到的那一片沒有變大，他們就會依然處在貧窮和飢餓當中。

作為一種比較方式，人類發展指數離完美還有很大的距離，它仍然非常依賴國家的經濟表現。愛爾蘭的排名充分證明了這種扭曲的影響；該國2022年的發展排名位居世界第二，僅次於挪威。它領先瑞士、

瑞典和排名十三的英國等其他富裕國家。愛爾蘭在健康和教育方面的表現，相較於發展程度「極高」的組別屬於平均，但其人均國民所得毛額（Gross National Income，GNI）高達六萬八千三百七十一美元（約台幣二百萬元），高出英國近50%，這提升了愛爾蘭的排名。但任何瞭解這兩國狀況的人都會告訴你，愛爾蘭人的富裕程度並不比英國人高出一點五倍，而且兩個國家都存在著貧窮。相反地，該指標被嚴重扭曲了。許多跨國公司利用愛爾蘭備受爭議的避稅天堂地位，把總部設於都柏林而讓獲利流入該國，這嚴重誇大了愛爾蘭人的收入。[162] 這些主要來自外國的財富並沒有提升大部分愛爾蘭人的發展水準，因此 2020 年人類發展指數在比較英國和愛爾蘭生活水準上，提供了一個非常糟糕的範例。

愛爾蘭的銀牌地位沒維持多久，到了 2023 年就下滑到第八名，但就連這個名次也還是高估了愛爾蘭的發展水準，因其已提升至七萬六千一百六十九美元（約台幣二百三十萬元）的國民所得毛額，再次扭曲了排名。而這個數字，幾乎比當時有最高人類發展指數排名的瑞士還高出一萬美元。[163] 排名墊底的是南蘇丹，而北部衝突肆虐的莫三比克只比它高出六名，在一百九十一個國家中排名一百八十五。

有嚴謹的技術分析在其他地方解構了人類發展指數指標，並對其數據品質以及方程式中的設定提出質疑。[164] 這裡沒打算進一步詳細審視該指數，但可以肯定的是這個指數確實存在爭議；不過，它應該還是現今衡量全球貧窮和繁盛程度的最佳既有方式。就跟任何數字比較一樣，應該就背後的數據和方法做批判性思考，因為這些都可以產生扭曲的比較。但預期壽命和教育程度的數據通常是正確可靠的指

標,可用來調和愛爾蘭案例中收入方面的變異數。緊跟著指數,我想在這裡繼續探討人們如何使用人類發展指數,把國家區分成「低、中、高、極高」這四個人類發展組別,藉以思考跨越空間和時間的國際發展比較途徑,因為本章希望能將基於地方的比對和歷史比較的討論連接起來。聯合國和其他地方的決策者,將發展概念化為一連串如同爬上階梯的階段,而每個國家都位在一個階梯上,全都正往頂端的「極高」階段邁進。只要有足夠的時間,人人都可以來到最高階段,但這個概念到底有多大用處呢?

人們常結合地理和歷史的比較,把不同國家放在發展階梯的高低階段上。所以,我們可以認為,當今落在低度發展組的莫三比克,*落後指數榜首瑞士五十甚至一百年*。用這種方法建立發展理論最有影響力思想家,是美國經濟學家羅斯托(Walt Rostow)。他在 1960 年的著作中,使用英國為主的富國經驗當作是比較基礎。羅斯托並沒有把國家像聯合國那樣分成四個發展級別,而是劃分為五個歷史階段:傳統社會、起飛先決條件、起飛、邁向成熟,以及大眾消費時代。自 18 世紀後期工業革命以來,英國從*傳統社會*一路進展到 20 世紀中期的*大眾消費社會*,後來被成為最卓越已發展國家的美國給超越。美國在二戰後的繁榮期間當中,成為現代富裕消費者社會的傑出典範。其他國家也都處於這五個階段中的一個,舉例來說,非洲最貧窮的國家在 1960 年代正處在*傳統社會*階段。

羅斯托的模型乍看之下很直觀;把收入僅達基本、預期壽命短且學校教育供應有限的當代貧窮國家,拿去跟兩百年前歐洲某個國家低財富、低健康和低教育的早先歷史做比較,是有道理的。然而這個模

這樣比太扯！

型的問題在於，它沒辦法描述在富有國家裡驅動財富創造和發展的力量。歐美大眾消費社會的形成與自然資源的出口相互依存，先是來自殖民地的自然資源，之後則是來自已獨立但依然貧困的全球南方諸國。莫三比克的棉花織進葡萄牙的紡織品中，印度的茶解了英國早餐餐桌上的渴，而賴比瑞亞的橡膠給美國汽車的車輪上了胎面。1960年代，成熟的*大眾消費社會*的工業發展，所依賴的是從全球南方殖民地和前殖民地持續出口的便宜礦物和農產品。英國與美國的進步不是因為單純的國家變化過程，而是仰賴全球貿易。他們的*起飛*是殖民主義和進口便宜資源所引發的。然而，對當今世界的莫三比克、印度和賴比瑞亞來說，已經沒有國家可以讓他們殖民，幫助他們在發展階梯上繼續續往上爬。

有些國家的富裕跟其他國家的貧窮息息相關。1960年代的非洲國家和英國或其他西方國家相比，並不是落後五十年、一百年甚至更久而已，他們屬於同一個全球歷史，而這段歷史導致了不均衡的發展。非洲之所以一直貧窮，是因為好幾個世紀的殖民和經濟不平等。那套認為「有些國家還困在歷史的地板上等待著，一旦他們跳上發展的階梯，終將跟已發展國家達到同樣高度」的比較模式只是一種幻想。非洲會窮，不是因為他還沒被納進現代全球經濟，而是因為他扮演了一個次級角色，支持著富裕國家的繁榮。

困在候車室

全球歷史比較模型還有一個問題是，它推廣著一種幻象，也就是

第八章　為何某些國家窮？

某一類西方社會是世界其他地方的渴望目標。羅斯托的五階段經濟成長（該書的副標題為「非共產黨宣言」〔A non-communist manifesto〕）暗藏的想法是：西方國家，尤其是1960年代的美國，以及那個從先前英國維多利亞時代消費社會模板進展而來的，由汽車、冰箱和白人核心家庭構成的市郊世界，是*唯一*的模範國家。不論羅斯托當時相信什麼，我們現在事後回顧可以明白看出，美國並不是1960年代的模範社會。美國自己本土有大量問題要解決。金恩博士當時正領導民權運動，進行非暴力抗爭來爭取族群平等。第二波女性主義正進行女權運動。同性戀解放運動正在萌芽階段。當時就跟現在一樣，就連地球上最富裕的那幾個國家都存在著亟需解決的根本不平等。此外，還有健康、教育和環境方面的各種缺失。自始至終，都沒有那種處在發展階梯頂端來給其他國家做比較的烏托邦國家。2023年的瑞士可不是一點貧窮都沒有、穩穩地坐在阿爾卑斯峰頂上往下望，而是面臨了自身的發展挑戰。瑞士的貧窮率雖低，但仍高達8.7%，而且每二十人就有一個在物質和社交上感到匱乏，另有各種性別和種族方面的不平等問題。[165]

這個問題並沒有阻止羅斯托的理論影響了半個世紀以來的發展政策。他本人強力地主張，美國應該幫助貧窮國家發展，快速完成他所提出的五階段轉型。從甘迺迪總統1961年的就職演說中，我們可以看出羅斯托身為總統顧問有多大的影響力。「針對在棚屋和村落裡拚了命想擺脫嚴重悲慘的那半個地球的人們，我們承諾竭盡全力幫助他們自助。」地緣歷史的比較性語言，在援助部門中仍是司空見慣的用語。世界最著名的發展經濟學家薩克斯（Jeffrey Sachs）曾寫到：「血汗工廠是踏出極端貧窮的第一層階梯。」有些學術著作以《趕上》（Catch

Up）作為標題，聯合國發展政策文件也有「不讓任何人落在後頭」的標題。[166] 其核心訊息是：世界上的貧窮國家都困在過去，他們若想要有更好的未來，就必須遵循西方向上發展的路線。

在這些模型中，人們認為發展中區域和已開發地區相比之所以表現差勁，是因為內部條件限制了邁向現代化與社會變革，其中包括自然環境等因素。知名環境決定論者，例如寫下《用十張地圖看懂全球政經局勢》（*Prisoners of Geography*）的頂尖暢銷作者馬歇爾（Tim Marshall），就讓地理限制了發展這種謊言廣為流傳：「地理一直是某種監獄——這種監獄定義了國家是什麼或者能夠成為什麼，也是世界領袖們始終努力但難以逃脫的監獄。」[167] 自然形塑了國家的命運，這是一個直觀易懂而看似真實的論證路數，但也普遍遭到學術界地理學家的質疑，認為這樣的想法過於天真。環境決定論跳過的事實是，世界各地許多看似不適合居住的地方都出現了繁榮社會：佛羅里達、香港和荷蘭都是面臨重大環境挑戰的地方——氣候潮濕且易受颶風襲擊、地質條件惡劣以及飲用水供應不足、地勢低窪容易發生洪害，這些地方的條件看似讓他們不可能成為地球上最富裕的社會，但他們卻因為更廣大的經濟和政治地理位置，逃脫了這些「監獄」。

除了環境決定論這種無益的概念之外，把某些團體評定為不如其他團體成熟或更野蠻的文化比較，也曾被人當成是一種強大的征服工具來使用，助長了「殖民者的世界模型」，這個概念出自影響力深遠的地理學家布勞特（James Blaut）。[168] 布勞特的殖民現代化理論，就跟羅斯托那套從傳統到後工業社會的轉型順序一樣，都把早期社會的特徵歸納為文化上的低階。舉例來說，早期社會的「特殊主義」價值觀，

強調親族和家族之間的羈絆,就被當成是發展的阻礙;而當代歐洲社會則以「普世主義」價值觀為特徵,擁有更廣泛的社交圈。[169] 這些階層等級在主流文化中得到複製。任何玩過《文明帝國》(Civilization)等電腦策略遊戲的人都應該很熟悉那套階層等級;玩這款遊戲時,你被指引選定的文化是從石器時代進步到近未來。在真實世界裡,經歷過殖民歷史的人們,會一直被迫生活在一個階級相對森嚴的社會中,並不斷複製各種不平等和種族歧視模式。1960 年代,即便莫三比克的棉花農和葡萄牙的成衣業工人是在同一個經濟體系中工作,人們還是認為前者和後者相比較為「落後」。這是一個鬼扯比對,因為能讓里斯本的工廠步入現代化的正是莫三比克的棉花輸入。20 世紀甚至還有許多葡萄牙人生活貧困。有些以殖民移居者身分去到莫三比克的人,甚至窮困「落後」到連鞋子都沒有。[170]

如果有人用時間維度來讓差異合理化,就更顯明了這種比較是現實的扭曲紀錄。有些發展模型把發展中國家概念化為落後已發展國家十年、五十年甚至一百年,存在著一個必須拉近的「發展差距」。[171] 非洲、亞洲和拉丁美洲需要「趕上」歐洲和北美,就好像非西方社會正坐在歷史的候車室裡一樣。[172] 但被殖民的人們並非存在於另一條時間線上,他們並非某些壯闊電腦遊戲裡被設定的溫馴無力的虛擬人物。他們是被征服的人。1960 年代種棉花的莫三比克人該如何來促進自己國家的進步?去找個國家來進行殖民剝削,好讓自己能發展成為工廠工人而不是農民嗎?即便在莫三比克人爭取獨立成功後,他們的社會進步還是受到更全面關係的阻礙,包括與隔壁推行種族隔離的南非之間的緊張關係,以及冷戰時代的地緣政治等。

這樣比太扯！

不論是環境決定論還是文化次等論都有一樣的問題，就是忽視了使各國富裕或貧窮的更全面歷史關係以及當代政治經濟關係。我在此主張，比較必須要是*關聯式比較*，應該考量國家之間的相互關聯，而不是孤立地看一個國家境內發生了什麼事。馬歇爾、羅斯托和薩克斯的比較分析，都未能察覺發展中和已開發國家之間的更深層關係，以及那些製造出不平等發展的歷史進程。[173] 將富裕國家和世界經濟邊緣地帶連結在一起的資本主義關係，導致了持續的「發展落後」。[174] 像莫三比克這樣的開發中國家，並不是處在某種進步目的論階梯的早期階段，他們的發展落後反而是一種長久存在的狀態。殖民主義發展出各種保護富裕經濟體的關鍵優勢，例如對全球銀行網路的控制權、高品質的教育部門、法律制度、巨額儲備資本、在聯合國和世貿組織這類政治結構的主導地位，以及關稅和貿易壁壘。反之，世界上發展落後的「邊緣」地區彷彿被關在一個次等地位中，而且得要為核心經濟體效命，提供自然資源、農產品、旅遊目的地，以及可填補就業市場空缺的低成本移工勞動力。除了植入鬼扯意識形態（好比說對莫三比克在 2000 和 2010 年代的發展造成毀滅性影響的那些新自由政策）之外，負債加上軟弱的貿易條約，壓低了發展中國家生產的商品和服務價格，都進一步維繫了這種關係模式。

像韓國這種 1950 年代比撒哈拉以南許多非洲國家都還貧窮的國家之所以能脫貧，其中一個關鍵因素，是重新調整了自己與更廣闊地緣政治世界的關係。首爾受益於華盛頓的優惠關係，能夠控制自身的進出口、避開負債、培育國內產業並加以保護，避免了經濟被新殖民強權剝削的情況。韓國缺乏天然資源並擁有與歐美模範截然不同的本土

文化,但這些內部因素並沒有阻礙該國的發展。過去七十年間,韓國高明地將自己穩穩地融入全球經濟之中。[175]

壞醫院和好醫生

關於地理歷史的比較以及應該替代為關聯式比較的討論,一直以來都偏重於概念上的討論,應該要有個案研究才是。本章剩餘部分,將引用我在獅子山進行的醫療保健田野調查,拆解看似真實但並非真實的比較觀點,接著再替代以關聯式的比較進行分析,來解釋獅子山和英國醫療保健的結果差異。

非洲醫院的情況比世界其他地區的都還要來得糟。在獅子山這邊,醫院的情況又比非洲大部分地區來得更糟。當我於 2020 年發表研究時,獅子山的預期壽命排名全球第五低,嬰兒死亡率則是全球第二高。[176] 這邊再進一步比較,英國和獅子山的差距實在是不能再大了:英國每一千個活產嬰兒中有四個會死去,相較之下獅子山是七十九個;兩國的預期壽命分別是八十一歲跟五十四歲;而收入是四萬六千零七十一美元(約台幣一百三十八萬)對上一千六百六十八美元(約台幣五萬)。[177]

這兩個國家的基本生活條件很顯然有一道巨大的鴻溝。所以,把這兩個地方想成是處在同一個發展階梯的不同歷史階段難道沒有幫助嗎?以預期壽命做歷史比較的話,英國人預期能活到五十四歲的年代,是一個多世紀前的 1912 年。這看來好像有些道理。但這種歷史比較確實存在著問題,尤其是英國的良好醫療保健跟獅子山的不良醫療

保健彼此之間是有關聯性的。

我訪問過的國際醫師和護理人員,很容易就將他們在西方醫院的經驗與在獅子山的經驗做出不利的比較。一名受訪者把獅子山首都自由城的主要轉診醫院康諾特醫院(Connaught Hospital)稱為「地獄深淵」,在那裡人們「隨時都會因為一堆不該死的理由死去」。其中一個例子是,一個罹患貧血的十三歲女孩因為沒得到輸血而死,「在英國,輸血是最基本的醫療供應,我們永遠不允許這種事情發生。」康諾特醫院的資源甚至「比海地還差」。當醫療工作者試圖舉證說明自己面對的狀況時,常常會進行歷史性的比較。舉例來說,一名醫師回憶起曾看過一個滿滿都是液體的胸腔。「那幾乎喚回了我的記憶,我是二十五年前受訓的⋯⋯但現在在西方國家再也不會看到這種情況了⋯⋯那有一點像是回到過去。」一份已發表的外科報告甚至分析了2010年的獅子山公立醫院,是怎樣比一百五十多年前美國內戰時聯邦軍(北軍)的醫療設施還糟。[178] 這些醫療專業人士對於現有醫療水準的判斷不只驚人,而且無疑是正確的,但把這些比較放在歷史的框架中就沒那麼有幫助了。就算現有的醫療可能類似於其他地方不同時期的醫療,也不代表兩個時期和地點背後的情況能夠進行比較。

我走遍醫院,訪問在地和國際醫療人員,目睹病人受苦以及嚴苛的工作條件,但我並不是踏進過去,而是走進一段痛苦的現在。衛生條件極差且藥物匱乏的病房,是智慧型手機和網路全球化世界的一部分;在這裡,病人跟我談起昨晚曼徹斯特聯隊的比賽,熱切的程度就跟他們談論自己的醫療一樣。我採訪過的大多數外國醫生和護理人員都沒有上過國際發展史的課程,他們是醫學專家而非社會學專家。在

前往獅子山之前，他們從泛泛而論的常識中汲取知識，那種常識往往將富國與窮國之間的差異解釋成貪腐、戰事、軟弱政府、天災、缺乏自然資源，或是其他一些國內問題等在地因素造成的，而不是把貧困理解為一種和全球殖民史有關、並且由不平等的世界貿易所維持的狀態。

要指出歷史比較大錯特錯的最明白方法，就是思考獅子山的醫生和護理人員在國內外就業的情況。康諾特醫院的人手嚴重不足，但問題不在於當地醫療工作者的品質。就如一名西方醫生所解釋的，獅子山這些臨床醫生的「解剖學知識和技術都很了不起；只是其他輔助環節得要管用才行」。另一個人則描述：「其中一位外科醫生的專業訓練已經高標到不可思議，他知道什麼才是好的。就跟 *X 教授*[1] 一樣。」所以，這些醫生可不是困在過去、施行著一百年前的醫療。護理人員也是一樣，他們在海外也非常搶手。在獅子山受訓的護理人員估計有 60% 都移居海外了。他們前往英國、加拿大、美國，或是就在附近但富裕許多的迦納，尋求更好的生活。移居海外的情況顯示，我們必須瞭解到，獅子山的醫療困境與富裕國家更良好的健康情況以及就業條件是有關聯的。在英國國民保健署（National Health Service，NHS）的體系中有五百二十位獅子山的醫療工作者，而且還有多上許多的獅子山人受雇於其他支持性的工作和私人護理之家。此外，還有成千上萬人分布於其他已開發國家。國民保健署體系裡的數字看似不大，但等同於獅子山整個公共醫療人力的 16%。

---

[1] 譯注：漫畫超級英雄，有著極強大的心電感應能力。

這樣比太扯！

關聯式比較

　　獅子山迫切需要更多醫療工作者來改善病患的醫療環境，但大部分在當地受訓的人都想移居海外，去到更富裕的國家為自己謀求更好的生活。跟我談話的護理人員總是問起前往倫敦的機會。這合乎常理。你不能怪誰想移民。在康諾特醫院工作非常辛苦，而且薪水低到無法維持基本的生活水平。護理人員靠著賣藥給病人勉強維生，醫生們則是在私人診所工作，補貼他們微薄的公家薪水。移居國外的拉力是 21 世紀全球化的問題，而西方國家先前通過不同的發展階段逐步轉型時，可不需要面對這種問題。愛德華時代（1901 至 1910 年）的英國醫師和護理人員享有相較之下更好的薪水，而且無需被迫到海外尋找新機會。我們不能把康諾特醫院想成某種博物館般的古蹟醫院，它就存在於今日相互關聯的世界裡。獅子山的衛生部門得一邊改善國民健康，一邊應付不斷變化的新挑戰，而不是要應付一百年前的世界。

　　西方在發展階梯上向上攀升時，不只不用克服醫療工作者移民的挑戰而已；英國和其他高度發展國家在醫療方面持續的進步，也得益於醫療人員從低開發國家移出的行動。這進一步提高了他們的人類發展指數。國民保健署體系中有五千八百一十九位非洲公民擔任醫師。整體來看，英國的醫師有 27% 是在發展中國家接受專業訓練。如果減少從世界最貧窮國家離開、前往富裕國家（有時稱作「醫療人才流失」）謀職的醫護人員，兩者在醫療保健領域就不會有那樣大的差距。然而，英國的國民保健署體系迫切需要更多醫療人員，而幾乎世界上每個國家都有這樣的難題。新冠病毒暴露出英國醫院的脆弱容量和人員不

足,但非洲的短缺規模才真正令人震驚。英國每十萬人備有二百八十名醫師。撒哈拉以南的非洲整體平均下來,每十萬人備有二十名醫師,但獅子山只有二名。[179]

那麼,像康諾特醫院這樣把西方醫療人員帶入貧窮環境工作的發展方案,該如何放進這個全貌裡?援助工作能不能像羅斯托和甘迺迪於 1960 年代期望的那樣,幫助各國提升發展階梯?有些有志於此的人做出了巨大的犧牲,就像那些我訪談過的人們一樣,他們無私地冒著生命危險迎戰 2014 至 2016 年獅子山伊波拉病毒的爆發。雖然這些人每天都在困難中從事著令人讚嘆的救人工作,但整體規模卻微不足道。雖然這樣講很酸,但事實上他們不過是大傷口上的一塊 OK 繃。有些體制上的難題是全球發展方案沒辦法回答的。從全世界規模來看,醫療工作者實在少到不行,而且全球化就業市場對他們的需求十分龐大。就跟任何就業市場一樣,那些擁有各方亟需技能的人,往往會湧入薪水最高的地方。只有少數人走相反方向前往海外冒險。非洲醫療工作者前往英國醫院工作的人數之多,讓英國援助和志工反向移動的人數相形見絀。

國家之間的比較掩蓋了醫療部門的全球化。富裕國家醫院的高標準和較長的預期壽命,是衡量世界其他地方的醫療保健水平頂點。這些名列前茅國家的健康成果,不只是這些社會內在諸多歷史和條件造成的結果,而是有關聯因素且仰賴全球移民的流動,並使用了世界各地的資源、醫藥和科學發現。獅子山惡劣的醫療保健水平也是一樣,那並非被過去困在,而是被現實囚禁;不只被技術人才外流所困,也被更全面的結構挑戰所困。就算獅子山所有本國訓練的醫療人員都願

意留下，醫病比例還是有極大的落差，國家醫療保健體制的眾多其他要素也亟需關注。這一切都需要獅子山所缺乏的資金。終究來說，貧窮起因於不平等的國際貿易關係，產業發展的不足又阻礙了醫療供應的進展。

比較模型所反映的往往是人們對世界期望的願景，而不是世界的現狀。在國際發展方面，比較研究在探討貧富國家之間差異的原因時，往往會支持一些具爭議性的想法，好比世界貿易組織中那些新自由經濟學家的想法。本章的獅子山案例，以及上一章莫三比克的案例，都說明了意識形態和過於簡化的歷史模型，都在扭曲我們對於全球不平等的理解。這些主觀的世界觀塑造了至關重要的政策，可以說鬼扯比對對世界上最窮困的居民帶來的危險後果。然而，即使是進步的、批判性的發展研究和政策制定，也依賴比較統計數據的使用。為了揭示全球不平等的現象，需要誠實地運用指標和模型，以盡可能地提供客觀的國際發展願景，同時承認每個研究都包含主觀性。我大量使用已發表的數據支持我的論點，但需要注意的是，有些資料（像是人類發展指數）很可能會造成誤導。[180] 儘管社會面臨著彼此相互關聯的全球挑戰，如氣候變遷、戰爭、移民等等，但貧窮依然是一個巨大難題。為了讓最貧窮的人脫貧，我們必須持續進行比較，但要思考更全面的關聯，也就是存在於富裕和貧窮之間那些真實世界的政治、經濟和歷史關係。而理解最後一個面向——也就是歷史——格外重要；因為與過去的比較，是理解當今充滿爭議的政治時的關鍵工具，但許多這樣的比較卻充滿了似是而非。

第三部

歷史

第九章

中國是新殖民強權嗎？
誤解過去便模糊了對當下的判斷

崛起的中國

　　建造在花崗岩基岩上的混凝土工程，再造了珠江三角洲的出海處。繞著香港港口豎起的鋼塔，在視覺上將天空和海岸線連結了起來。玻璃窗上的波光倒影增添了這種幻象。隨著夜幕低垂，歎為觀止的摩天大樓筆直側影亮起了螢光細條。每晚現身的燈光縱橫交錯於九龍灣。中國的財力和高超的工程技藝打造了世界上最長的跨海大橋——新的港珠澳大橋，光是橋墩跨距就大到讓人難以置信。在人們的視線之外，香港世界級的大眾運輸系統堪稱大都會運輸的奇觀。隧道縱橫穿過海灣。地鐵站把乘客送進高塔和多樓層構物中心的地下根系，就像給水杉的木質部澆水一樣灌入上班族和消費者。其中一座滙豐總行大廈，在 1985 年時曾是世界最貴的地產，如今在眾多金融巨塔中看起來只像一個小額合夥人。

　　香港從過去英國殖民時期一個封閉的小地方變成東方最活絡的城

市，近期卻被北京的快速崛起所超越。中國共產黨的自信促使他們幾乎撕毀 1984 年賦予香港特殊地位的中英協定，並最終於 1997 年回歸後，恢復了中國對該地的控制。中國的全面主導地位導致香港呼籲民主的聲音遭到壓制，也導致新國安法的強加施行，移除了這個特別行政區過往享有的大部分自由。

在更遠的地方，中國的政治影響力和金融力量正在新領土上大展身手。大筆投資正於非洲各處興建道路，開發印度洋港口，甚至還為英國送來新的核反應爐。每隔一段時間，就有人指控北京的行為猶如殖民強權。出版業裡有個區塊專門出版這類書名的書籍，像是《當中國統治世界》（When China Rules the World）、《亞洲惡霸》（Bully of Asia）、《一帶一路：中國新秩序》（Belt and Road: A Chinese World Order）以及《中國的第二大陸》（China's Second Continent），其中最後一本分析了在非洲的帝國建設，連同東南亞一起被歸為中國施行新殖民主義的地區。希拉蕊（Hillary Clinton）在討論中國日益增長的影響力時表示：「我們不想在非洲看到新的殖民主義。」[181] 馬來西亞首相馬哈地（Mahathir Mohamad）在訪問北京回國後，也警告其他亞洲領袖要謹防「新版本的殖民主義」。[182] 從《南華早報》到半島電視台以及《紐約時報》等媒體，眾多評論者都進一步質問中國如今算不算是殖民強權。然而，把葡萄牙殖民莫三比克或英國殖民獅子山，跟中國的新全球勢力放在一起做歷史比較，到底有沒有道理？中國是否真的在追隨殖民模式，還是這只是一個拙劣的喻？要正確瞭解這種看似真實的比較為何毫無意義，我們首先需要徹底瞭解歐洲殖民史到底有多恐怖。種族歧視、奴隸制、饑荒和戰爭的紀錄，是帝國五個世紀留下的遺產，但特別在

英國，對於殖民年代的痛苦真相有一種集體健忘症。

歐洲殖民主義

1492 年，歐洲開啟了所謂的「地理大發現」（Age of Discovery）。這些航行可不是「發現」了貧瘠的土地，而是讓西班牙和葡萄牙航海家與其他複雜社會接觸，而在這個過程中永久改變了世界。征服者在貝倫區接受最後的祝福，然後搭上三十公尺長的木造卡拉維爾帆船，出航跨越大西洋。他們攜帶著強大而未知的武器：幾乎將阿茲提克人、印加人和其他中南美洲人滅絕殆盡的各種疾病。估計 80 至 95% 的原住民在那之後死於天花、流行性感冒、麻疹以及其他病原體。這些病原體在舊大陸與人類共同演化，但美洲原住民對其毫無免疫力。墨西哥人口從一千五百萬人銳減為一百五十萬人。[183] 以這為代價換來的，是伊比利亞人回到里斯本和塞維利亞時，帆船因為滿載著成堆的寶藏而快要沉沒，而在寶藏之外，還有各種價值連城的新作物：馬鈴薯、菸草和製作巧克力的可可豆。多到難以想像的金銀財寶，一塊人口銳減而容易控制的新大陸領土，還有各式各樣的異國植物，都提供了開啟歐洲殖民資本主義成長所需的資本、土地及資源投入。

財富在歐洲社會之間流通。而英國、荷蘭與法國將追隨伊比利亞人的腳步向西行。他們在大西洋另一頭建立起殖民地，發展出股權和新的銀行業務，成為世界第一批全球資本家。這個新的經濟制度跟殖民主義相輔相成，帶來了經濟成長，但這是一個基於空間不平等的發展模式。當歐洲憑藉阿茲提克的黃金、巴西的巧克力以及加勒比的砂

糖致富的同時，中美洲社會卻被疾病毀壞大半，亞馬遜住民被迫在大型種植園中勞動，西非人則遭到綁架、在充滿痛苦折磨的處境中被運送、痛毆和性侵，並被迫代代為奴。四百年來，在四萬五千趟航程中，有一千二百萬條人命被帶到大西洋的另一頭。運送過程中有二百萬人在途中喪命。

這個跨大西洋的哥倫布大交換（Columbian Exchange）催生了遍及全球的殖民統治。歐洲的崛起並非源自歐洲人的天生優越或聰慧，而是運氣、病原體和政治因素共同作用的結果。以大西洋為中心的剝削殖民模式一旦確立，歐洲人便轉頭朝舊大陸的新領土以及更遙遠處邁進。最終，非洲、亞洲以及後來的澳大拉西亞（Australasia，指澳洲、紐西蘭以及鄰近太平洋島嶼）都落入英國、法國和其他歐洲強權的掌控之下。在這一刻之前，中世紀晚期歐洲和東方文明的發展階段大致相同。當葡萄牙航海家達伽馬（Vasco da Gama）1498 年走海路抵達印度時，他對卡利卡特（Calicut）的統治者扎莫林（Zamorin）的財富感到驚訝。一開始，葡萄牙人以及其他西方人是以對等身分前來。但歐洲商人迫切渴望印度香料，很快就開始以在美洲回收的黃金來支付這些奢侈品。然而，財富帶來了權力，權力的平衡也隨之改變了。後來在英國的統治下，印度成為世界上最重要的殖民地。

英國於 1608 年開始就經由印度港口蘇拉特（Surat）展開貿易。隨著殖民地的管轄權逐漸擴張，18 世紀中期英國東印度公司從日漸衰落的蒙兀兒帝國手中接管了大片土地。1750 年代，該公司擊敗孟加拉多位納瓦卜（Nawab），得以控制這個幅員遼闊的國家。在那之後，便開始向人民收稅並攫取大筆收入。公司從此開始穩定累積領土、財富和

第九章　中國是新殖民強權嗎？

權力，藉由這些資源把整個印度次大陸全都納入英國的勢力範圍。反抗東印度公司統治的行動，最終促使英國政府於1858年正式殖民統治印度。

英國非但沒有把文明引入印度，反而奪取並改造了這個複雜的社會。殖民官僚取代了蒙兀兒帝國的角色，掌控其經濟，剝削窮人並扼殺在地文化。印度的窮困與英國的富裕息息相關，而紡織貿易就是一個明證。便宜的原棉從印度出口至英國北部，給世界上第一場工業革命提供了原料。製造成本昂貴的衣物賣回印度，而且還是以出口其他原料來支付，這進一步推動了英國的成長。於是一種結構上的依賴關係得以鞏固。法律禁止將印度紡織品進口至英國又強化了這種關係。曾經是紡織業樞紐的孟加拉城市達卡經歷了經濟的全面崩潰，在英國統治一世紀後，甚至老虎和花豹在一度繁榮的街上漫步。[184]

長久以來，英國的印度帝國一直被人們所懷念，在印度獨立後的幾十年當中尤其如此。英國電視節目經常播放一些描繪白皙年輕殖民者戀愛故事的午茶時間歷史劇，這些劇集往往以浪漫且色彩繽紛的印度幻境為背景。歐洲人和亞洲人之間有時存在著緊張關係，但言外之意往往是：這些是發展過程中不可避免的成長痛。好處多過了壞處，而印度人對於曼徹斯特製造的火車頭、來自倫敦周邊球場的板球，以及標準英語這項贈禮滿懷感激。這種令人安心的神話一直延續至今，至少對英國觀眾來說，他們對於殖民印度的真正影響並不清楚。像邱吉爾、維多利亞女王和吉卜林（Rudyard Kipling）這樣的殖民主義者全都受到讚揚。

打從一開始，東印度公司就極度不負責任地榨乾了原本富饒的孟

加拉王國的資源。掌政者越發富有，而英國國會中四分之一身為公司股東的議員也一起致富。這樣的掠奪給當地群體製造了極大的壓力，而一場發生於1769至1770年間的饑荒，導致多達一千萬人死去。觸發饑荒的是一場乾旱，但整個情況是人為所致。在那之前的一個世紀裡，這片區域連一次饑荒都沒有。無情的殖民徵稅耗盡農民的儲蓄和村裡的存糧，讓他們無力抵抗乾旱。即便死亡人數持續增加，英國的賦稅政策還是絲毫未減，1770年收的稅還比前一年更多。

此後，殖民地的饑荒持續襲擊印度社區。季風雨勢遲遲未來導致作物和水資源短缺，而19世紀末的乾旱猶如《聖經》內容（《聖經》中有描述過三年半不下雨的情況）。田地乾涸。土地龜裂。植物的莖梗乾得像要燒起來似的。據估計，1876至1902年間死於饑荒的人數介於三千一百七十萬至六千一百三十萬（換個方法來講這場饑荒的規模：二戰期間全球死去的平民和軍人加起來共四千八百萬人）之間。[185] 被併入大英帝國後，印度人民面臨欠債、土地徵收、賦稅增加的情況，並擔負起生產棉花、罌粟和茶葉等非食用作物的義務，這些都削弱了他們的糧食安全額度，並讓他們從此更容易受到氣候異常的損害。可別搞錯，這些都是人為災難。有千百萬人因為英國帝國的貪婪無法生存，而不是因為天氣的波動。他們都是殖民主義的受害者，而不是地理環境的囚徒。

饑荒持續到20世紀，最有名的就是1943年發生在孟加拉的饑荒，當時邱吉爾拒絕提供救濟。曾獲諾貝爾獎的經濟學家阿馬蒂亞．森（Amartya Sen）主張，儘管當時有農作物病害以及英國緬甸殖民地落入日本手中等挑戰，但該區域還是有充足的食物供應。大量死亡的原因是戰時的通貨膨脹、投機行為以及囤貨，逼得價格飆升而讓人們買不

起食物。市場力量本來有辦法予以矯正，但殖民政府卻持續把印度米出口到帝國的其他地方，將糧食從受饑荒影響最嚴重的地方移走，以防英國部隊守不住東印度時落入日本的手中。總督遊說邱吉爾進行救濟遭到強硬駁回。這展現了英國統治的殘忍與不堪一擊。他無法餵飽他殖民的人口、不願控制市場，又過於害怕敗戰而不肯出手拯救生命。於是三百萬人死去。這是殖民暴行的最後一筆。

打從1947年獨立以來，印度人口就急遽增加，儘管印度反覆發生乾旱，但透過對農業的投資、改善糧食分配以及有效的緊急應變，最終消除了饑荒。

新絲路

再往東，另一個被歐洲殖民強權主宰的區域是東南亞。先是荷蘭，後來是英國和法國，然後在近代史上，又有美國發動慘烈的越戰，建立了新帝國主義。隨著後殖民時代以及和平來到，這個區域成了背包旅行的代名詞。大學生和輟學生把這裡當成巨大的冒險樂園，可以享受衝浪、快炒，還能吸大麻。同時，東南亞經濟正發揮其獨立性，發展工業、快速成長並從低收入往中等收入移動。旅遊業仍是其中一根支柱，但佔大宗的不是來過空檔年的西方人，而是口袋現金更多的新度假者。中國遊客擠進泰國的海灘、馬來西亞的魚市和新加坡的購物中心。「人民幣」如今是該地遊客消費的首要來源。如果把度假者的身分轉變也算進去的話，中國在這整片區域的影響力與日俱增。中國正在成為經濟和政治上的主要參與者，重要到許多東南亞人擔心起新

殖民主義。

　　除了旅遊景點之外，中國的行動也遍布整個區域，首先是發源自青藏高原、穿越五個國家後從越南南部出海的湄公河。地緣政治的力量從源頭強大的中國流向下游弱小的國家。中國正在重新塑造這片區域的水文。上游處，多條深窄的河流穿過人煙稀少但適合興建水壩的地帶。中國各公司已在高處沿河蓋了十一座水壩。再往南，高原下方朝向大海而流的湄公河更加開闊緩慢，在湄公河三角洲呈扇狀散開。這片肥沃土地上生長著豐富的動植物。然而，每建一座混凝土攔河壩，河流就會有所改變，而支撐數百萬農民和漁民的沉積物質以及魚類資源都會減少。水力發電大壩為中國的成長提供了電力，但環境成本卻由下游承擔。遍布東南亞最大流域的諸多社區，都因為中國的水利政策面臨生計挑戰。

　　興建水壩只是中國建設雄心的一個面向。「一帶一路」是一連串巨大基礎建設方案，對於從南中國海到地中海中心處的沿線眾多經濟體都有巨大的影響，而東南亞是「一帶一路」的第一個標記。所謂的帶不只有一條，而是連接歐亞大陸各個經濟體的多條線路，一般俗稱「新絲路」。不斷有新聞的焦點故事報導，火車花了二十一天長征一萬三千公里，一路從義烏行駛到馬德里。不過，這不是從中國工業心臟地帶一路到西班牙首都的一整趟馬拉松，其實更接近多階段接力。在這趟跨越八國的旅程中，火車頭、車廂、列車組員甚至大部分的貨物可能都換過了，因為列車至少要穿過三種軌距寬窄不同的鐵軌。

　　回來看東南亞這邊，高速鐵路、港埠設施和數千座工廠，正重新塑造該區域的經濟地理樣貌。後者包括從中國搬遷過來尋找更低工資

和更低成本的服裝及紡織品公司。數千名年輕女工在柬埔寨和越南才剛工業化的城鎮裡遭到剝削。她們對嚴苛的工作條件感到憤恨。這些都是中國管理者在老家學會的做法，1990到2000年代他們在國內也曾實施這樣嚴苛的管理。東南亞在地菁英主張，中國的資金正幫助他們的國家發展，就像珠江三角洲周邊城市近幾十年的發展一樣。所以有些人歡迎中國投資，其他人則感到擔憂。至於其他地方，中國在菲律賓和寮國的商業利益，得利於離岸賭博的開設管制寬鬆，而這在中國是非法的。貪腐、組織犯罪以及無證件移民隨著賭博而來。中國政府對待國際法的態度也輕率隨便。人民解放軍已經把南中國海各處無人居住的小島改造成軍事設施，並把岩礁改造成戰鬥轟炸機的跑道。即便國際間並未認可，北京正在加強他們對於幾乎這整片海域的所有權。

某方面來說，東南亞被當成北京的後院。不過，雖然北京有時候可能恃強凌弱，但這並不是以前那種有正式政治控制、徵稅、種植園農業、種族法以及暴行的殖民主義。以旅遊業來說，這真的象徵了一種支配關係嗎？儘管一班班飛機載來的中國觀光客帶來了龐大的休閒消費，但東南亞並非只靠服務這些遊客而活。還有數百萬的西方遊客；而且在旅遊業之外，東南亞經濟也呈現出高度的多樣性。日本依然是該區域主要的外國直接投資來源。中國的經濟重要性很容易就被誇大。再說湄公河的水壩建設，那也不是殖民主義。國際水利政治是世界各地舉凡共享流域的普遍難題，包括多瑙河、尼羅河和尚比西河流域。湄公河的特別之處在於，它有一個強大的上游國家，以及眾多弱小的下游國家。[186] 中國在其他方面耀武揚威，然而在這個問題和其

他問題上,東南亞各國擁有相當大的自主權,如果他們在與這個強大鄰居談判時更加合作,減少彼此之間的競爭,還可以有更大的進展。在其他政治競技場中,東南亞各國展現了強大的政治影響力,並打造出平衡北京影響力的雙邊關係。馬來西亞吸引了更多日本資本;泰國,又尤其是越南,在望向東京的同時也望向了華盛頓。曼谷、河內和吉隆坡的決策者塑造了各種戰略與動態關係,這與他們過去在殖民統治下所處的受到宰制地位截然不同。

此外,東南亞經濟的權力掮客往往對中國合夥人持正向態度,因為他們在商業上是可預測的利害關係人。當緬甸的領導人因鎮壓羅興雅人且再三侵犯人權,導致政權面臨國際譴責時,他們感激中國商人*生意照舊*的做法。這些在奈比多(Naypyidaw)發號司令的將領既非天真無知,也不是中國的臣屬。東南亞政治人物比起過往在帝國管轄下只有微小聲量的先人,在這些關係中擁有更大的自主權。以緬甸為例,當在地領袖擔心自己背負太多債務,並讓中國債權人對自己的內政有太多影響力時,他們便試圖縮減一座中國深水港的規模,體現了上述的那種彈性。

中國在東南亞的角色並不是什麼新鮮事;雙方的互動已達數千年。中國利益的面貌十分多樣,而不只是鐵板一塊。在馬來西亞、泰國、新加坡等地,華人是國家人口的重要部分,然而他們並不反映中國的利益。海外華人已在東南亞各處住了很多代。習近平主席喜歡稱他們「中華大家庭的成員」。[187] 這樣的發言曾加劇印尼和馬來西亞華裔商人和民族主義者之間的緊張關係,但認真來看,沒有人會拿華裔的巨大利益跟殖民時期種族主義歐洲菁英得到的相提並論。許多東南亞

第九章　中國是新殖民強權嗎？

人在與北京越來越深的羈絆中既是贏家也是輸家，但在世界上其他更弱更窮、幾十億人民幣可以買下更大影響力和控制權，並讓彼此關係更接近殖民主義的地方，情況又是如何呢？

中國在非洲

卡布韋（Kabwe）位在尚比亞中部，處在連接首都路沙卡（Lusaka）以及銅帶區（Copperbelt）的主要道路上；後者是橫跨中非一連串富含礦物的地層。這是個滿布塵土而需要翻新的地區，經濟生活岌岌可危。社會生活不堪一擊。沿路有些小售貨亭賣手機現刮易付卡、塑膠包的烈酒，除此之外沒什麼別的了。只要一兩塊美元，你就可以連接到外面的世界或者逃離現實。卡布韋因兩件事而出名。首先，這裡是全世界汙染最嚴重的城市。[188] 一個世紀的鉛礦開採（大部分是在英國殖民時代進行）毒害了一代代的孩童。國有的冶煉廠於 1994 年關閉。工作老早就沒了，但世世代代的生命都受到有害積塵以及深深滲進土壤的毒物所影響。接著，它是贊中穆隆古希紡織廠（Zambia China Mulungushi Textiles，ZCMT，尚比亞的中國譯法為贊比亞）的根據地。

穆隆古希紡織廠於 1981 年在中國的援助下完工。這發生在中非合作的早年。中國也協助興建穿越城市的坦尚（TAZARA）鐵路。這條總長一千八百六十公里的鐵道，把坦尚尼亞東部的港口沙蘭港（Dar es Salaam）連到尚比亞礦區，把銅帶接到了印度洋。在過去南非種族隔離政權扼殺周邊獨立黑人國家經濟的時期，坦尚鐵路成為一條出口值錢金屬的命脈。那段中非夥伴關係在人們心中留下良好的記憶，鼓吹增

這樣比太扯！

進雙方交流的人則熱切地讚揚這份歷史遺產。贊中穆隆古希紡織廠的歷史就沒那麼光彩了。該廠由中國興建後就由尚比亞管理，直到1996年被迫關閉。這間非洲工廠在全球化服裝紡織業中缺乏競爭力。翌年，靠著青島紡織投入的新資金重新開工，而那標誌著中國對非洲新一波的涉入。

　　一開始，卡布韋的人們對於工廠回歸表示歡迎，但就如我訪談的一名紡織機操作員做出的結論：「我們想像中會有未來，但發生的事情有如地獄。」[189] 中國管理人把在中國和東南亞行得通的工業化經驗一併帶來，在非洲卻失敗了。穆隆古希紡織廠缺乏競爭力：高成本、能源供應不足、進口新舊衣的競爭，加上難以觸及海外市場，都損害了他們的生意。為了降低成本，工人薪資被壓到絕對低值。酬勞低到員工連家都養不起。工作條件極度惡劣。我訪問的另一名工廠員工跟我說：「那邊的薪資低到沒辦法維持工作……就像奴隸制一樣。就只是最適者生存而已。」中國監工對工人進行紀律處分，並引入不受歡迎的夜班制。許多工人索性辭職不幹。當工廠的紡織機越轉越勤奮的同時，留下來的勞動力面對越來越高的風險。可怕的工殤事故可說是家常便飯。

　　如今廢棄的贊中穆隆古希紡織廠對面有間家徒四壁的混凝土小屋，一名年輕的前工人坐在裡頭，平靜但心碎地和我講述他的前臂如何被一台機器從手肘處切開，跟身體分家。他只收到最低額的和解金，卻面臨背棄的承諾、醫療帳單和無望的未來。除了慘烈的致殘紀錄，這段期間還充斥著勞工的抗議與對峙。2006年工廠關門，機器停轉，廠址變成廢墟。但青島公司並沒有離開。工廠隔壁就是曾為贊中

第九章　中國是新殖民強權嗎？

穆隆古希紡織廠供給原料的軋棉機，這邊至今依然持續運作，加工著來自尚比亞中部各處棉花田的原棉。軋過的纖維如今出口到中國，供給中國利潤豐厚的成衣工廠。

　　棉、銅以及最寶貴的資源石油，吸引了中國企業再度涉足非洲。從安哥拉的天然氣到辛巴威的鑽石，世界最窮大陸的大量天然財富在過去二十年間推動了中國成長，但也促使某些非洲國家的經濟繁榮起來。中國的投資急速成長催生了新興企業，重振了低迷的經濟產業。有二十五萬中國人移居安哥拉，成立進口生意，在工地工作，並在農林業尋找新的商機。中國海洋石油集團正在幾內亞灣及印度洋鑽油，非洲大陸各地也正興建新的道路、鐵路和港口，給一整套柔腸寸斷而分崩離析的運輸基礎建設帶來亟需的投資。莫三比克的例子闡明了經濟成長並不等同於發展，而新經濟活動的在地影響還需謹慎分析。但有些事就很清楚了；這些不平等的夥伴關係一點也不像殖民年代的強迫貿易模式，好比說葡萄牙在莫三比克那種殘暴的棉花種植業。

　　中國國家主席習近平把這些新關係說成是平等的會晤：「中國和非洲國家天生是好友、好兄弟、好夥伴，中非合作是南南合作的典範。」北京必定很享受與撒哈拉以南非洲大部分執政黨保持緊密的關係。相較之下，許多非洲反對黨政治人物把中國越來越大的影響力，跟比利時、英國、法國以及葡萄牙的殖民活動相提並論。2007 年，尚比亞反對黨領袖薩塔（Michael Sata）說得甚至更過頭：「我們希望中國人離開、舊殖民統治者回來……至少西方殖民主義還有張人類的面孔；中國人就只是來剝削我們。」[190] 他指控中國人支付奴隸般的薪資，藐視安全標準，損害環境並腐化整塊大陸的領導人。但薩塔於 2011 年

這樣比太扯！

贏得總統大選後出現驚人的大轉變,他很快與中國重修舊好,拋棄新殖民的說法。2013年,他進行了一趟知名的訪中之旅,與習近平見面並談到非亞的緊密關係。當薩塔於2014年去世時,葬禮上邀請的政府要人中只有兩名不是非洲人,一名是英國王室的次要成員,另一名則是中國的重量級部長。薩塔起先是民粹主義者,後來在瞭解到中國的財力如何有利於自身的目的後,就成了現實主義者而改弦易轍,但他原本主張的「中國是堪比舊歐洲帝國主義的新殖民強權」的論點,真的站得住腳嗎?

就規模、短期衝擊和長期影響力來說,中國根本比不上舊殖民強權。歐洲殖民主義主宰了整個非洲。1884年,英國、法國、葡萄牙和其他強權圍坐柏林會議桌旁,一起把這塊大陸切割成不同的歐洲地盤。非洲的地圖名符其實地被徹底劃分。許多邊界硬生生地以直線穿過各個群體中間。政治人物交易著素昧平生的人們的人生,就像西洋棋大師交換棋子一樣。這等規模象徵了歐洲人對非洲人徹底的輕蔑和絕對的權力。其次,殖民主義的影響延伸到了日常生活各處:非洲人在大型種植園、礦場和農業中強迫勞動,強迫改用語言,引入宗教,最重要的是透過暴力統治——軍事行動、殘暴的警察維安以及監禁爭取自由者,這些恐怖全都是帝國軍火庫的一部分。穆隆古希紡織是當代雇用行為中最糟的一個案例,但中國管理者在那邊造成的影響,實在比不上殖民年代的強制勞動和國家暴力。第三,就影響力而言,中國或許是許多非洲國家境內最大的外國參與勢力,但他並沒有主宰經濟生活的所有面向。採用最晚近外國直接投資股票數字來看,中國只以四百六十億美元(約台幣一兆四千萬元)排名第五大投資國,落後於荷

蘭、法國、英國及美國。[191] 從其他指標例如借貸來看，中國確實名列第一，但其他有影響力的外國利益還有很多。今日非洲各國領袖就跟他們在東南亞的同行一樣，很熟悉自己的權力，而且可以選擇跟不同的全球投資人合作。

弄清楚北京的影響力

中國正在塑造非洲的發展軌跡，但還有許多其他力量也在影響這塊世界最貧窮大陸的命運。崛起的中國在全球各地改變著世界經濟的樣貌，但不是透過正式的帝國主義。北京做的決定可以影響阿迪斯阿貝巴的政府，影響東南亞的河流流量，並興建跨越歐亞的新鐵路，但這些影響的規模都不能跟歐洲殖民主義造成的全球轉變相提並論。中國新海外方針的影響，完全比不上哥倫布大交換、奴隸貿易或英國控制印度。中國協助創造的未來，不會與殖民過往的世界相似。

中國的全球野心之所以常被比作殖民主義，一個原因是人們不理解歐洲諸帝國的真正恐怖之處。我從親身體驗得知，即使是教育程度良好的畢業生，也相當不瞭解英國殖民統治有什麼廣泛長久的效應。我們需要將學校課程去殖民化。過去十年，我在大學教一門開給大一生的課程，談及殖民主義的歷史地理，以及殖民主義在現代世界形成過程中的剝削作用。我的學生即便來自不同族裔和文化背景，學業成績優異，但進入大學後，他們對於英國過往傷害海外領土的方式仍缺乏批判性的理解。如果我們不瞭解殖民主義的本質，或者以濾鏡美化過的認知看待帝國，那麼會誤用殖民這個名詞給中國蒙上陰影，也就

不令人意外了。

英國的帝國政策展現了對非歐洲人性命的冷漠忽視。白廳（Whitehall，英國政府中樞）做的決定導致無數人喪命，並阻礙了殖民地的發展。巴勒斯坦作家薩依德（Edward Said）把歐洲的長期方針歸結為東方主義下的行為：非洲、亞洲和中東的人們被蔑視為不值一顧的下等「他者」，這種態度導致了不人道的態度。殖民主義靠的是維繫各種「我們」和「他者」的階級高低，並用種族、宗教或文化來維護這種階級。歐洲各政權持續面對來自受壓迫他者的挑戰，像是抗議、暴動及叛亂，而始終存在的暴力威脅在政治控制背後撐腰。今日較強的國家在較弱國的領土上施展權力的方式，根本無法與之相比。今日有的不是政治控制，不是直接明白的種族主義或毫不隱藏的武力威脅。沒有奴隸船。沒有外國港口不請自來的炮艦。沒有殖民地掌權者阻擋饑荒救濟。此處並不是給北京的國際野心找藉口開脫。中國可能會自私自利、剝削他人並對在地人民和環境造成損害，但這些並非過去那種暴力兼種族主義的殖民模式。

中國的崛起和其巨大影響力不是反映了過往的殖民主義，而是代表世界經濟核心的巨大轉移。兩百年前，倫敦是金融力量的中心。大英帝國衰落後，華盛頓便崛起成為全球霸主，並塑造整個20世紀的經濟生活。如今重心漸漸東移。中國先是世界工廠，但憑藉21世紀初累積的巨額資金，中國注定超越美國成為世界最大經濟體：這是一個重大的歷史時刻，但在全球新冠疫情和2020美國大選後的混亂餘波中，這個重大時刻沒得到多少關注。

認定北京為新的全球強國，應該成為地緣政治分析的起點，而非

終點。世界正日益多極化。中國或許是新強權，但也有其他強權崛起，包括巴西、印度和印尼。挪威、沙烏地阿拉伯、阿拉伯聯合大公國等自然資源豐富國家的主權財富基金，也提供了強大的投資和借貸資源。而英國、美國等老牌經濟中心也還沒失去影響力。所有這些國家都在試圖影響自己國界以外的世界。

坐在廢棄工廠的陰影中，看過貧窮的尚比亞人破碎的夢想和飽受摧殘的身軀，就是看著中國領頭的全球化付出的人類代價。非洲各處都有中國風險投資造成的慘烈採礦意外、驅離行動和抗議。在東南亞，出現了勞工虐待、環境損害以及犯罪行為，但類似的不公義也伴隨著其他外國投資者的行動來到。北京如今或許是世界舞台上最強大的外國勢力，然而中國的行動沒有哪個是獨一無二的，也沒有哪個接近殖民主義的大罪。這種比較並不成立。中國並沒有真的奴役人民、允許饑荒在農業地區肆虐，或用暴力壓迫反抗。對希拉蕊、馬哈地以及薩塔等西方、亞洲和非洲的政治領袖來說，直接拿歐洲帝國主義和中國的支配地位做比較，是種心口不一的說法。他們應該有那種智慧，知道不該把北京說成是危險的擴張主義殖民強權，以此煽動民眾的反中情緒。然而，如果我們用更隱喻的方式來思考，有些殖民主義的相關詞句或許可以當作修辭手法，來凸顯中國以及其他剝削性外國勢力在非洲的行動，就算實質上並不適用也一樣好用。雖然在審慎的學術寫作以及政府報告中，應該要避免這種會誤導人的隱喻溝通，而且政治人物和記者應該要遠離濫用煽動性的語句。然而，對於那些活在不公正當中，不這麼做就很難表達自己被剝奪處境的人來說，訴諸奴隸制、帝國和殖民主義這些詞彙是可以理解的，甚至是正當的。這聽起來像

這樣比太扯！

是雙重標準，事實也確實如此。在正式溝通中使用這種比較的隱喻，跟活在嚴苛剝削條件下的人如此使用，有著不同但可接受的語境。下一章將討論以色列和巴勒斯坦的隔離制度以及種族隔離時代的南非，繼續探討「歷史比較」這種具挑戰性和分裂性。

第十章

以色列有南非的種族隔離制度嗎?[1]
把不相符的不公義拿來比對

使女的抗議

愛特伍(Margaret Atwood)的女性主義反烏托邦傑作《使女的故事》(The Handmaid's Tale)留下巨大的文化印記。1985年發表後,該小說很快就獲得盛讚與文學獎項肯定,此後也成為世界各地書店與圖書館的長青讀物。儘管如此,該小說名列美國圖書館協會「過去三十年間百大遭質疑查禁書籍清單」,對這部小說來說形同現實模仿藝術的例子。[193] 閱讀對於智識與政治自由來說至關重要,但在《使女的故事》裡閱讀卻是非法行為。愛特伍將故事設置在名為基列共和國(Gilead)的虛構世界中,這座栩栩如生的駭人舞台呈現了一種近未來的景

---

[1] 譯注:原文標題「Is There Apartheid in Israel?」中,「apartheid」這個阿非利卡語詞彙本身並不帶有「南非」的含意;但因為英語使用這個詞彙時專指在南非出現過的特定制度,中文一般翻為「南非種族隔離制度」,本書也依此慣例處理。除非同句話提及南非,否則不會省略為種族隔離。

象——它的恐怖之處在於可信度,而且幾乎理所當然地會發生在現實中。故事中的美國被某種神權政體所取代,該政體重新詮釋《舊約聖經》,創造出一個階級分明的軍事化新社會,並以最嚴苛的方式貶低女性。在經歷慘烈的環境汙染後,還能生育的少數女性被迫生育,並被指派給男性大主教(Commander)構成的統治階級。2017 年,這個另類現實改編為電視劇時大受歡迎;由摩斯(Elisabeth Moss)飾演的主角奧芙弗雷德(Offred)既強大又動人的演出,讓這場噩夢活生生地演示在千百萬觀眾的眼前。

目前《使女的故事》並未成真,但它實在太出名,讓愛特伍故事裡的一些要素成了社會抗爭中普遍使用的壓迫隱喻。2020 年,最高法院法官金斯伯格(Ruth Bader Ginsburg)過世,有一群守夜的女性打扮成使女,哀悼這位自由派法官的逝去,並對川普會找什麼樣的人來接替她表達擔憂。一名穿長袍的抗議者在加州聖塔安娜(Santa Ana)某聯邦法院大樓外哀嘆道:「他(川普)對女性沒有多少尊重。我們也可能成為使女。」[194] 整個川普任期內,全美各地女性反覆使用這個十分動人的象徵作為隱喻。許多人擔心美國正變得像基列那樣;或許不是真的變成基列,但這種看似可能成真的法西斯國家隱喻的確很引人注目。

這種引人深思的象徵跨出了它起源的虛構新英格蘭,傳播到極遙遠的地方。2023 年 3 月,英國首相蘇納克(Rishi Sunak)迎接同為國家首腦的以色列總理納坦雅胡(Benjamin Netanyahu)到唐寧街進行對話。納坦雅胡來訪時遇上幾百名抗議者,包括穿著深紅色長連衣裙和獨特硬挺女用白帽的好幾小支女性隊伍。她們靜悄悄地遊行,希望人們關

注以色列的女性困境以及日漸高漲的極權主義。這套服裝變成了抗議的符號（motif）。在以色列各地發起的數十件抗議中，幾百名女性身穿紅衣、低頭並握緊了手，表達她們的憂心，擔憂司法機構的徹底改造，可能會讓女性和少數群體失去保護與發聲的權利。[195]

在倫敦這邊，抗議納坦雅胡的群眾不只是使女而已。還有很多人反覆用希伯來語喊著「可恥！」，來示威反對這名領袖的右翼政策。有一個標語寫道：「我們是住在英國的以色列人兼猶太人，示威反對領導司法政變、將以色列變成獨裁專政的首相納坦雅胡。」[196] 另一名抗議者戴著納坦雅胡的面具，緊抓著一面寫著「我 ♡ 南非種族隔離」的標語，這是一種簡單但強大的挑釁。

在這次造訪的六個月後，哈馬斯於 10 月 7 日對以色列猶太人發動了駭人的攻擊，造成一千二百人死亡，其中大多數為平民，有許多人遭到殘暴的殺害或在性暴力中被殺害，還有二百四十人被當成人質。這引起以色列對加薩的轟炸和入侵；據哈馬斯營運的加薩衛生部所言，該行動到 2023 年為止已造成二萬名巴勒斯坦平民喪生。[197] 從十月初的那個殘暴星期六，到接下來幾週發生的衝突，所有死去的生命和犯下的暴行，全都必須獲得哀悼和譴責。沒有誰單方面承受苦難，或可以合理化自己的野蠻行徑。光是一條無辜人命的死去，就已經構成立即停止暴力的充足理由；但在我動筆的此時，這場悲劇仍看不到盡頭。[198] 以色列最初進行的報復性入侵，其範圍和規模早已受到普遍的譴責。而在以色列國防軍對加薩發動突擊後，「南非種族隔離」這樣的比對就開始明顯出現在全球對納坦雅胡政權行動的公開批評中。倫敦的挺巴勒斯坦示威在支持加薩人民時，帶著由巴勒斯坦團結運動

（Palestine Solidarity Campaign）製作的「終結以色列的南非種族隔離」標語牌。西班牙的第二副首相迪亞斯（Yolanda Díaz）譴責了「以色列」對巴勒斯坦人民進行的「南非種族隔離」行動。[199]美國媒體記者甚至發動了一項請願，正式要求對這場衝突使用「南非種族隔離」，甚至以「種族清洗」和「種族滅絕」等詞彙進行報導，吸引了一千五百名記者連署。[200]由此可見，「南非種族隔離」的隱喻已是反對以色列軍事突襲加薩的一個用詞。

南非種族隔離：模範、隱喻還是法律定義？

歷史上恐怕沒有多少案例像種族隔離時代的南非以及當前的以巴衝突這樣，明明時空上相隔甚遠，卻這麼常被拿來比對。長久以來，各地媒體、政治論述和支持活動都會動用這種比對，讓人更關注巴勒斯坦人遭遇的困境並譴責以色列政府。早在 1997 年，當曼德拉在公開發言表示「我們太清楚，只要巴勒斯坦人還沒獲得自由，我們的自由就尚未完成」[201]時，就將南非和以色列解放行動直接做出連結。之後，類似隱喻的使用開始向外擴散。到了 2005 年，由巴勒斯坦人領導的自由正義平等運動——「抵制、撤資、制裁」運動（Boycott, Divestment and Sanctions，BDS），甚至開始組織一年一度的全球以色列南非種族隔離週（Israeli Apartheid Week），「使人察覺以色列的南非種族隔離制度」。[202]BDS 運動持續成長，得到各式各樣組織和個人的支持，包括美國人類學會（American Anthropological Association）、巴塞隆納市長以及基督會（Disciples of Christ Church）。[203]在哈馬斯和以色列的戰爭之前，

做過這種比對的國際重要人士包括卡特（Jimmy Carter）、喬姆斯基（Noam Chomsky）、克萊恩（Naomi Klein）以及屠圖大主教。聯合國有一次也曾透過西亞經濟社會委員會（Economic and Social Commission for Western Asia，ESCWA）在一份談及以色列的報告中使用了「南非種族隔離國家」的用詞。[204] 就連以色列摩薩德（Mossad）情報單位的前任局長帕多（Tamir Pardo）在2023年9月的發言中，也附和了少數把這種政治局勢描述為南非種族隔離的以色列人：「這裡有一個施行南非種族隔離的國家……一片領土讓兩種人被兩套法律審判，那就是一個實施南非種族隔離的國家。」[205]

建立國際刑事法院（International Criminal Court，ICC）的1998年羅馬規約（Rome Statute），把apartheid定義為一個概稱，意指「由一個種族團體有系統地壓迫並主導任何其他種族團體的制度化政權」，跳脫南非的歷史脈絡。[206] 所以，就如帕多的分析所主張的，國家是不是在施行「南非種族隔離」有一個法律評估基礎。但使用這個讓人有太多聯想，同時又與南非的種族隔離政策有關的名稱，真的妥當嗎？過去就有學者試圖質疑以巴衝突跟南非的相似性[207]，反指控南非種族隔離的比喻是「企圖消除以色列行動的正當性」，引發了激烈反彈。[208] 國際特赦組織（Amnesty International）曾主張，以色列的行動符合國際刑事法院對南非種族隔離的定義。[209] 以色列外交部長拉皮德（Yair Lapid）對於國際特赦組織的立場感到憤怒，說這種「極端主義言論……是在為反猶主義火上加油」。[210] 卡特的看法同樣被美國一些猶太人認為已處於反猶主義的邊緣。[211]

一般來說，隱喻可以有效地讓人注意到不公義，那些《使女的故

事》案例就凸顯出這一點；它們也可以讓相對無力的一方果斷地說出想講的話。川普的美國或納坦雅胡的以色列，並不是真的就像基列那樣，但他們與那個虛構形象的相似性，可以讓人注意到性別不平等以及法律上的不公義。隱喻可以是抗議的強大工具。相較之下，前面探討過的中國全球野心對比於歐洲殖民主義的案例，就展示了把一個地理歷史過程硬塞到另一個模型裡，為比較而比較的情況；這麼做不但抹平了其中複雜的差異，還把相似處具體化，提供了一份像是列舉共通性的目錄，而沒有解釋是什麼驅動了這種不公義。[212] 南非種族隔離的隱喻並不像使女的比喻。它不只是隱喻，而是援引了人們對南非的回憶，即便「行使南非種族隔離的以色列」這個稱呼的擁護者是以羅馬規約為基礎，並將種族隔離從南非的歷史脈絡中拆解出來，還是會讓聽者想起南非。[213] 即便有這種合法的不相關性，當「南非種族隔離」這個詞被「抵制、撤資、制裁」運動人士和國際政治人物及記者套用到以色列時，人們心裡就會浮現曼德拉被囚禁在羅本島（Robben Island）上、小鎮發動起義的畫面，暗示了兩個社會之間有著真正的等同性：也就是主張南非的種族隔離模式可用於以色列。

在此，我的意圖不是給爭論火上加油，質疑國際刑事法院的定義未必符合當前的*法律*情況。而是想要探討，活在種族隔離年代的南非以及活在哈馬斯和以色列開戰前的以巴地區，這兩種社會經驗能不能直接比對。我想討論的是，南非和以巴這兩地脆弱的男性群體和女性群體，在經濟上是如何遭到邊緣化。我會利用跨境工作的個案研究，探索其中的相似和相異處，分析前者有什麼經驗能讓我們對後者有所認識；我們也要去詢問，把這兩個社會牽成一對，到底有沒有為那些

迫切想解決中東永無止盡悲劇的人們提供任何安慰。

瞭解南非種族隔離

打從1948年種族隔離制度出現之前，到1994年該制度垮台為止，南非都被兩個互相依賴的白人團體控制。這個國家在政治上是由阿非利卡人主導，他們是17世紀搶先來到非洲南部的荷蘭移居者後裔。經濟上來說，該國是由文化上有所區隔的英語使用者所領導，他們控制了採礦、製造業及商業化農業。大部分阿非利卡人會把自己的種族淵源追溯至19世紀的英國殖民，以商業往來維持住和英國的國際聯繫，並與美國培養關係。南非種族隔離（apartheid）這個詞是阿非利卡語，意思是「分別發展」，並且和社區種族區隔有關。種族隔離年代的南非以地理為基礎，把國家劃分成巨大遼闊的白人空間以及破碎貧窮的黑人空間，目標在推進少數白人統治者的政治經濟方針。白人社區的發展仰賴種族排他性，而強制隔離產生了一種社會經濟錯位的風貌。

占多數的黑人（根據南非種族隔離制度這個詞的用法，涵蓋了非洲人、印度人以及有色人種〔原文照登〕）被隔離到白人城市邊緣的小鎮以及孤立的農業勞動保留區，那之中也包括半獨立的黑人居住地（homeland，原意為「家園」）。這些被隔離者只能透過屈從和壓迫跟白人空間有所交集。1970年的班圖家園公民法（Bantu Homelands and Citizenship Act）賦予所有曾住在十個部族家園的非洲黑人有限的公民權，而這些家園成為了該國非洲黑人（也被政府分類為「班圖人」）群體的準國家家園，稱作班圖斯坦（Bantustan）。這項法案創造了貧窮的勞動保留區，把

這樣比太扯！

三百五十萬非洲黑人重置到貧窮的班圖斯坦——或稱該國的「垃圾場」。[214] 這些小小的貧窮農業空間由新創造出來的酋長統治，因為這些「傳統」領地是被發明出來的，是現代種族主義的產物。嚴格定義下要遷入「南非」受到嚴格的限制，而白人空間的土地權或政治參與權也都徹底排除了非洲人。海灘、公車、廁所門、服務櫃檯以及幾乎所有公共空間的告示都寫著「僅限白人」（blankes alleen / whites only）或「非白人用」（nie-blankes / non-whites）。人們的生活方式也沿著種族界線重整，不僅限於經濟和政治範圍，連在社會上也徹底區分開來，跨族性關係更是遭到禁止。南非種族隔離年代在空間、性別以及階層方面的區隔，連同捷克斯洛伐克和伊朗的壓迫社會，一起成為《使女的故事》的靈感。在原著小說中，非裔美國人被稱為含子孫（Children of Ham）[2] 並被逐出基列，就如愛特伍所言：「他們把這些人放進封起來的『家園』內，就像種族隔離的南非。」[215]

一個個的班圖社會被製造出來，就相當於創造了一支支能在由白人控制的經濟體系中工作的勞動預備軍。這個種族隔離的國家建立了一個龐大的基礎官僚結構來掌管隔離，並透過內部監視控制數百萬工人的流動。黑人人口的移動透過一種所有非洲人都必須攜帶的蠢通行證（dompas）[3] 管理——只允許未獲雇用的移民在城市區停留三天尋找工作。警察會嚴格強制人們遵守這規定，還會進一步利用通行證法威嚇工作者，包括趁人們在宿舍中睡覺時不分男女地突襲臨檢證件。警

2　譯注：聖經中挪亞的兒子其中一個名叫含。
3　譯注：這是人們對該通行證的貶稱。

察還會使用波爾鬥牛犬、羅德西亞脊背犬和德國牧羊犬這些名符其實的種族隔離「鷹犬」。牠們受過訓練,用以確保白人空間不被黑色人體侵犯。

種族隔離制度保護了有權有勢的種族少數分子免於薪資競爭,並壓低了整體勞動成本。這讓白人群體可以維持政治控制,並使用低成本勞動力來支持採礦、農業和製造業。占多數的黑人社區明顯「嚴重貧窮、居民營養不良、離譜地擁擠、雜亂卻又遭到強烈的政治鎮壓,(以及)極度仰賴在『白人』南非賺取薪資」。[216]階級不只依種族劃分,也依性別劃分。在南非種族隔離制度下,黑人男性勞工可以在白人控制的經濟體系中工作,從開普省的水果農場到豪登省(Gauteng)的金礦,從德班的船廠到約翰尼斯堡的郊區家務,但在這範圍內只有占極小部分的最後一類可以同時雇用黑人女性。[217]1970年代晚期至1980年代,由於勞工供過於求,導致失業情況嚴重(約25%)且薪資遭到壓低。非洲人的薪資低到他們在製造業的酬勞只有白人的四分之一,在礦業則比白人低二十倍。[218]坦白說,這些數字真的非常驚人。

對於包括英語系大型採礦公司在內的白人企業主來說,南非種族隔離制度的引人之處,就是低廉的勞工成本。而黑人的酬勞能夠維持低廉的原因,是因為非洲男性勞動力的再生與維持都由工人家庭所承擔。[219]女性工作補貼了男性移工的低薪資,工作內容包括在黑人居住地進行維生農耕。在非洲的勞動預備軍中,有一支受雇於白人經濟體的(基本上全男性)黑人勞動力,與一間間由黑人女性領頭的家戶共存。這兩種分離的生產模式彼此*連動*,一起壓低了整體勞工成本。彼此連動就代表著,在白人經濟體勞動的男性薪資,以及與其分離、在

被隔離的班圖斯坦由女性進行的養育孩子、種植作物、提供休息與退休生活場所等社會再生產工作，兩者彼此依存。男性工作者需要一個班圖的家讓他回去並得到支持，而女性夥伴則需要男性在白人經濟體裡的薪資收入。南非的種族隔離制度保證了便宜好控制的勞動力，因為班圖家園提供了一股透過女性及大一點的孩子（往往是女孩）投入工作來補貼的勞動力，而這股勞動力還面臨越來越嚴重的貧窮問題。[220] 男性薪資工作者有可能一出門就好幾個月、甚至好幾年不在家，給女性製造了沉重的負荷。這些負荷包括女性面對長期婚姻分離、關係破碎以及疏離等不確定情況造成的心理問題，以及當丈夫帶著愛滋病等性病回家時，對身體健康帶來的傷害。[221]

南非種族隔離的地理

以上討論描繪了南非種族隔離社會的一些基本架構。簡單來說，它是一個巨大而壓迫的經濟制度，用來對數百萬黑人工人進行挑選、雇用以及制度化剝削。但這個簡短的摘要沒辦法充分展現出人與地方的複雜度和動力結構。南非是個巨大多樣且幅員廣闊的國家。到了今日，好幾代的分隔所留下的遺產仍然是該國的社會特色，第四章討論的南非犬種與其主人的關係說明了這點。雖然正式的隔離在將近三十年前就已經結束，但城市空間仍然明顯分成富裕且非常白人的城區，以及貧困的黑人小鎮。

我對南非的第一個印象，是一個有著大片風景和開闊空間，以及巨大農場和荒涼郊野的國家。我從北開到南，穿過高地原野

（Highveld），跨過帶給托爾金靈感、讓他寫出《魔戒》的龍山山脈（Drakensberg），來到大西洋和印度洋相遇的荒涼南部海岸。當我住在馬布多時，我會定期造訪克魯格國家公園（Kruger National Park）。這片世界級野生動物觀光地一年吸引了數百萬遊客前來。在這裡，你可以開好幾個鐘頭的車看大象、長頸鹿和跳羚，卻連一台其他的車都遇不到。這個自然保護區幾乎跟以色列一樣大，如果你把隔壁莫三比克境內的林波波國家公園（Limpopo National Park）也算入的話，那就更大了。

拿南非一百二十二萬平方公里的國土面積，跟以色列的二萬二千平方公里相比，兩者之間有著明顯的規模差異。換個方法把這些數字放在同個背景裡比較，可以說南非幾乎是美國德州的兩倍大，而以色列只比紐澤西州大一點。就最基本的地理資訊來看，兩者根本無從比較起。人口方面，兩地沒有那麼巨大的差距，但仍然是不同的數量級：南非在種族隔離全盛期的1980年代中期，大約有三千五百萬人口；而今日以色列和巴勒斯坦的人口合計不到一千五百萬。差異更明顯的是人口密度：相較於人口稀疏的南非，以色列和巴勒斯坦是世界上最擁擠的地區。還有一個關鍵的人口統計差距——雖然此處的數字有所爭議，但整體樣貌還是很明顯——南非的白人人口低於20％，而整個以色列和巴勒斯坦地區，猶太人和巴勒斯坦人的人口大略相當。

除了這些基本的地理差異外，兩個社會的政治分裂也很不一樣。在以色列和巴勒斯坦這邊，儘管認同複雜，但衝突始終可以化約成對立的兩方。然而在南非這邊，不僅「白人」這個分類本身就繼承了不同文化語言但又排他的混合群體，在南非種族隔離之下又有各個種族團體的分化；那些團體各有不同權利，而非洲認同更是被班圖斯坦的

誕生弄得支離破碎。這種異質性也反映在種族隔離終結後的南非自封為海納百川的「彩虹國」，宣告「在多元中團結一心」。[222] 其中包括的族裔按英文字母順序有：阿非利卡人、佩迪人（Bapedi）、波札那人、歐洲人、南亞人、索托人（Sotho）、科薩人（Xhosa）、祖魯人以及其他眾多族群團體。在南非種族隔離年代，反對黨非洲民族議會（African National Congress，ANC）的立場是，種族主義結束後的南非將屬於不分非白人與白人的每個人，這就包括要拆解掉班圖斯坦這個人為發明的虛構傳統。相較之下，以色列和巴勒斯坦的排他性主張，以及1990年代柯林頓撐腰的那套預期以兩國分立來解決的「奧斯陸協議」（Oslo Accord），是以民族國家認同和保持以巴各自的宗教做法為中心，在已劃定的邊界內打造；只不過，也有人鼓吹世俗單一國家或其他多國式解決方案。在哈馬斯攻擊以色列後，不管哪一種和平結果看起來都已遙不可及，而我們也很難想像單一彩虹國式的解決方案可以在短期內見效。

在我們思考用「南非種族隔離」這個名稱來解釋以色列當前的情況是否適當之前，這些地理和政治的現實因素都非常重要而且必須先行理解。能用來比較兩者相似和相異處的基準線還有很多條：強迫驅逐和遷居、社會排除、法律權利以及文化錯位。在此，就業情況的案例提醒了我們，南非種族隔離的模型不能套用在以色列上；更具體來說，我指的是低薪跨邊界的男性工作對留在家中女性造成的影響。

在駭人的哈馬斯攻擊事件之前，跨邊境勞動對以色列和巴勒斯坦都有著小但重要的經濟作用。情況一如種族隔離的南非，被邊緣化的群體會暫時進入由優勢社群所佔據的受限空間，從事支持強勢團體經

濟的低薪工作。巴勒斯坦人通常在東耶路撒冷和以色列的營造業中從事低薪且沒有健保休假和工資單的工作。[223] 他們的工作十分辛勞,健康與安全的規範也很馬虎。[224] 此外,他們的妻子留在巴勒斯坦,透過從事家務支持她們的丈夫。

在巴勒斯坦的土地上,情況一如班圖斯坦,失業的情況十分普遍,而讓以色列企業可以利用這些可控制的低薪勞動力。雖然結構上有共同之處,但兩個體制的就業規模、邊界、距離和工作模式實際上非常不同。首先,南非的體制很龐大,而且是*唯一*的勞工雇用制度,它讓數百萬黑人進入白人空間工作。相較之下,只有少部分巴勒斯坦人通勤進入以色列工作。[225] 第二,邊界無法相比。白人南非的空間實在太大,大到無法用牆壁或圍籬來徹底保護並標定範圍,所以是採通行證制度,由警察在城市區域內定期定點檢查,並以強制執行的方式控管行動。以色列也有懲罰性的許可證制度,[226] 但邊界主要是在約旦河西岸和加薩走廊,透過與以色列之間設下實體邊界進行隔離。有武裝防備的分離牆和高科技檢查哨構成社區的物理分隔,緊密地控制人口的移動。第三點,空間關係不同。男性巴勒斯坦工作只須短程通勤前往以色列空間工作,但南非則是動輒幾百公里的長距離,實質上分離了黑人家園和在白人經濟體的工作。第四點,巴勒斯坦人每天通勤且不能在以色列過夜,然而南非種族隔離制度下的黑人工作卻是以長期不在家和宿舍生活為特色。非洲男性住在白人南非區的簡陋小旅館裡,一住就是幾個月甚至幾年,跟家庭分離。最後,在這兩個不平等社會中,跨邊界勞動制度的範圍和規模也有著基本的差異。

儘管規模龐大的南非種族隔離勞動模式和以巴的情況缺乏相符之

處,但班圖斯坦女性經驗的歷史研究,仍提供了各種分析工具,有助於瞭解巴勒斯坦中同一類人當前忍受的不平等。在這兩個制度中,「男性在優勢經濟體中就業」跟「支持男性勞力的女性性別化家務勞動」之間都有相互連動的關係。為了更生動描述這些留守女性的謀生方式,我要在這邊分享的研究結果,出自我和在以巴廣泛進行研究的同事格里菲斯(Mark Griffiths)一起進行的計畫。我們的共同論文結合了各自的專長:他專精於中東,而我專精於非洲南部。[227] 格里菲斯的資料來自巴勒斯坦社區的田野調查,而我的來自南非的檔案文獻;但很明顯的是,打從我們分析的開頭就看出這兩邊的社會和文化非常不同,不過我們卻能使用類似的工具一起進行調查。

跨邊界生活

讓我從一段來自南非的口述歷史開始。首先是來自西北省(North West Province)摩哥帕(Mogopa)的孟噶克(Florence Mongake)[228],根據她的敘述,在南非種族隔離之前,她那個社區的男性「會在家養牛」,但在他們「去了礦場之後……他們會離開妳三年,而讓妳懷了孩子的男人不在家,妳必須確保孩子有飯吃」。摩祖西(Elsie Motsusi)[229] 談起她在西北省布拉克拉阿格特(Braklaagte)社區的情況也差不多:「(男人們)住在小旅社;他們會把妻兒留在家裡挨餓。」貧窮跟跨邊界勞動彼此相連,來自川斯凱(Transkei)這塊班圖斯坦的一位姓名不詳的女性,以她的陳述闡明了這情況:

我們在這個淒涼的地方感到寂寞，這裡有太多人的丈夫得要離家去工作，然後整年不在，有時還是好幾年。我們覺得我們的丈夫很可憐。我們懂他們為什麼要去找城裡女孩（商業性工作者／第三者）——男人就是男人——我們也知道他們為什麼要我們留在家裡替他們顧一個家，並讓他的孩子有個地方待，因為我們沒有在城市落腳的權利。[230]

這位女性的丈夫在超過八百公里外的開普敦工作，而他的缺席導致家庭生活分崩離析。對這位女性還有孟噶克跟摩祖西，以及數百萬其他的女性家庭成員來說，跨邊界勞動除了貧窮之外，還帶來了沉重的心理負擔：

這位婦人有個不負責任（原文照登）的丈夫在白人城郊工作，只在想回家時回家。有個傍晚，我結束工作回家，看見她坐在一張小凳子上，肩膀向內縮，臉埋在雙手間。她坐在燃燒的火盆旁，火上有個鍋子……他們三天沒吃飯了，盆上的鍋裡只有水。[231]

在這裡，這個受苦女人的形象非常鮮明。她的處境就是南非種族隔離勞動政體的產物。因為貧窮，又迫使下一代去白人空間尋找工作，所以非洲家庭的這種惡化，等於是為了調節出一種能供應便宜勞工給白人經濟體所導致的狀況。

時間快轉來到巴勒斯坦。針對瓦拉加（Al-Walaja）女性的訪問，突

顯出她們是如何在一個非常不同的跨邊界勞動制度中受苦。巴勒斯坦男性若要在以色列工作，就得穿過邊界上的檢查哨。300號檢查哨是一個位在伯利恆和耶路撒冷之間，設有旋轉柵門、金屬探測器以及感應器的戒備空間。每天早上有四千到七千名男性勞動者進入這個過於擁擠的設施中，透過所謂的「八小時」許可，讓約旦河西岸的巴勒斯坦人通過此處到以色列工作。[232] 許可會因為以下的理由遭拒：「被以色列公司免職、工會活動、入獄服刑、政治活動，或者太老（超過五十歲）、太年輕（十三歲以下）、未婚且／或無子女」。其中「有子已婚」的條件，意味著一個男人得把妻子和至少一個孩子留下，這會對他們的家庭帶來深遠的影響。

丈夫們會為了通過檢查哨在早上三點出發，通常一天離家長達十六小時。在家時，男人們會「因為先前不在家的那段漫長時間而筋疲力竭」，甚至「疲勞、憤怒……而且（早已）對明天感到滿身壓力」，這減少了他們為家務付出的餘力。莎烏德（Saud）的丈夫每天很早出門、很晚回家，所以她得執行因為他的缺席而加重的家務，好比說準備兩次早餐跟兩次晚餐。除了跟家人一天坐在一起半小時之外，丈夫對這個家來說一直是存在但缺席的。海雅姆（Hayam）感受到這種越來越重的負擔：「（因為他不在）我得要一個人應付家事，我們沒辦法共同分擔責任，（所以）我得處理所有家中問題、家中需求，顧孩子……」勞動條件和檢查哨就這樣排除了家務與托兒的公平分擔。蘭達（Randa）講得很明白：「因為他一直不在，回來時又這麼累……我丈夫應該負擔但沒辦法負起的責任都是由我完成的。我一個人同時包辦了丈夫和妻子的工作！」

第十章 以色列有南非的種族隔離制度嗎?

對於靠跨邊界工作生活的女性和男性來說,這個體制創造了身體和情緒上的壓力。檢查哨堪稱窒息哨,過度擁擠且壓力滿點。塔拉(Tala)解釋了這種緊張是怎麼跟著丈夫回家的:

> ……(上班前)他得通過檢查哨。那裡總是太擁擠,而且對他的身體造成了實質影響;有一次他回家時因為推擠而斷了肋骨……他發起脾氣,那對他來說很難受,他得早早起床去那個擁擠又有關卡和盤問的地方;這不僅影響他上班,也影響他回家之後的狀態,因為他在家脾氣也很大……

她的日常生活也被弄得「在情緒上很辛苦」:「他在情緒上很疲勞,而對我們來說,我們也一直都不清楚他白天是怎麼過的,不知道他過了關卡沒有,不知道他今天順不順利。所以對我們來說,在家扛起這些責任……在情緒上也很辛苦。」卡莉瑪(Karima)回想起那些充滿壓力的通勤怎麼影響了她的日常生活與責任:「我感受到壓力,我一直都充滿壓力。我不該生氣的,但我的心裡既生氣又充滿壓力……一個媽媽什麼事都得自己應付,這實在壓力太大了。」

這些故事顯示了女性的生命是如何緊密地被巴勒斯坦男性在東耶路撒冷和以色列的低薪跨境勞動給束縛。雖然女性沒有正式參與以色列勞動市場,但為了維繫在以色列經濟體工作的男性而進行的家務,填滿了她們的日子。[233] 就跟南非班圖斯坦的情形一樣,以色列的低薪產業跟女性家務之間就這麼出現了牽連———一個連動。[234] 兩邊經濟架構極度相似之處,就是在各自的地理和歷史時刻,損害了女性的

生活。兩邊的團體都苦於物質上的剝奪和嚴重的精神損害,但兩者沒辦法直接相比。

南非的社會種族隔離模式並不能描述以巴的整體經濟情況,也不能描述少數涉及跨邊界工作的家庭所遇上的性別化經驗。數百萬南非女性和孩童是被丟在班圖斯坦,經歷多年的家人缺席、空間疏遠以及伴侶不忠。在南非種族隔離制度下,這是人們的普通生活。南非種族隔離制度在文化上來說令人憎惡,但它最主要還是一個龐大的經濟制度,用來管理並剝削數百萬黑人工人。[235] 但以色列並沒有試圖以巴勒斯坦勞力去支撐以色列,因此不存在一個能與之相比的制度。以巴的隔離主要是由族群民族之間的緊張造成的,近期對通勤工人的剝削則是分離做法的附帶影響,與跨境工人結婚的巴勒斯坦女性也有不同的社會經驗,算不上是南非種族隔離下的生活。

巴勒斯坦人所承受的獨特不公義,不該被誤認為是另一個時空的複本。這不是說巴勒斯坦人沒有以前的南非黑人過得那麼苦──也不是要說前者更辛苦,而是兩者就是不一樣。2023 年末的加薩慘況就顯示了,巴勒斯坦人面對的生命威脅十分嚴重;以色列國防軍的轟炸以及軍事介入,在僅僅數週內就造成數千平民女性和孩童死傷,規模上比南非種族隔離的武力行動大了好幾個數量級。

儘管有這些根本上的差異,從社會學到的一項知識還是有助於分析另一個時空裡的不公義。前後在兩個社會裡進行的研究工作,讓我能夠把「連動」這個以南非為背景的想法提取出來,再將這理論運用到以巴。瞭解南非種族隔離年代的連動,以及它對女性身心健康的影響,讓我備有智識工具,更能解釋那些丈夫在以色列工作的巴勒斯坦

女性經歷到的社會經驗。因此，從過往非洲女性身上學到的知識，能幫助我們瞭解巴勒斯坦家庭於 2020 年代初期所承受的不公義。接下來，論點會拉到國際規模，來看看種族隔離時期的南非在更全面的地緣政治脈絡裡，有沒有什麼東西能讓我們更瞭解以色列。

隔離的地緣政治

在倫敦國會廣場中，有尊雕像是史末資（Jan Smuts）這位南非軍事領袖兼政治人物。雖然史末資不是 1948 年種族隔離政策的策劃者，但他塑造了更全面的隔離，並且是一個公開的白人至上主義者，也是邱吉爾的朋友兼同事。生涯初期，史末資效力大英帝國。在 1917 年英國宣布支持讓猶太人建立家園的「貝爾福宣言」（Balfour Declaration）時，史末資便在這項決定中發揮了影響力，因為他看出蘇伊士運河附近要是有個親西方國家會有多少地緣政治利益。[236] 在以色列的整段現代歷史中，打從 1948 年建國以來，就面對鄰近阿拉伯國家的攻擊，並從西方盟友那邊獲得持續的支持。納坦雅胡 2023 年初的訪英行動就說明了，即便他的某些政策造成不滿，英國政府仍是這個政權的堅定友邦。關鍵在於，2023 年 10 月哈馬斯發動猛烈的恐怖攻擊後，以色列獲得了來自美國的堅定支持，並在以色列國防軍發動無遠弗屆的反擊後，依然持續支持下去。

以色列是二戰以來美國外援累計最大接受者，已獲得一千五百八十億美元（約台幣四兆七千萬元），比世界上任何貧窮國家獲得的援助都來得多，而且幾乎都是軍事援助。[237] 這項資助反映了美國國內對

於以色列的穩健支持，也反映了他們互相承諾的民主價值，以及在中東的共同戰略目標。

史末資的地理戰略規劃，也預告了南非的種族隔離政權和以色列有著密切關係；而且兩者之間有著長久且往往密而不宣的合作歷史，至少到種族隔離制度倒台為止，史末資都對以色列的政策具有影響力。[238] 以色列和南非都有一種地緣政治方面的重要性，進而提升了他們的全球地位。在整個 1970 至 1980 年代，南非經濟體，尤其是有幾十萬非洲人投入勞動的黃金和白金礦場，為南非國內和國外公司產出了大量利潤，其中包括英美資源集團（Anglo American）以及奧本海默控股（Oppenheimer）。南非種族隔離制度提供了經濟和政治基礎，來維繫這個親西方白人政府兼華盛頓熱烈的反共盟友。1973 年，聯合國通過「種族隔離公約」（Apartheid Convention），宣告南非種族隔離（apartheid）以及種族隔離（racial segregation）為犯罪行為。該公約在九十一票贊成、四票反對的情況下通過。反對者有南非、其盟國英國以及美國，還有緊抓著莫三比克殖民權力不放的葡萄牙。在安哥拉與莫三比克獨立後，南非首都普利托利亞（Pretoria）試圖掌控非洲南部。從 1970 年代中期開始，南非在美國的暗中支持下介入安哥拉，與支持共產主義的安哥拉人民解放運動（People's Movement for the Liberation of Angola，MPLA）以及其古巴盟友持續發生衝突。[239] 此外，來自莫三比克全國抵抗運動的支持，也讓他隔壁的黑人統治國家動盪不安。冷戰年代，南非種族隔離維安組織始終在遏止社會主義國家發展，不只是為了達成國家目標，也為了達成全球目的。[240]

同樣地，以色列較小的人口與面積，掩蓋了他另一個地緣政治戰

略的重要性：以色列是國際軍火工業和監控產業的重要參與者。這些技術是在300檢查哨這類地方率先發展出來，然後再賣去西方。打從911事件以來，以色列就成了最高水準的維安裝備「展場」。[241] 分離牆和牆上的檢查哨「成了參與建造企業的賣點」[242]，而且在川普總統當選並承諾要沿美墨邊界蓋牆後，這些設備就更有賣點了。馬哈爾（Mahal）、埃爾比特（Elbit）以及艾爾達（Elta）等以色列公司的股份，於2016年獲得了大量的資本注入。[243]

在2023年哈馬斯的猛烈突襲之前，巴勒斯坦領土就已被用來當作「以色列硬體如何強施隔離、監視以及受控行動」的殘酷測試地點。但自以色列—哈馬斯戰爭以來，以色列邊界維安的不可靠性就曝光了。首先，這對住在邊界旁的猶太平民造成慘烈的結果；其次，以色列國防軍進攻加薩的附帶效應，強化了以色列的防衛和安全部門，以及洛克希德‧馬丁公司（Lockheed Martin Corporation）和諾斯洛普‧格魯曼公司（Northrop Grumman Corporation）等美國主要軍火製造商的股價暴漲。[244]

隔離在南非和以色列都不只是國內政策，而是一股來自國際經濟和政治關係的作用力。因此，南非種族隔離政體之所以在1991年冷戰結束後迅速跟著倒台，也不是單純的巧合，只不過這個在南非歷史上的重要篇章還有很多部分需要探討。[245] 二十年後，美國的「反恐戰爭」影響了以巴當地的政治；這兩段隔離歷史可以一起拿來討論，但那不代表以色列有南非種族隔離。不過，來自南非近代史的教訓仍有助於我們瞭解今日的以色列。首先，解釋班圖斯坦女性如何受苦的「連動」想法，是一個可以用來說明巴勒斯坦家務生活的概念。第二，當我們

把鏡頭拉回,從全球觀點檢驗兩個地理─歷史時刻時,可以瞭解到西方在冷戰時是如何支持南非,以及以色列今日為何是美國的重要安全盟友。這兩個社會的隔離,都分別因為國際地緣政治的支持而被正當化,而不是僅有國內政治方面的用途而已。

「南非種族隔離制度」是阿非利卡人統治者對一項清楚而特定的國家政策之稱呼。儘管國際刑事法院的成文法是那樣寫的,我仍不認為這個詞有辦法跨出它原本的脈絡,成為能運用在其他時空的通用稱呼。我曾在《南部非洲研究期刊》(Journal of Southern African Studies)當了四年編輯,讀過無數篇檢驗南非種族隔離制度之殘酷特殊性與動力來源的歷史學術研究;那是一個種族化的發展制度,充斥著不公義,偶爾也有矛盾。「南非種族隔離制度」就是一個屬於南非的東西,就像「吉姆克勞法」(Jim Crow)[4] 指的是美國式的種族排外,而「原住民保護法」(Aboriginal Protection Acts)[5] 是澳洲的政策一樣。除了我這些針對隱喻的適當性所做的批評之外,還有一個很認真的理由使我們應該停止用南非種族隔離制度來稱呼以巴;而那跟「是什麼開啟了這種比較」以及「南非政治隔離後發生了什麼事情」有關。

儘管南非種族隔離和以色列在 1948 至 1994 年之間有過密切結盟,但把兩者拿出來比較,是到曼德拉獲釋、種族隔離結束的南非誕生後才開始變得熱門。這種比對之所以風行,是因為這種宣稱隱藏了一個

---

[4] 譯注:美國的種族隔離法於 1960 年代廢除。
[5] 譯注:澳洲的種族同化政策目的在於將原住民兒童帶離原生家庭以進行文化同化,於 1970 年代廢除。

想法,認為巴勒斯坦人和以色列人也會走上類似的軌跡,共同邁向一個後隔離的未來。這樣想是有問題的,因為南非黑人、白人於1990年代中期預想的後種族主義未來,並不是他們如今擁有的這個社會。雖然種族隔離的法律架構全部遭到廢除,但就如該國政府的南非統計局(Statistics South Africa Department)於2023年所言:「南非被稱為世界上最不平等的國家,而且勞動市場嚴重以種族界定,性別極為偏差。」[246]這是一個用看門犬和私人護衛保護有錢人的國度,是一個殺人率和暴力犯罪排名全球最高的國家。貧窮很普遍、預期壽命很低,缺電缺水是日常。南非是個比三十年前更好的地方,但不是一個其他社會該效法的模範社會。不論對巴勒斯坦和以色列各社區的暴力受害者來說有多難想像,不論往前看有多痛苦,也不論和解的過程有多艱難,以巴都要自行為自己找到和平的未來。要找到一個能改善每個人的生計,而不是只把過往隔離架構廢掉就敷衍了事的和平未來。

這樣比太扯！

第十一章

對抗氣候變遷
能不能像太空競賽那樣獲勝呢？
為何對付環境危機時需要的不只是技術

從汽油到電動

此刻是 1964 年初，寒冷的一月。摩納哥北邊，法國的阿爾卑斯山覆著白雪。此時群眾滿心期待地集結在路邊。山上傳來直列四缸引擎的金屬嗡鳴聲，一台小型拉力賽車看似快失控地向下猛衝，半開半滑地下坡。駕駛和副駕駛卡在裡頭，就像一對成人裝在小孩玩的小車車裡。他們肩並肩、緊貼著向外傾斜的雙輪，在阿爾卑斯山的下坡段挪動重心，比起說是賽車手更像是環法自行車賽（Tour de France）的選手，引導車輛飛速轉過一個狹窄的髮夾彎。當車轉過彎道頂點時，出現了一道閃光，六個車頭燈與攝影機的鏡頭相遇。百代（Pathé）的新聞影片是黑白的，但你可以在心中鮮明地看見它標誌性的亮紅色——Mini 不顧一切維持動量，加速衝出畫面外，進攻賽道的下一段。

這台小鋼炮在刺激無比的蒙地卡羅拉力賽（Monte Carlo Rally）中打敗其他更龐大、更強力的車種，取得出乎意料的勝利，讓這台車瞬時在大眾之間一炮而紅。說它是頭條大消息恐怕都還算輕描淡寫，車手霍克柯克（Paddy Hopkirk）飛回英國，在黃金時段接受電視節目採訪，並收到英國首相道格拉斯—休姆爵士（Sir Alec Douglas-Home）的電報以及披頭四的簽名照。Mini 成為了潮流 60 年代的象徵，不只在歐陸拉力賽中如此，在它母國的倫敦時尚街──卡納比街（Carnaby Street）──上也是如此。

該車的知名車主除了約翰、保羅、喬治和林哥（披頭四成員）之外，還包括美國電影明星麥昆（Steve McQueen）以及法拉利（Enzo Ferrari）。[1] 名人掛保證和賽車的獲勝都增添了它的酷帥地位，但伊斯哥尼斯（Alec Issigonis）設計的這款經典車之所以會成功，靠的還是功能性。這台前輪驅動的車子不只開起來很好玩，而且嬌小、省油又平價。Mini 幫忙把開車這項活動帶給一般大眾，和福斯（Volkswagen）的金龜車（Beetle）、雪鐵龍（Citroën）的 2CV 一起，成為歐洲道路上常見的國民車款。擁有一台車成為世界各地家庭的現實。[247] 平價的汽車為社會帶來了革新，但也新增了數百萬台化石燃料引擎，把更多碳排進大氣中，改變了全球氣候。

快轉到六十年後，汽車史上最大的革新就是改變我們開車的方式。新版的 MINI[2] 捨棄了直列四缸引擎、用電力取代內燃機，連同汽

---

[1] 譯注：義大利賽車手，也是法拉利汽車的創始人。
[2] 原注：BMW 於 2001 年重新推出迷你時，將其重新命名為全大寫字母的 MINI。

油車版一同販售。跟其他電動車一樣，MINI 電動車（MINI Electric）提供了更簡單的駕駛體驗，並承諾會為汽車工業帶來美好的環保新未來。出於好奇，我試開了一台全新的 MINI 電動車。感覺起來大都很熟悉——一股難以形容但吸引人的新車味，短短胖胖的自動排檔桿，模仿 1960 年代原版風格的儀表板，以及與停在對面的汽油引擎 MINI 一樣的整體設計。我在遲疑中租下這台電動車，小心翼翼地打著方向盤，輕輕地踩著踏板。

從靜止狀態起步的新版 MINI 會恆定加速，電力就像電燈開關那樣一按就來；但當我把腳從踏板上鬆開時，出現了一陣令人不安的減速，因為車在產出速度的同時也收集著能量。電動車的特色之一，就是會在行駛中同時產生電力，來讓電池壽命最大化。儘管表現不俗，但過不了十五分鐘，電動的新鮮感就消失了。又過了十五分鐘，我的眼睛越來越常被電池電量吸引；車的儲電量就跟我那台老化 iPhone 的電量一樣，掉到了令人警戒的程度。才繞鎮上開短短一段，就已經低於 80%。這台車的彩色儀表板一開始就只保證能開 105 英里（約 169 公里）的距離，遠遠低於廣告宣傳的 145 英里（約 233 公里）。我把車開回去找經銷商時，向業務詢問了這個問題。他把這歸因於這台 MINI 只跑了幾百公里，引擎還沒有好好磨合。或許情況就是這樣，或者那是在鬼扯。測試發現這款車實際的最長行駛距離是 90 英里（約 145 公里）。[248]

這樣比太扯！

精挑細選的資料

　　日產汽車（Nissan）在行銷旗下車款 Leaf 時，主打該車「零排氣管排放」而能夠「更永續地駕車」。這句話很精確，因為縱使電動車本身不會直接排放氣體，但駕車只會更永續，而不是無汙染。電動車的能量來自某處的電廠，而許多電廠仍在燒化石燃料。那麼，我們要如何比較油車和電動車真正的碳排放成本呢？一名知名車界 YouTuber 曾經證實，在最極端的情況下，當電動車取用汙染最多的化石燃料產電，再拿去跟效率最高的油車相比的話，相同距離內電動車其實有可能產生比油車更高的二氧化碳排放量。[249] 雖然這可能真實無誤，但畢竟是一個使用精心挑選的資料來產生的極端案例。實際上，英國境內的電動車幾乎都產出較低的每英里行進排放量，因為電能的供應正快速地往越來越環保的方向發展。由歐洲運輸環境聯會（Transport & Environment）分析師進行的另一項比對主張，平均來說，一台電動車在壽命結束前，其電池只會消耗三十公斤的不可再利用金屬，而汽油車或柴油車在壽命結束前消耗的一萬七千公升燃料中，燒掉的原料重量為電動車的三百到四百倍。[250] 這個直白的比較，問題出在沒有舉出替電池充電的相關環境成本。[251] 這兩個比較都顯示了，我們可以對電動車的效率產出不同的說法來迎合經過挑選的聽眾。

　　終極的鬼扯比對出自一間叫做克勒雷登傳播（Clarendon Communications）的公關公司。它於《泰晤士報》、《每日郵報》以及《每日電訊報》刊登了一項「引用獨立參考資料」的「空前」研究，主張開電動車得要開超過 5 萬英里（約 8 萬公里），其碳足跡（從造車開始逐項算起的溫室

氣體總排放量）才會開始低於油車的碳足跡，因此主張兩者在永續性上差異不大。這份報告是由包括奧斯頓・馬丁（Aston Martin）、本田，以及麥拉倫（McLaren）等公司委託完成。《衛報》後來揭露，這份報告是那些汽車製造商自己寫的，而克勒雷登傳播是一間登記在蕾貝卡・史帝芬斯（Rebecca Stephens）名下的公司，這名兼職護理人員的丈夫詹姆斯・史帝芬斯（James Stephens）是奧斯頓・馬丁的一名主管。這份報告後來被駁斥為不實。[252] 彭博（Bloomberg）旗下潔淨能源研究組「彭博新能源財經」（Bloomberg New Energy Finance，BNEF）的創辦人利布里奇（Michael Liebreich）在一則推特中表達擔憂：「我們不能讓汽車業和化石燃料的掌權者利用分身公關公司和一些偷雞摸狗的伎倆，按其私利扭曲相關討論。以後不能再有這種事發生。」

在廣泛閱讀並考量科學要素之後，我並不懷疑電動車比較永續；但我同樣也知道，我可以專挑喜歡的資料，並採用特定的路線和時段，來提出一個有說服力的論點，指出電動車不比它們的汽油同行更環保。只要玩弄指標，就可以輕易操弄對比。比較兩台車的時候，好比說拿某輛油車和 MINI 電動車來相比的時候，個別的比對沒有什麼用。汽車製造和能源生產有太多複雜的地方，使用模式中有太多的變項，沒辦法極其仔細地審查所有的環境影響。電油相比的表現好壞，終究得要取決於給電池組充電的電有多綠，以及車要開多少年才足以抵銷掉製造車輛的原料以及能源耗費。政府的行動可以改變這個等式：無論是更支持可再生電力，還是提供延長汽車壽命的誘因，都會增加電動車的永續性。

轉型電動車的正面環境影響，需要以全球規模而不是個別規模來

檢驗。然而，在汽車業和新聞業各處出現的比較，往往只討論個別的車種和特定的消費者。更令人擔心的是，利益團體利用資料寫出的比對式陳述或許可以為不同論點提供支持，但他們卻會把自己的發現當成扎實的事實來呈現。我們需要跳脫這些無益的比對，思考整體局面，並考量全面轉型成電動車所需要的體制改變。這包括擴張充電網、新的擁有權模式、更環保的能源生產，電池以及車輛大小的最佳化。碳排放是個全球問題，我們只有一個共享的大氣層，所以若想靠著個別消費行為的改變來修正難題，我們需要的是整合性的思考，而不是比對式的思考方式。

測試作弊

想像一下醫生準備看診的那一刻，你人正在診間裡。你很有耐心地坐在那邊，看著某些宣導健康飲食的海報，或者更糟的情況是你*躺*在一張床上，盯著天花板，等醫生讀完他們的資料。接著問題開始了：你多常運動？你飲食健康嗎？你抽菸嗎？你平均一週攝取多少單位的酒精？你猶豫了一下後，幾乎如實回答，或許多加上一節健身房時數、忘掉幾片餅乾，並從你比較不想讓人知道的飲酒時刻中抽一個出來做統計。還是只有我覺得人們去看醫生時必然會呈現自己比較優良的版本？說真的，我只是在自我欺騙，因為醫生得全面掌握我的真實樣貌，才能對我的身心健康做出更正確的評估。但如果換成一台車在汽車版的「健康」檢查時騙人的話，會有什麼結果？這要怎麼發生？又為什麼會發生呢？車在測試期間作弊一事，是 21 世紀最骯髒的環境醜聞，

第十一章　對抗氣候變遷能不能像太空競賽那樣獲勝呢？

而且其核心是柴油引擎和汽油引擎的排放量比較。

柴油引擎和汽油引擎的差別，在於燃燒燃料的方法。汽油會在火星塞點燃燃料後提供爆發動力；柴油則是在加壓燃料後點燃，不需要火星塞。一開始，柴油引擎的設計是為了以較粗糙的原油、而不是以高級汽油來運作，而讓它得到比較骯髒的名聲。到了1950年代，隨著柴油越來越常用於機動車輛（最常見的是公車、卡車和貨車），才對品質進行了標準化。然而，人們依然認為柴油是比較髒的選擇。在1990年，英國只賣出一百二十九億公升的柴油，相較之下汽油賣出了三千二百八十億公升；然而到了2006年，兩種燃料的銷量已不相上下；到了2019年，柴油出售量達到三百億公升，汽油卻只有一百六十九億公升，[253] 原因是柴油車的銷售量大幅增加。

在1990年代晚期至2000年代，福斯是柴油的主要擁護者。他們賣得最好的Golf於1993年安裝了新式渦輪增壓直噴引擎（Turbocharged Direct Injection，TDI）。這種引擎具備把燃料噴進燃燒室的噴油器，讓燃料能夠更完全地燃燒，減少廢氣排放並產出更多動力，並且還能透過渦輪進一步提升。這種引擎比舊式的柴油技術更平穩而強力。後來福斯的各車種，以及其他由奧迪（Audi）、喜悅（Seat）、司可達（Skoda）、保時捷（Porsche）甚至賓利（Bentley）擁有的車種品牌都使用了直噴引擎。這些車輛獲得了眾多媒體大獎，包括2009年綠車獎（Green Car Award），而奧迪的一台渦輪增壓直噴引擎甚至在2006年的利曼二十四小時耐力賽（Le Mans 24 Hour）中拿下冠軍。讓消費者印象最深刻的是，這些車款和同類汽油車相比更節省燃料。一台1997年的1.6公升汽油車Golf跟一台1.9公升的渦輪增壓直噴引擎Golf都可以產生大約一百

馬力的動力，並有著幾乎一樣的性能數字。但汽油版的 Golf 每加侖（3.785 公升）跑了 39 英里（約 62.8 公里），而柴油版則是 53 英里（約 85.3 公里）。

福斯以多支廣告盛讚渦輪增壓直噴引擎優於汽油動力的燃料效率。1996 年一支令人難忘的電視廣告是「加油站」。在這支廣告中，兩個來自美國新墨西哥州的鄉巴佬討論起那台像是幽浮、而且經過當地那間偏遠加油站還不需要加油的怪東西。他們只能認出上頭有個奇怪的符號，看起來「有點像是一個 V 跟一個雙 V」。那支廣告的結尾是一句簡單的標語：「Golf 渦輪增壓直噴引擎。加滿一趟可達 891 英里（約 1434 公里）。」不是只有汽車製造商在催促買家邁向黑色加油機（加油站以顏色區分油種，歐洲多以黑色油管和油槍代表柴油）而已，2000 年代初期英國政府提供了較低道路稅等購買柴油車的誘因，因為人們認為這些車輛燃料效率較高，比汽油車更環保。然而，這樣的環保比較有著極大的缺陷，因為它考量的是車的燃料消耗量，而不是備有紮實資料探討影響在地空氣品質的排放量為多少。福斯推銷著「又快又便宜又環保的柴油車」這種技術奇蹟。但實際上，渦輪增壓直噴引擎不只髒，而且沒辦法兼顧節省燃料和符合規定的碳排放量。

一直到 2015 年，福斯都還在繼續吹噓著他們的柴油環保本事：「這不是你爸開的那種柴油車。又臭、又冒煙、又慢慢吞吞。柴油車已經不是這種舊模樣了。開進 TDI 乾淨柴油的時代吧。」但這種大張旗鼓是建立在一個謊言之上。政府會在准許車輛上路前會進行測試，拿排氣管排出的東西跟法律准許的東西做比較。為了因應測試，福斯寫了一個能察覺車子在測試實驗室內接受標準測驗流程的程式。這套電腦

程式碼就像那些會跟醫生撒謊的病人一樣，在接受檢測時會觸發引擎更換運作方式，並改變柴油的噴入，給出顯示該車排放比實際乾淨許多的假讀數，來騙過煙霧測試器。這些柴油引擎在真實世界條件下產生的排放量比它們在健康檢查時多上太多，而且遠遠多於它們的汽油同類。美國環境保護局（Environment Protection Agency）最終發現，該車的二氧化氮排放量高達政府標準的四十倍。[254] 二氧化氮對人類健康有害，會刺激肺部並造成呼吸困難，如果城市地區有高密度二氧化氮的話更會如此。[255]

這些車輛經過設計改造，會在測試時呈現一種虛假的、更環保的、更優良的自己。這些車在兜售鬼扯。2015 年，環境保護局開始留意到測試之間的不相符，沒多久，醜聞的全貌就揭露了。福斯承認，2009 至 2015 年間，全世界有大約一千一百萬台車裝上了所謂的「減效裝置」來在測試中作弊，其中有八百萬台在歐洲。[256] 不到兩年後，美國一名聯邦法官下令福斯必須為了「對柴油動力車輛動手腳來欺騙政府排放測試」支付二十八億美元（約台幣八百二十八億元）的刑事罰金。[257] 福斯集團執行長溫特科恩（Martin Winterkorn）辭職，並在美國遭到詐欺罪和共謀罪起訴。這起醜聞讓福斯在全世界付出了三百三十三億美元（約台幣九千八百四十九億元）支付罰金、各項懲罰費用、財務清算以及回購成本。另外，環境保護局還發現富豪、雷諾、吉普、現代、雪鐵龍和飛雅特等汽車製造商也在排放測試中作弊，進一步闡明了這個程序有多麼不周全。令人沮喪的是，幾十年前就已經有人對測試制度的有效性表達擔憂，說它那種「可預測的」循環模式沒去硬催引擎，因此並「不實際」。1998 年廓格松（Per Kågeson）的一份報告就主張，這

種測試「讓汽車製造商得以將車輛設計成能通過測試,導致眾多車輛上路時產生更高量的汙染」。[258]

登月計畫[3]

> 我們選擇前往月球。我們選擇在這個十年裡前往月球並進行其他事項,並不是因為這些事簡單,而是因為困難,因為那個目標能夠把我們的最頂尖的技能跟力量統整起來並加以衡量,因為那項挑戰是我們願意接受的挑戰,是我們不願意延緩的挑戰,也是我們,還有別人,都志在必得的挑戰。[259]

這段知名的詞句、激動人心的詞句、鏗鏘有力的詞句,出自1961年甘迺迪總統的發言。這些詞句促使世界改變,讓一個國家團結起來,集中資源,刺激科學方面的努力,並引導整股力量去達成眾人以為不可能達成的單一目標。五十多年後,當人們討論起一項更重大的全球挑戰時,往往會提及這場登月計畫:那項挑戰就是氣候變遷。美國國家太空總署(NASA)1960年代的成就,是否能為解決日漸逼近之環境危機帶來啟發呢?把太空競賽和對付氣候變遷所付出的努力相比,是有道理的嗎?

把一個環境問題變成一場太空任務,是吸引人們注意的好方法。[260]美國能源部長格蘭霍姆(Jennifer Granholm)曾說,對抗氣候變遷

---
3 譯注:moonshot 這個詞也有「為實現宏大目標而開展之雄壯計畫」的意思。

第十一章　對抗氣候變遷能不能像太空競賽那樣獲勝呢？

是「我們這個時代的登月計畫」。[261]微軟曾發起2030年達到碳中和的「登月計畫」，代表屆時他們從大氣層中移除的碳會比他們生產的多。[262]日本九州大學發起了一項「登月計畫」，要生產過濾大氣二氧化碳的機械。[263]從《金融時報》（Financial Times）到《新政治家》，各家報紙都曾呼籲發起處理氣候危機的「登月計畫」。這確實是一個會引人發揮勇氣進行實驗的詞。[264]

拿「登月計畫」當作氣候危機的比對範例，援引了它的兩種特徵。首先，1960至70年代的阿波羅任務有著龐大的投入且目標齊一。上月球需要空前的花費——1960至1973年間花掉了二百六十億美元，換算成今日美元的話超過兩千億（約台幣六兆元）。這項任務派給了一股具有各式各樣科學科技能力的勞動力。政府與私部門各不同領域必定要協調合作。它的風險和爭議也很大，有許多美國人質疑在國家面臨眾多不公義的同時，在這方面使用資源是否適當。來自最頂層的政治支援是維繫這計畫不可或缺的要素，同樣不可或缺的是任務每個層面上的靈活彈性和巧思。[265]第二點，它有一個定義明確的目標。成功和失敗非常好衡量。一旦阿姆斯壯（Neil Armstrong）踏出了登陸艇（並跟組員平安返家），任務就完成了。

先來看第一類特徵，說對付氣候變遷也需要跨越科學、企業和政府的巨大改變和行動，是沒有錯的。然而，這當中有一個基本的規模差異。登月任務只利用了單一個國家（當然無可否認是單一個非常強大的國家）的資源，當時這國家有一億八千五百萬人口，其中有四十萬人直接涉入該計畫。但氣候危機是一個觸及全球八十億人命的全球問題。太空競賽是在冷戰背景下發生的。國家主義在一統美國各項工夫

方面是股強大的力量——你很難想像NASA的火箭和太空人的太空服上不放星條旗。然而，並沒有一種與其相等的文化黏著劑能把全世界的人凝聚在一起。並不是全球都投入這項挑戰。反抗滅絕（Extinction Rebellion）的抗議者在呼籲人們做出行動時願意面對牢獄之災，但於此同時，氣候懷疑論者仍是全球媒體上影響力強大的聲音；此外，還有就算不到幾十億也至少有幾千幾百萬的窮人，不具備瞭解這場新興危機所需的教育，或者缺乏要求相關單位回應的政治影響力。造訪月球需要許多複雜的部分共同運作，包括火箭、導航系統、維生設備、月面登陸，還遠遠不僅於此。但對付氣候變遷是一整組複雜度高上太多的難題。轉型電動車面對到的那些挑戰已經給了一個範例，讓我們看到要修改社會的種種關鍵面向並不容易；就算問題比較普通，不過像是把車從一種動力換成另一種動力，要改變還是很困難。

第二點，克服這兩項挑戰將得到的兩種結果，屬於完全不能互相比較的兩個類別。阿波羅任務有一個簡單的目標：上月球。的確，是還有其他任務標竿，但人人都清楚知道最大獎是哪一個，而且自從達到該目標之後，NASA載人太空計畫的規模就逐漸縮小。相比之下，氣候科學圈的目標是什麼呢？是把全球升溫控制在攝氏二度、一點五度還是一度，還是更少？是要把大氣層二氧化碳濃度降到300PPM（parts per million，百萬分點），還是允許到400PPM或500PPM，還是要回到工業革命前的濃度？是要停止冰冠融化和冰河消失？是要把人均碳排放量限制到某一個程度？不管選了哪一個目標，達標的時限是何時？定下的目標可以有很多種，而實現某些比較雄心壯志的目標所需要的社會變遷，跟實現沒那麼進步的目標所需要的社會變遷，在規模

上完全不一樣。政治人物、企業領導人和科學家已經一而再再而三地無法達成共識。所以,一邊是缺乏一致同意的單一目標,一邊是簡單一句「我們選擇前往月球」,這就闡明了那種比對根本行不通。

更根本的地方在於,登陸月球的那種任務目標模式,跟調和人類與自然環境之間關係所需要做出的行動,是完全衝突的。永續生存是種永遠需要關心的事。這件事不可能有一個結束點。它永遠需要改組再造,不是像阿波羅計畫那樣,只要在某個特定時期解決一次就了事。未來的人類也一直要去限制碳的淨排放量以及其他有害氣體的釋放。

然而,全球環境變遷不是只有釋放較少二氧化碳到大氣層而已,而是一整個更全面且往往相互關聯的環境問題,範圍更是廣泛龐大太多。「修復」氣候變遷不會只去修補對地球造成的損害而已,因為還有範圍廣泛不知道多少倍的一整組難題在威脅生命,包括海洋酸化、物種滅絕、森林砍伐以及水汙染等等。我們必須重新評估我們想要永續維繫的自然環境是哪一類。

當我們尋找比對對象的時候,或許促使氣候危機開始的工業革命時期,會是比較好的選擇。工業革命永遠改變了世界。就像解決全球環境變化永遠不會有最終確切「終點」一樣,工業革命其實也沒有一個說法一致的「起點」。從大約 1780 年代開始,自動機械的用法就有各種革新,例如英格蘭北部的動力織布機不只讓物品生產轉型,也讓社會轉型。這些新機械是以來自他處的技術躍進為基礎而打造的。不過,工業革命的核心不是新技術,而是一場社會變遷――也就是工廠的出現。現代工廠不只重新組織了紡織工作而已,其重組範圍還遍及各式各樣的新貨品,包括腳踏車、餅乾、磚頭、大頭針、來福槍、肥

皂和洗衣板,而這些新的便宜產品改變了每個人的生活。[266] 工業革命不只是科技新發現,也是組織經濟和社會的各種新方法。或許今日需要的,是一場有著新技術也有新政治想法和新經濟制度,而能與工業革命相媲美的環境革命?但有意付諸行動的領導層似乎並不存在。雖然 G7(七大工業國組織)和其他政治機構會讓領袖齊聚一堂,眾多總統和首相會呼籲採取行動解決氣候問題,但他們的演講無法催生改變。當甘迺迪發起登月計畫時,他的言詞響亮、鼓舞人心且鏗鏘有力。遺憾的是,當拜登和其他領袖談起環保時,他們的發言讓人記不住,乏味而空洞。

環境革命

那麼,我們要怎麼引發一場環境革命?我不是氣候科學家,但我曾與一些傑出的氣候科學家共事。基本上我每週都會去我們系上參加討論,聽取最新的最前線研究。我反覆得知的兩件事是:一、地球面臨的難題可能比你想的還糟;以及二、改變的速度非常急遽——我動筆時引用的任一個全球環境變遷數字,到你閱讀的時候可能都已經過時了。有時候這些系所討論到後來會讓我覺得茫然失措而絕望。我常常為了不起的地理研究而佩服不已,但這研究成果並沒有觸及該有的受眾並影響政策,又常常讓我感到絕望。這些難題,不論是科技、政治、社會還是經濟方面的難題,都千頭萬緒,看似難以克服。我們對未來除了焦慮和害怕之外還能有什麼感覺?我要怎麼跟我的孩子談論未來將影響他們生活的全球環境危機?我沒有完整答案,但我已經開

始瞭解到這個難題的本質。

環境革命的一個基本要件，就是要瞭解到我們需要重新將社會從高密度能量轉往低密度能量。那是什麼意思？這個嘛，化石燃料是目前高密度系統的輸入——燃燒汽油、柴油或煤炭，相較於其大小來說會釋放非常多的能量。相比之下，可再生能源是低密度，涵蓋比較多領域而且是不能移動的能源，像是水力發電廠、太陽能發電廠以及風力發電機都只能蓋在某些特定地方，而且電池重量高，此外充電過程比加滿油箱慢。因此，我們必須創新地尋找產能的在地解方，而不是採取一個一體適用的方法，並尋找一種完全一比一替代舊化石燃料能源系統的東西。電動車正在進步，而我試開的那種更貴的 MINI 電動車在行駛距離上更有長足的進步，但解方或許有一部分是較短距而適合在地行程的較小型車種。若要解決我們面對氣候變遷時那些遠遠超出能源使用的多重難題，就需要有許多不同解答。

我的同事愛德華（Tamsin Edwards）替 BBC 廣播四台（BBC Radio 4）節目《拯救地球的三十九種方法》（*39 Ways to Save the Plane*）所做的研究，精準概括了這種多管齊下的方法。這系列節目把全球環境難題切分成不同的區塊，並檢視了可以帶我們邁向永續未來的種種革新——包括種竹子、煉鋼法、再野化、法律改革和賦稅政策。[267] 重要的是，這些沒有一項是孤立的萬靈丹，這些革新和其他眾多行為和技術上的轉變共同累積的變化效應，有帶來革新的潛能。

回頭看一下汽車業，我們就能看見那邊需要的轉變或許是什麼。在尋找環境危機的解答時，我們不該偏執於現狀的比對，而是要更全面地思考打從根本更永續的整體汽車業革新方法。對車來說這代表的

就是不要只去更換能源系統，而是要思考龐大的新車銷售量。英國消費者信貸車市仰賴的是毫不停歇的買新車循環。製造出來的車已經多了太多，但政府總是支持新車廠和車市的發展，因為它們帶來稅收和經濟成長。過度生產是難題的一部分，另一面則是過度消耗。此處含藏著一個跟新電動車賣出去的方法有關的根本問題，而那跟人們為了短期用途而借貸購買油車，然後在幾年後賣掉其實是一樣的問題。轉換成電動車並沒有解決這個難題。特斯拉和 MINI 電動車不是革命性的新運輸系統，而是骯髒舊科技一種看似環保的替代品。車不論是電動的還是內燃機驅動的，人們都是以一種完全不永續的步調在買車。我們不只需要切換到比較環保的燃料能源，還要思考比較環保的用車和擁車模式。

　　人類想要用閃亮亮的新產品來繞過氣候變遷這類難題的欲望，代表我們不會去對付潛藏的問題，而是會發明其他東西把它抵銷掉。買新的 MINI 電動車而非油車並不是解答。我們知道車對環境有害，但放棄自由似乎是過高的要求。我在這邊願意率先舉手認錯來負我該背負的責任，但我只是更全面制度下的臣民，需要有更進步的稅制和規範來讓我放棄油車。運輸業需要的比較，不是個別環保車和髒車之間的比較，而是環境永續社會和推廣過度耗能耗物社會之間的比對。

第十二章

為什麼英國人對二戰如此著迷？

歷史比較如何打造一種排外的國家認同

戰爭片

在著名的米高梅（Metro-Goldwyn-Mayer，MGM）咆哮的獅吼之後，一陣震耳欲聾的鼓聲在揚聲器裡迴盪，先是輕輕柔柔、小聲而靜悄悄地醞釀，然後越來越響亮。銀幕上出現黑夜中巴伐利亞群山的峰巒和山谷。眾明星的大名以跟納粹德國旗幟一樣紅的條頓字體出現──波頓（Richard Burton）、伊斯威特（Clint Eastwood）、烏爾（Mary Ure）──接著是片名：《血染雪山堡》（Where Eagles Dare）。一架偽裝的軍機從頭頂呼嘯而過，在阿爾卑斯山的背景下低空飛行。機艙內是偽裝成納粹國防軍士兵的菁英盟軍傘兵，他們正準備進行一項最高機密任務：在一位知曉諾曼第登陸日計畫的美國將領遭嚴刑拷問而吐露出機密之前，把他給解救出來；而他被囚禁在一座堅不可摧的德國城堡內：艾德堡（Schloss Adler），也就是鷹堡。

這是我小時候最喜歡的電影，至今仍是如此。《血染雪山堡》是

一部情節刺激的驚悚片，總能帶我沉浸在那個英美英雄克服無比難關的冒險世界裡。《血染雪山堡》就像是以二戰為背景的俠盜片。一開始該片是為了解救加那比將軍（General Carnaby）而跟時間賽跑，但隨著劇情開展，情況變得異常複雜，任務也漸漸起了變化。老練的英國指揮官波頓和較年輕的美國硬漢伊斯威特之間起初關係很緊張，但隨著他們成為戰友，兩人的關係逐漸有所進展。烏爾的間諜幫助他們進入了山頂堡壘的密室。波頓領著小隊前進，伊斯威特則幹掉了幾十個納粹士兵：有人算過是七十三個。身為早期動作片女主角的烏爾也幹掉了幾十個人。[268] 這是一場簡單的正邪之戰。

在塑造我性格的那些年裡，最吸引我的是大膽的冒險、動作和特技；纜車車頂上那場令人發暈的冰斧打鬥場面，簡直是完美電影片段。小時候我在家中錄影帶上看這部片時只是單純被劇情吸引：這部片講的是正義戰勝邪惡，因為英國人打敗納粹——這讓我感到驕傲。然而，現在當我偶爾坐下、出於懷舊看《血染雪山堡》時，我則是為了尋找刺激而看——一種惡德的快感。在看各種美化盟軍功績的電影時，我同時也意識到二戰更複雜的地緣政治。雖然納粹政權造成的災難恐怖無庸置疑，但同盟國在戰爭中的行為也遠比單純的正義戰勝邪惡要複雜太多。這場戰爭包含與史達林壓迫人民的獨裁專政結盟，以燃燒彈轟炸德勒斯登，對廣島長崎丟下原子彈，為了支援大英帝國而虐待殖民地人民，以及讓數百萬人死去的多次孟加拉饑荒。這場戰爭的道德複雜性很少能進入好萊塢電影的拍攝過程中。

《血染雪山堡》是 1950 至 1960 年代那整個世代戰爭片中的一部，在我 1990 年代前半的童年裡，這些電影仍不斷地在英國電視螢幕上重

播。其他電影還包括《第三集中營》（*The Great Escape*）、《鐵勒瑪九壯士》（*The Heroes of Telemark*）以及《轟炸魯爾水壩》（*The Dam Busters*），其共同主題都是英勇的男性人物在勇敢的盟軍與德國納粹政權的戰爭中擊敗了德國機器武器。這種電影運動在戰後出現，成為英國最重要的全球衝突文化遺產。英國電影製作人受到二戰的吸引，近期賣座的戰爭片還包括《敦克爾克大行動》（*Dunkirk*，2018）、《模仿遊戲》（*The Imitation Game*，2014）以及《最黑暗的時刻》（*The Darkest Hour*，2017）。在最後這部片裡，歐德曼（Gary Oldman）靠著在片中詮釋邱吉爾贏得一座奧斯卡獎。這種引人共鳴的傳記式處理手法，被保守黨批評家摩爾（Charles Moore）稱讚為「絕佳的英國脫歐宣傳片」。有時候我會覺得，英國現代史的每一刻好像都會被比作二戰。

　　摩爾的評論可能跟 2016 年投票同意脫歐並拿回國家控制權、而不是追求與歐洲進一步整合的多數英國人相符；但那實際上並非一種普世觀點。一名持反對意見的新聞評論者赫希（Afua Hirsch）雖然也贊成讓歐德曼贏得奧斯卡獎的那種人物塑造是種政治宣傳，但她對摩爾熱烈的讚揚嗤之以鼻，並主張該片「完美詮釋了我們想在當代英國推廣的那種迷思，也就是將邱吉爾重新包裝成一個搭地鐵、愛當少數派的孤獨天才，以符合人們將他視為『史上最偉大英國人』的普遍理解」。[269] 英國在最黑暗的戰爭時刻獨自奮戰，成功克服了幾乎不可能克服的逆境——這種神話維繫了小島國打敗更強大敵手的概念，但也隱瞞了英國的戰時活動依賴整個帝國支持的事實。[270]

　　這一代的戰爭片比《血染雪山堡》那一代要細膩多了。當代電影在處理人物時更加謹慎，這些人物比波頓和伊斯威特飾演的陽剛英雄

更為複雜。《模仿遊戲》就以細膩的手法刻畫了密碼破解者圖靈（Alan Turing）的祕密同性戀身分，而在這部密碼學的影片中，大部分的戰鬥都發生在他處。儘管如此，這類電影仍強化了英國的戰時神話。《敦克爾克大行動》如史詩般氣勢磅礡，展現了英國部隊的恐懼與害怕，但當銀幕上滿是戰鬥時，場面反而沒有那麼浮誇。最令人難忘的片段是一名堅忍的英雄駕駛一架經典的噴火戰鬥機（Spitfire），這一幕彷彿出自1960年代導演之手；就如批評家代爾（Geoff Dyer）所寫的，這部電影能對某個年紀的英國人產生特殊的影響力：

> ……就像是目睹某些塑造我和我同輩人的國族文化，經過戲劇性且大幅強化後產生的投射。這部片想要營造出沉浸式的體驗；而讓我沉浸其中的──當噴火戰鬥機靜悄悄地滑入海灘上空時，意識象徵性地讓位給了無意識的要求，成為後者的緩衝──我感覺自己看著已然在那裡的東西，靜待電影將它降落在我的腦海中。[271]

電影製作在國家精神的最前線上發揮了極重要的作用，透過二戰的鏡片帶領國家撐過1939至1945年，乃至於從足球到脫歐、再到新冠疫情之後的一切。它讓我們克服重重難關，一起「保持冷靜，繼續前進」（keep calm and carry on）。國家所面對的任何挑戰，都可以概括成「英國獨力對抗納粹德國帶來的生存威脅」這個隱喻。

「兩場世界大戰和一座世界盃」

1996 年歐洲國家盃足球錦標賽由英格蘭主辦。開賽時,地主隊的表現出乎預期:在和瑞士踢平後,他們輕取蘇格蘭,接著打敗眾星雲集但一盤散沙的荷蘭隊。到了淘汰賽階段,在八強賽時於罰球大戰中戰勝西班牙。隨著球隊持續挺進,那首朗朗上口的頌歌《三獅之歌》(*Three Lions*,又稱《足球要回家了》〔*Football's Coming Home*〕)迴盪在看台上,全國都熱烈昂揚。之後,英格蘭隊在四強準決賽的對手是德國。隨著期望水漲船高,英國的小型通俗媒體也開始採取鬼扯比對。《每日鏡報》(*Daily Mirror*)頭版放了英國最有名的兩位球員——戰意十足的皮爾斯(Stuart Pearce)以及機智靈活的加斯科因(Paul Gascoigne)頭戴二戰頭盔的樣子,標題寫著:「警告!投降吧:你德國阿兵哥的 96 年歐國盃已經完畢。」(ACHTUNG! SURRENDER: For you Fritz, ze Euro 96 Championship is over)[1] 這句話改編自一部 1960 年代戰爭片的台詞,片中虛構的德國軍官接受英國士兵投降時說了這句話。這個戰爭時期的隱喻在許多層面上都令人反感,但我覺得最糟的部分在於暗指了這群代表現代民主進步社會的年輕世代職業足球員,與過去為了壓迫政權而戰的德國士兵在道德上是同等的。後來,英國在罰球戰中落敗,德國晉級並在溫布利球場(Wembley)擊敗捷克,贏得冠軍。而這支冠軍隊伍抵返德國法蘭克福機場時,唱起了英格蘭的頌歌《足球要回家了》。

---

[1] 譯注:ACHTUNG 是德文;Fritz 是英國人給德國士兵的渾名,ze 是用德文拼法拼出的 the。

這樣比太扯！

　　十四年後，英格蘭沒再踢出更好的成績，但人們卻對由義大利教練卡佩羅（Fabio Capello）率領的黃金世代球員抱持很大的期待。2010年世界盃時我人在南非，跟兩個也來到非洲的朋友一起去看了比賽。我從馬布多開了老半天的車，到約翰尼斯堡接他們之後再徹夜開車到伊麗莎白港（Port Elizabeth）。我們看的第一場英格蘭隊比賽是小組賽最後一場，在納爾遜・曼德拉海灣球場（Nelson Mandela Bay Stadium）以1:0贏了斯洛維尼亞。接著，英格蘭隊在淘汰賽階段，於布隆泉（Bloemfontein）對上德國。因為我們當初都很樂觀地預測英格蘭會以小組賽第一名而非第二名晉級而能避開德國隊，誰也沒料到自己得去布隆泉觀賽。至於布隆泉這個有二十五萬人口、在文化上更接近阿非利卡人而非英語人的城市，似乎也沒準備好應對幾萬名英格蘭球迷的湧入。在找到開價過高的住處之後，我們決定進城感受大賽前的氣息。然而，這種氣息到頭來卻是有害的。

　　英格蘭足球迷以暴力和流氓行徑聞名，可追溯至1980年代惡名昭彰的暴動，其中最糟的例子包含和德國支持者的多次衝突。在1990年於義大利舉辦的世界盃中英格蘭隊遭到西德隊擊敗後，英國本地發生了暴動以及對德國球迷和車輛的攻擊，濱海城鎮布萊頓（Brighton）看起來就像「戰場」一樣。[272] 2000年，歐洲國家盃也發生讓英國蒙羞的暴力事件：袒胸露背的球隊支持者，在一向高格調的沙勒羅瓦（Charleroi）廣場各處亂砸咖啡廳的桌椅；比利時警察得動用水砲驅散英德兩國球迷的衝突。在比利時發生的暴力事件普遍受到譴責，英國首相布萊爾的一名發言人也表示首相對此感到憎惡：「他堅決認為，任何不顧一切造成毀壞的人都應該接受所有人的譴責。我們全面支持

比利時警方打擊這種流氓行為。」[273] 然而,有些人卻認為英國製造的暴動是有道理的。比賽結束的第二天,《每日鏡報》專欄作家帕森斯(Tony Parsons)忍不住稱德國人為「匈奴人」(Huns),並用世界大戰作為比喻說:「是的,就是要提到大戰……那是他們自作自受。」帕森斯在某篇專欄文章提醒讀者,「十幾歲的男孩在安濟奧(Anzio)戰役中死去,」[274] 但那場戰役已經是五十六年前的事了。[2] 這是一種典型的英國病。就如德國文化部長瑙曼(Michael Naumann)在 2010 年世界盃期間所言:「只有一個國家決定把二戰當成某種自我理解和自豪感的精神核心。」[275]

我在家鄉進行的英格蘭足球超級聯賽中曾見過些微的緊張氣氛,但在對斯洛維尼亞的那場比賽之前,我從未現場看過英格蘭國家隊的比賽,而那場比賽不論場上場下都很平靜。因此,我對 2010 年 6 月那天出現的排外反應完全沒有做好準備。當我們抵達布隆泉那整排被英格蘭隊支持者佔領的酒吧時,氣氛已經十分緊繃,但還是歡樂的。球迷擠滿了街道,整條街都翻騰著期待。人們高喊高歌,《三獅之歌》在街上迴盪。一開始街上還有幾小群德國球迷,但隨著時間過去,他們逐漸消失,而人們喝下越來越多一品脫半的城堡牌(Castle)大瓶拉格啤酒。接著,少數人開始把令人毛骨悚然的東西摻入歌詞中,歌曲變得越來越陰暗——那些恐怖的東西包括《兩場世界大戰和一座世界盃》(Two World Wars and One World Cup)以及《十架德國轟炸機》(Ten German Bombers)。

2　譯注:安濟奧為義大利漁港,是二戰期間盟軍在 1943 年義大利戰役的登陸點。

這些歌的歌詞顯示了他們並不在乎自己冒犯的對象。我很懷疑那些英格蘭球迷是否會停下來思考他們的義大利總教練對這些歌詞的感受。當那些愚蠢的支持者唱著「打贏戰爭的人站起來」時，卡佩羅是不是該繼續坐著？這種行徑讓人覺得他們完全沒在用腦。就像兒歌《十只綠瓶子》（Ten Green Bottles）會越唱越高昂那樣，《十架德國轟炸機》也隨著一再反覆歌唱帶入越來越強烈的情緒，煽動群眾進入極端民族主義式的狂熱。

　　2017 年，英格蘭總教練索斯蓋特（Gareth Southgate）稱《十架德國轟炸機》是「完全無法接受」的歌曲，英格蘭足球總會也於 2021 年同意禁唱這首歌。雖然最糟糕的歌詞被認定為非法，英格蘭足球總會卻難辭其咎。有一支官方批准（且必須指出其也遭到普遍譴責）的英格蘭支持者樂團，長久以來都在海內外比賽中演出《轟炸魯爾水壩》和《第三集中營》等二戰電影的主題曲。這種敲邊鼓的行為助長了將英格蘭足球隊的壯志和戰爭壯志相比擬的行為。

　　當二戰歌曲在布隆泉的街上響起時，我們決定離開去尋找比賽會場。我們提前抵達，那時自由邦球場（Free State Stadium）裡的氣氛還沒那麼糟糕，儘管媒體後來刊出英格蘭球迷穿著英國皇家空軍制服揮舞充氣戰鬥機的照片。從一個英國人的角度來看，這場比賽不是一場值得被記住的比賽；貝克漢（David Beckham）、傑拉德（Steven Gerrard）以及魯尼（Wayne Rooney）這批 2000 年代晚期的黃金世代球員，難堪地以 4:1 落敗。隨著送英格蘭隊進入約翰尼斯堡決賽的夢想破滅，我帶朋友回到莫三比克度過剩餘的假期，逃離足球的喧囂。

第十二章　為什麼英國人對二戰如此著迷？

大轟炸精神

布萊爾、瑙曼以及索斯蓋特等人的介入，都顯示領導者對於二戰過往可能被誤用的方式非常敏感。二戰歷史就算出了足球圈，還是能在毫不相干的地方讓全英國著迷，而且常常成為今日眾多迫切問題的唯一參照標準。2010年代，最迫切的問題是英國脫歐的爭論；而在下一個十年之交，二戰成為英國民眾理解全球疫情的方式。

當新冠病毒於2020年來襲時，英國政治人物和記者很快就拿二戰來比擬新冠疫情。議題評論家呼籲使用「邱吉爾式的語言」，而新當選的首相強森和其他高層人士爭相援引二戰時使用的澎湃說詞，縱使那場戰爭早在他們出生幾十年前就已經結束。這種戰爭時期的隱喻引發公眾想像，還有人呼籲全國上下要有「大轟炸精神」。在工廠裡，高科技生產線改而投入快速製造人工呼吸器，就像是當年戰時全速製造噴火戰鬥機般；在英國本土，湯姆上尉（Captain Tom）這名曾在印度服役、也在孟加拉饑荒時期參與緬甸作戰的人瑞老兵，在自家花園走了一百圈，替健康慈善單位募到三千三百萬英鎊（約台幣十三億元）；在空中，一架漆著「謝謝你國民保健署」與八萬名醫療工作者及志工姓名的噴火戰鬥機巡迴了各間醫院。這些略帶懷舊的措施吸引了媒體的注意力，也獲得了廣泛讚揚，但這些舉動對於在國民保健署體系中工作的二千多名德國醫師來說，又傳達了什麼訊息？況且英國政府還必須與歐洲鄰居合作研究疫苗來解決疫情。此外，雖然有幾百則媒體報導，但受到噴火戰鬥機啟發的人工呼吸器生產其實沒做出多少機器；和公共醫療支出的大幅增加相比，慈

這樣比太扯！

善捐贈不過是滄海一粟；而用來提升士氣的空中表演，恐怕只影響了極少數對平淡的戰鬥機飛行秀特別敏感而有所警覺的醫療工作者。整體來說，重提二戰只對大規模的疫情應對措施做出一點象徵性貢獻，跟它的文化效應完全不成比例。所以，就「以隱喻來催生一種反應」而言，這個比喻恐怕已經偏離目標；但援引邱吉爾和二戰當作模範來描繪新冠疫情的影響，是否有其道理？與1939年一樣，2020年疫情爆發當時的國家權力和支出都有所強化；除此之外沒有什麼有意義的相似之處。居家隔離、經濟活動停擺、保持社交距離，這些跟戰時的大規模動員、工廠增產以及徵召入伍有著天差地別。疫情期間，英國人被描繪成孤軍奮戰，對抗一個被強森莫名其妙稱為「看不見的強盜」的病毒對手。這名首相承諾打造一個「舉世無雙」的追蹤回溯系統，就好像疫情是個競技場，場中最重要的指標是英國與他國較量下的表現。隨著疫情逐漸擴張，政府開始迴避國家之間的比較，因為英國的表現顯然比大多數國家都差。冬季感染人數爆增，據信是由於英格蘭南部出現新變種病毒所致，但由於政府的失當管理，有多上許多的人打從一開始就遭到感染，才為病毒變異的發生創造了條件。[276]

2020年底，英國成為第一個啟動全國疫苗注射計畫的國家。部長威廉森（Gavin Williamson）主張，英國之所以率先獲得新冠疫苗，是因為他比其他國家「更優秀」：「我們顯然擁有最好的醫療管理者，遠比法國擁有的更好，遠比比利時人擁有的更好，遠比美國人擁有的更好。」他這樣在跟倫敦廣播電台（LBC Radio）講完後，又繼續表示：「這一點也不讓我意外，因為我們國家比任何國家都好上

許多。」歐盟委員會發言人馬默爾（Eric Mamer）的回應非常不留情面：「我們絕不是處在一場比較各國管理機構的競賽中，也沒有在評論關於誰更好的各種主張……這不是足球競賽；我們談的是人們的性命和健康。」[277] 在疫苗出廠前夕，衛生大臣漢考克（Matt Hancock）把這一刻取名為「V日」，援引的是二戰中分別代表在歐洲和亞洲結束敵對狀態的歐洲勝利日（VE Day）和日本戰場勝利日（VJ Day）。接種第一劑疫苗之後，漢考克在電視上哭了出來，並表示：「這讓你們為自己身為英國人感到自豪。」但當時接種的輝瑞（Pfizer）／生物新技術（BioNTech，BNT）疫苗並非英國疫苗，而是多國共同努力研發而成的——該公司由兩名土耳其醫生領導，在德國開發，並在比利時生產。英國的二戰比喻可說是不適切到極點——這是對地球上每個人都有益處的突破，是個慶賀團結一心的時刻，而不是宣揚小家子氣國家主義的機會。

英國因為在2021年上半年推出疫苗，在達到接種率的關鍵里程碑上比起其他歐洲鄰國相對成功，引發了由政府和其主流媒體的擁護者發動的報復式的國家比較。不過，這只是對英國所謂的抗疫「成功」選擇性地解讀，因為從更重要的死亡人數和疾病盛行率等指標來看，都證實英國對這場健康危機的處理是災難性的，比其他許多歐洲國家都要來得慘烈。疫情期間，英國多位領導人傳達的訊息始終是孤立主義式的，反映的正是將戰時英國描繪成孤軍力抗納粹前哨的迷思。這是另一段被錯誤記憶的歷史：這個島國在戰時其實並非自給自足，而是仰賴世界其他地方的補給。大英帝國是一台幅員遼闊的軍事工業機器。邱吉爾並不是領導著孤立強權英國，而是和美國、蘇聯以及其他

這樣比太扯！

國家追求共同目標,並強行取用了海外殖民地的大量資源,以此生產食物、燃料和武器而達到同盟國的最終勝利。新冠疫情的解方也同樣仰賴全球合作、共享傳輸和治療方面的專業、進口個人防護裝備,以及集結科學知識打造新疫苗。二戰和邱吉爾式的比喻,是一種懶惰而危險的偏離。

當戰爭回到歐洲

我的女兒出生於2022年的情人節。打從第一眼看到她,我就全心全意地愛上她的寧靜美好。雖然她是我第三個孩子,但前幾週感覺起來還是暈頭轉向。那時我們日夜顛倒難分,冬末的白天我們拉上一半的窗簾,晚上時昏暗的燈光半明半暗地亮著。我們全都艱辛地走向家庭生活的一套新日常,但她來到世上的時間卻是令人不安的時刻。新冠疫情在英國久久不去,縱使最後一項生活禁令已經廢除,仍有許多病例持續出現。情況比之前好些,但遠遠不到回歸日常。至少有一種集體的如釋重負感,覺得疫情最嚴重時刻已經被我們拋在後面。我花了很多的時間在沙發上抱著剛出生的女兒,背景開著二十四小時連播的電視新聞。疫情不再是頭條,但戰爭即將逼近的報導帶來了新的恐懼。

2022年2月24日,俄羅斯發動對烏克蘭的入侵。這是歐洲自二戰以來最大的陸面進攻,是那種我一生都從未想過會發生的衝突。或許因為環抱著一個十天大的嬰孩,看著用筆電播放的新聞悲劇時,我的情緒更加高漲;但這也的確是改變世界的時刻。那比911攻擊事件、

比更靠近我家的倫敦77爆炸案，[3]或是比發生在阿富汗和伊拉克的遙遠戰爭，都更讓我情緒激動。這真的令人心生恐懼；那讓我沒無法入睡或專注於任何事。衝突的規模、相較之下的近距離，以及升級至核戰的生存恐懼，全都深深地撼動了我。

普丁總統用來正當化突襲基輔的理由，是要將烏克蘭領導階層去納粹化。他主張，出生於烏克蘭猶太家庭的澤倫斯基所領導的政府，可與希特勒的第三帝國相比擬——這是一個非常荒唐的概念，但他的意思就是如此。俄羅斯外交部長拉夫羅夫（Sergei Lavrov）稱澤倫斯基為「一名納粹分子，也是一名新納粹分子」。[278]烏克蘭在二戰期間被德國佔領，吃過所有恐怖的苦頭。猶太人大屠殺行動也包含了大量殺害烏克蘭猶太人，致使一百五十萬人喪命；[279]暴力事件達到了大規模：監禁、大規模槍擊、集中營、猶太隔離區、強制勞動、飢餓、酷刑以及大規模綁架。在2022年俄羅斯入侵前，現代烏克蘭是個日益繁榮的新興國家；基輔自由開放，雖然民主制度還不完美，與俄羅斯的邊界衝突持續發酵，但1939年的德國沒有哪一點能跟烏克蘭相提並論。

猶太史教授費許曼（David Fishman）解釋了普丁為何稱澤倫斯基為納粹：「這種政治宣傳，企圖去除烏克蘭在俄羅斯公眾和西方大眾眼中的合法性；前一群人認為俄國過去對抗納粹德國的戰爭是國家最偉大的一刻，後一群人則是不太認識烏克蘭，只知道在俄羅斯隔壁。」[280]烏克蘭有很小比例的人是極端民族主義者，使用過納粹的符號，但同

3　譯注：此指2005年7月7日，英國倫敦多處公共運輸發生的伊斯蘭恐怖份子襲擊，共計造成五十六人死亡和超過七百人受傷。

樣的少數法西斯主義觀點在美國、英國都找得到，更別說是俄羅斯了。二戰時，少數烏克蘭人曾與納粹合作，法國、丹麥和其他被佔領地區也都有這樣的人，但有上千萬的烏克蘭人在史達林的紅軍中與俄羅斯人並肩戰鬥。把烏克蘭和納粹德國相比根本就是鬼扯。

隨著戰事膠著，普丁持續把蘇聯在 1940 年代「偉大衛國戰爭」[4]中對抗德國的往事，和當前在烏克蘭的「特殊軍事行動」進行歷史比對。2023 年 9 月，普丁發表演說，援引了蘇軍在二戰的勝利，包括史達林格勒戰役和收復高加索及頓巴斯等轉捩點。另外，他還出席一場紀念庫斯克戰役八十週年的音樂會。普丁批評了 1930 年代西方在二戰前對德國的態度，同時忽略了蘇聯和納粹德國結盟的「德蘇互不侵犯條約」（Molotov-Ribbentrop Pact）。希特勒和史達林的這項協議允許蘇聯入侵波羅的海諸國，並於 1939 年跟德國共同瓜分波蘭。他以此為參照，主張今日也需介入存在同樣先決條件的烏克蘭，否則就會像被動消極的西方讓希特勒發動二戰。在普丁的鬼扯世界觀中，俄羅斯是在起身阻止另一個納粹國家的發展。普丁藉由持續不懈地提及二戰，提醒俄羅斯人民這是一場龐大持久的衝突，也是一場為自己國家根基進行的奮鬥。[281]

對於二戰的錯誤記憶

我的一個兒時朋友有件超級大的步槍綠襯衫，我們在樹林裡玩的

4　譯注：即德蘇戰爭。

第十二章　為什麼英國人對二戰如此著迷？

時候他會穿那件衣服。那是西德陸軍的剩餘軍用品，雙肩上有郵票大小的肩章，上頭有現代德國國旗的黑、紅和金三色條紋。有一次，他在爬樹蓋基地一整天後回到祖母家喝茶，他的祖母把襯衫留下來洗。當他拿回這件制服時，衣服已被燙平摺好就像新兵的正裝一樣，而德國國旗被小心翼翼地拆掉扔了。這位老太太不想讓孫子穿著德國軍服跑來跑去。這位英國祖母對當今的地緣政治理解有限：那是德國才剛經歷和平統一的 1990 年代初期，而西歐最大、最富有的國家是北約的重要盟友。在歷史上的那一刻，我們共同面對的是蘇聯的分崩離析以及威脅的消退，而不是波昂和倫敦之間任何政治上的敵意。儘管現實如此，那位祖母仍然困在過去，活在二戰的陰影中。她就是那樣理解世界的。

　　在二戰已過去半世紀的那時刻，我即便只是個孩子，也覺得她的觀點很傻。現在我會說那種觀點很老派，但當我們繼續往前進時，二戰的陰影會越拉越長且持續顯現。現存英國人大約只剩 2.5％出生在這場全球衝突結束之際，但英國全國仍對這場戰爭十分關注和著迷。當首相蘇納克於 2023 年 11 月舉辦一場出席者包括馬斯克在內的人工智慧安全峰會（Artificial Intelligence Safety Summit）時，其會場選在布萊切利園（Bletchley Park）；會選在這裡，是因為此處在電腦科學歷史上是個重要地點，是英國二戰時破解恩尼格瑪密碼（Enigma）的所在地。[282] 即便有人工智慧安全這樣最前瞻的主題，蘇納克還是企圖讓全世界回想起人工智慧的英國起源，回想圖靈在戰時的成果：「我要讓英國不只是個智慧家園，更在地理上讓英國成為全球人工智慧安全規範的母土。」[283] 有人批評會議本身一團糟；另外，美國大公司早已同意美國

政府的一份安全承諾也讓該會議缺乏目的。批評者主張，峰會的真正聽眾是英國國內的群眾，而把會場選在這裡是想刻意製造一種聯想，讓人想起英國曾在全球衝突以及在破解納粹密碼中發揮的領頭作用。一位匿名科技總監發言主張，主辦這場峰會是「政府的拍照秀」。[284]

不是只有二戰成為了英國認同長期以來的參照標準，甚至還包括如今已無人親身記憶的一戰。在倫敦周圍各郡開車時，不時就能看到一戰時期英國湯米大兵的深色輪廓，[5] 他們頭戴錫盔，手持刺刀步槍，站在那裡默默警戒著。他的周圍或許盛開著罌粟花，而這些紅色花朵曾是緬懷戰爭死者的崇高象徵，如今逐漸成為英國認同的有力象徵。每當一戰停戰紀念日（Armistice Day）快要到來時，罌粟花的圖樣就會無所不在地出現在大小車輛、報紙和足球球衣上，同時與國家主義的聯繫越來越強烈，大幅遠離了原本的和平象徵。[285] 在 2019 年特蘭米爾足球俱樂部（Tranmere Rovers）的足球比賽中，一朵人形大小的罌粟花腳踩著超大號的小丑鞋，與一名皇家空軍飛行員手牽手、搖搖擺擺地走上足球場。這恐怕是沒品味的追憶行動中最糟糕的時刻。有些英國人對罌粟花的愛沒有極限。我曾在義賣商店裡無意間聽到兩名老太太為了一組印了罌粟花的窗簾爭論不休；她們爭論的不是誰可以買走窗簾——兩個人根本都不需要這副窗簾——而是誰最敬愛罌粟花。

英國人透過 20 世紀的全球衝突濾鏡，思考新冠疫情和人工智慧崛起這類當前事件的傾向，闡明了歷史比對一方面很容易捲土重來，但也往往是懶惰而無益的舉動。二戰不是一次正面的國家經驗，它有著

5　譯注：湯米為英國陸軍士兵的暱稱，也稱為湯米・阿特金斯（Tommy Atkins）。

深遠的影響。1945 年,英國已經遠比過去貧窮且在世界舞台上大幅衰退,並遭遇了慘烈的死亡、債務、社會焦慮和窮困。這是一份痛苦的遺產,部分反映在新冠病毒帶來的餘波中。但這樣的迴響,並不是保守黨政府和其媒體啦啦隊在剛開始因應疫情、援引邱吉爾和噴火戰鬥機時想要的那種比較。他們把英國的戰時搏鬥和 21 世紀試圖克服新冠病毒危機的奮鬥,都當成國家自己的努力,而沒有理解成仰賴合作和團結而非孤立與例外主義的全球挑戰。

不是只有英國對二戰有著錯誤記憶,但認為在足球比賽場外唱《十架德國轟炸機》的行為等同於對基輔發射巡弋飛彈,未免荒謬至極。我把英國和俄羅斯的例子拉在同一章討論,不是要指出兩個國家進行的二戰比對在道德上有任何相等之處,而是想要提出一項主張:利用對於過往的鬼扯解讀來敘述當下,並不是英國獨有的特徵。普丁政權利用編造出的「追憶二戰」正當化自己的恐怖行動——該政權的恐怖作為是一個至關重要的教訓,讓我們知道扭曲過去有多危險,以及我們為何有必要用批判性的方式,思考歷史如何腐蝕當下。

這樣比太扯！

結論

女人需要男人,就如魚需要腳踏車
揭穿鬼扯比對

挑戰權威

　　我兒時最喜歡的精裝書,破舊的封面泛著奶油色,上面還有發黃的透明膠帶將書頁黏在一起。米恩(A. A. Milne)的《小熊維尼》(*Winnie-the-Pooh*)就放在我床邊的木造小床頭櫃上,就像一部神聖的經文。在那本書上,謝菲爾德(E. H. Shepard)的手繪圖片讓這些神奇的故事彷彿活了過來。小熊維尼的故事於 1960 年代賣給了迪士尼,在之後的許多版本中這個角色都被重新塑造。謝菲爾德美麗的手繪素描變成千篇一律、軟趴趴圓滾滾的模樣,缺乏細膩的筆觸。小熊維尼變形成一隻摩登的泰迪熊,臉上總掛著幼兒們喜愛的微笑。他那些來自百畝森林(Hundred Acre Wood)的朋友——羅賓(Christopher Robin)、小豬(Piglet)、跳跳虎(Tigger)和屹耳(Eeyore)——全都重新繪製,五官十分誇張。他們全都成了簡單易複製的卡通人物,而不是我第一次在珍愛的故事書中看到的那群在墨水線條間鮮活豐富的角色。

2013年，二十大工業國（G20）這個強國集團在俄羅斯的聖彼得堡會面。習近平才剛登上中國國家主席的大位，當時正出席他個人第一場世界領袖高峰會。會議期間，有人拍到他穿著襯衫與美國總統歐巴馬並肩而行。這名朝氣蓬勃的美國領袖看起來高大精瘦、充滿活力，相較之下習近平粗壯、沉甸甸而且顯得笨重。很快就有了一個迷因流傳開來，把這張世上兩個最有權勢的人的合照，跟迪士尼版小熊維尼和跳跳虎的圖畫並排；後者是一個看起來笨重，一個則活力四射。後來，習近平和日本首相安倍晉三會面，兩人握手時十分尷尬，社群媒體上愛調侃的人便將安倍比為憂鬱驢子屹耳，而習近平又再次演出陰沉的維尼熊角色。[286] 當習近平於2018年連同香港行政長官林鄭月娥出席港珠澳大橋啟用儀式時，這兩人又被比作小熊維尼和他最好的朋友小豬。林鄭月娥穿著淺粉色衣服，離半步地走在習近平後頭。粉紅色小豬以害羞天真出名，不過他對小熊維尼可是忠心耿耿。許多香港人把林鄭月娥視為中國的傀儡，而這些特徵也反映在她的領導力上。

小熊維尼因為被拿來開習近平的玩笑，從2017年起開始在中國大陸遭禁。這些迪士尼圖像變成異議人士的絕響，並在社群媒體上遭到審查。2018年的電影《摯友維尼》（*Christopher Robin*）甚至在中國被禁止上映。在中國的防火牆後面，沒有小熊維尼存在的餘地。那麼，拿維尼小熊和習近平做比較，是不是一個鬼扯比對？雖然拿人的外觀來調侃不是什麼好事，但習近平跟他周圍的那些人看來臉皮薄又自負，顯然把這種比較當成是對他地位的冒犯。但這是一個好的比喻——習近平以及其他被鎖定的政治人物，基本上是因為公開行為而不是個人形象被嘲諷。這又是一個使用貶義隱喻的雙重標準的進步案例。那些

結論　女人需要男人，就如魚需要腳踏車

本來缺乏發言權的人，使用了一個好記又並非完全真實的隱喻手段，來表達對於不公義的意見，而這種訊息透過社群媒體散布而讓人們接觸到。一個有自信且真正受愛戴的領袖，能對這種不重要的比較一笑置之。但對習近平來說不是那麼一回事，所以他封鎖了這些迷因圖。對一系列兒童故事進行荒謬的審查，是軟弱而非實力的表現。此外，這顯示了中國領導階層無法接受批評。他們完全沒有吸納異議的能力。

小熊維尼和習近平的例子闡明了隱喻性的比較可以用來作為一個聚焦點，引導人們形成新的觀點。這當中會產生正面效應，也會產生負面效應，因為這種隱喻的使用具有主觀性。中國封鎖了這種比較，或許壓制了內部的分歧，但同時也吸引了全球對這個比較的關注。事發後，媒體上那些輕鬆的報導雖然只是一則次要新聞，卻有助於向新的國際受眾介紹中國領導層的獨裁統治。[287]

「到頭來，結球萵苣獲勝。」《時代》雜誌一篇談及英國短命首相特拉斯（Liz Truss）倒台的文章如此起頭。對美國讀者來說，2020年代的英國政治想必看起來怪到不行。除了被《經濟學人》嘲諷為「英大利」領導人之外，特拉斯首相任期的保久度還被拿來跟蔬菜比較。英國小報《每日星報》（Daily Star）以一隻串流影片開了這個玩笑，問道：「哪棵碰過水的萵苣能撐更久？」這一噱頭讓人們大感興趣，有數百萬用戶登入看這棵六十分錢（約台幣二十四元）的萵苣枯萎了沒。就如《時代雜誌》所評論的，它「吸引了全英國的注意力，並凸顯了英國政府核心的混亂」。[288] 漸漸枯萎的萵苣最終比特拉斯活得更久，後者上任僅僅四十四天就宣布辭職。這又是另一個服務於更廣泛政治

目的的個人比喻。

關於特拉斯和習近平的隱喻，都是強勢政治人物受到傳統或社群媒體挑戰的案例。他們的擁護者進行了小蝦米對大鯨魚的挑戰，但許多比較的迷因並非出於良善目的。有無數不人道且令人不安的鬼扯比對鎖定公眾人物，像是拿黑人和猴子相比的種族主義圖像、對處在不同生命階段的名人進行身體羞辱性的比較，以及對 LGBTQ+ 社群的嘲弄──這些駭人聽聞的觀點都無法開啟進一步的討論。對於鬼扯比對何時以及如何使用在公眾人物身上才算正當，並沒有簡單的答案。我甚至認為，連特拉斯的例子都值得退一步思考。如果是男性領導人，媒體還會做出沾水萵苣的隱喻嗎？我打從心底不贊同她的政治行徑，認為她並不適合擔任首相一職，而且也很高興她立刻就辭職下台，但事後來看，在這個高度個人化且可以說是帶有性別歧視意味的隱喻中，有些東西確實讓我覺得或許這個廣為流傳的玩笑開得太過頭了。

拆解鬼扯比對

「女人需要男人，就如魚需要腳踏車」，這句話出自澳洲社會運動者伊鄧恩（Irina Dunn）1970 年的發言，[289] 並藉由美國第二波女性主義領導者斯泰納姆（Gloria Steinem）而廣為人知。這是一個幽默的比喻，沿襲了「我需要那種麻煩，就像我需要頭上多一個洞」（you need something like you need a hole in the head，意指完全不需要）這種熟悉的範本，但用了一個怪點子緩和了說法。這句話非常適用於五十年前的女性主義運動，但如今感覺有點過時。女人是有可能沒有男人也過得很好，

但如今還把兩個性別設定為彼此對立,已不是構思社會關係的進步方式。舉例來說,我最近帶兩個較小的孩子去參加一個遊戲團體時,我拚了命推笨重的雙人嬰兒車穿過狹窄的門口。當我費力擠進去時,嬰兒車擦過門框的側邊,一個在一旁觀看的老太太講了句妙語:「典型男駕駛。」我沒去理論,因為我正專心解開嬰兒和幼童身上的安全帶,好讓他們玩積木。安頓好孩子後,我暫停片刻思考她剛剛說的話,在腦中倒轉了心中的性別概念。今天如果是我太太費力地把嬰兒車推進同樣的空間,而一個老男人嗆她「典型女駕駛」的話,這是可以被接受的嗎?不能。那麼,她反過來這樣講一名男性也是不可接受的。她那番評論的弦外之音是幼稚園為女人的空間。持平而論,她並不是在嘲弄說「這地方不歡迎你」,而是說「這地方你搞不定」。爸爸往往會面臨這類的社會排斥。2018 年,克雷格(Daniel Craig)就因為照顧孩子的事遭到公然的嘲笑。電視主持人摩根(Piers Morgan)把克雷格跟他在銀幕上的人格,也就是詹姆士龐德相比較,並在一則惡名昭彰的推特文中質疑他戴著嬰兒背袋的男子氣概:「哦 007……這也不是你嗎?!!! #papoose(嬰兒背帶)#emasculatedBond(被閹掉的龐德)」。[290]

我把這些小插曲跟「女人需要男人,就如魚需要腳踏車」這個比喻放在一塊,是要說明 1970 年代產出這句口號的女性主義今日在哪方面已經過時。如果我們想創造一個「男女在擔任家長和年幼子女守護者時都能被平等對待」的社會,我們就需要讓推娃娃車和戴嬰兒背袋之類的活動擺脫性別化。我們需要讓各種性別角色彼此和解,而不是想著女人要怎麼不靠男人就能掌管所有事情,反之亦然。我們的共同目標應該是包容,而不是各走各的路。要達到這個目標,還有很長的

這樣比太扯!

一段路要走。

反抗鬼扯比對

我們需要揭開那些掩蓋在比較之上的魔術師外衣,來揭露它們究竟隱藏了什麼。在第一部「人」的頭幾個例子中,我闡明了鬼扯比對是如何在社會中將個人置於優先順位而讓某些特性——男性、白人、有侵略性和競爭性——具體化,使其變得有意義和有價值。比較讓人們互相競爭,而不是促進合作。它讓社會原子化,迫使我們各行其是、獨斷冒險而非崇尚合作。讓我們不認可那些成就偉人的團隊,而是認可那些會讓某些人成功卻讓其他人失敗的社會進展。過度而不準確的比較可以是一種腐蝕社會的過程,加劇家庭、職場和更全面社會的不平等。

人與人的比較可以會讓人覺得很粗暴。回頭看看鬼扯之王川普,看他一直以來如何利用隱喻的煽動功能:他把自己的政治對手比作「害蟲」。「我們向你們保證,我們將根除共產主義者、馬克思主義者、法西斯主義者以及極端的左翼惡棍,這些人在我們的國境之內就像害蟲一樣地活著。」他如此對新罕布夏州的群眾公開說話。[291] 這個危險的隱喻性語言因為使用了令人反感的比對而引來抨擊。歷史學家兼文化批評者本—吉亞特(Ruth Ben-Ghiat)十分擔心這種把政治對手「他者化」(或是川普為了展現他的權威而將把移民團體他者化)造成的影響:「他讓人們覺得自己面對這些『他者』時有一種生存危機,」本—吉亞特如此說,「他們越是不確定、越是憂心,強者就越能跳出來說『我

結論　女人需要男人，就如魚需要腳踏車

一個人就能幫你們搞定一切』。」[292] 川普式的鬼扯廣受批評，但由川普支持者、其他各個派別的政客、記者和作更全面性地濫用隱喻來進行的人身攻擊，都需要受到嚴厲的批判。自由媒體、學術界和更廣泛參與的公民社會，都有責任要持續指責這種語言的濫用，因為這種濫用的問題點不在於極其惡劣的表達方式，而是它們會在真實世界造成嚴重後果，並替集權主義埋下伏筆。川普剝奪人性的語言明顯呼應了法西斯言論。[293] 我希望「那根本是鬼扯比對」能成為一句輕易就駁斥掉這種有害比喻的回應。

在討論完「人」的部分後，我闡明了「地方」之間具有的基本關係是怎麼在常見的比較中缺席。我指出，地方的比較需要建立在關聯性之上。關聯性比較最基本的主張就是地方之間存在著關聯性，而這種相互關聯性造就了勝者和敗者。有學校被認定為傑出，就有學校會被認定為不足；有國家已開發，就有國家還在發展中。為了正確比較繁榮和貧窮的地方，我們不該只個別考量 X 地和 Y 地的情況，然後列出它們的異同。相反地，我們應一併分析這地的貧窮和那地的富裕之間有什麼關係。這讓我們能夠辨識兩地發展程度之間的關聯，或是它們跟更全面的網路（不論是英國的大學體系、國際旅遊市場、全球化的醫療部門，還是全球經濟）之間的關係。標定這些不平等的輪廓有助於制定政策，並重塑成功地區與失敗地區之間的關係。

回到另一個堪稱試金石的案例，英國教育及兒童服務與技能標準局所進行的學校審查，以實例證明了指標如何產出對不同「地點」的鬼扯比對。這些過度簡化的評估越來越常受到譴責。由前學校國務大臣奈特勛爵（Lord Jim Knight）擔任主席，且由教師全國教育工會（Teachers'

National Education Union）資助的超越教育及兒童服務與技能標準局調查會（Beyond Ofsted Inquiry）都曾表示，該制度「有害」且「不符目的」。雖然英國教育部仍然認為教育及兒童服務與技能標準局的調查發揮了讓家長安心的「關鍵作用」，但奈特提出反駁認為：「它在我們的各學校間創造了恐懼的文化。如果有誰認為永續進步的基礎是恐懼而非支援，我認為他們完全搞錯了。」前學校國務大臣鏗鏘有力的言詞表達的是，學校審查指標根本是鬼扯。[294] 或許下一次，這幾種或其他幾種糟糕的指標在調查中遭到扭曲時，它們會被稱作是鬼扯比對。

第三點，也是最後「歷史」的部分則主張，選擇性地解讀過去，可以為服務於今日目的的比對提供素材。二戰對於表彰幾種特定英國價值來說是不可動搖的根基；太空競賽給氣候變遷提供了錯誤的希望，讓人以為有容易就可以解決問題的解方，而那會讓我們維持原本的方法過生活、做生意；至於把中國說成是新殖民強權，是為了掩蓋西方國家過去幾個世紀對全球南方的剝削。歷史比較是最令人震驚、也是有最有說服力的意識形態工具。一個看似漂亮的歷史比對乍看之下可能客觀權威，但若遭到作者的偏誤所扭曲，就可能被人操縱，用來支持那些造成社會、政治和環境進步障礙的思想。

將以巴衝突與南非種族隔離政策相比對，是將其複雜之處給扁平化了；但這並非唯一一個使用在這個情況的差勁比對。隨著這場慘劇持續開展，人們也開始援引其他的歷史比較，嘗試用這些比對來理解令人不安的現實事件。在哈馬斯於 2023 年 10 月發動恐怖攻擊後，以色列的前首相貝內特（Naftali Bennett）就不斷稱他的敵人為「納粹哈馬斯」。[295] 主張哈馬斯突襲以色列效法了納粹德國，是一個具有嚴重

結論　女人需要男人，就如魚需要腳踏車

誤導性的比對。如果這種比對出自一位悲痛欲狂的寡婦、一名性侵受害者，或某個面臨現實噩夢不知自己深愛的人被綁架後能否再見一眼的人，那就尚可理解；但這樣的比較出自老練的政治人物就讓人無法理解。在這樣的時候，政治人物應該節制自己的用詞並為此負責，以此替國家定調。直接把哈馬斯和納粹政權相比並不恰當。哈馬斯造成的威脅和納粹造成的有著數量級的差別。而且，雖然哈馬斯1998年的憲章呼籲毀滅以色列，但就其戰力而言哈馬斯很軟弱，當以色列國防軍入侵時，哈馬斯甚至無法防衛加薩。哈馬斯對平民及軍事目標發動的殘暴恐怖突擊，對身處21世紀的以色列來說是空前的，但哈馬斯並沒有構成像第三帝國那樣的生存威脅，因為以色列受到以色列國防軍壓倒性軍事優勢的保護，並且還是那個區域的優勢強權。

貝內特這樣比對，是明目張膽地將猶太人大屠殺工具化，也是對巴勒斯坦人的集體毀謗。[296] 這種對種族滅絕記憶的濫用，是以色列右翼政治領袖一再使用的伎倆。率先批評這種將以色列和鄰居之衝突比作猶太人大屠殺手段的人，是猶太裔波蘭歷史學家多伊徹（Isaac Deutscher）。以色列於六日戰爭大勝後，他於1967年撰文表達對以色列政府來說，「在阿拉伯口頭威脅下，對他們的政治宣傳員來說，沒有比大肆宣傳另一場威脅猶太人的『最終解決方案』的恐懼來得更容易的了」。[297] 多伊徹有如先知般地認為，以色列國防軍1967年那場影響深遠的軍事成功，對於以色列本身來說是一場災難，因為它產生了一種「『信條』，認為以色列的安全有賴週期性的戰事，每幾年就必須將阿拉伯各國打到無力再戰」。這句話同樣可以用來看以色列在加薩取得必然的軍事成果後會發生什麼事。過往的教訓可以幫助人構

思當下難題的解答,但錯誤的比對就沒辦法。

就如同髒掉的窗玻璃般,鬼扯比對會讓你從模糊扭曲的觀點看世界。本書的許多論點應該可以幫助你打破這些模糊扭曲的視角。結語中的案例,包括本—吉亞特批評川普,奈特批教育及兒童服務與技能標準局,以及多伊徹對納粹化的評價等,在在揭示了那些對人有害的隱喻、衡量地方的誤導性指標,以及取自歷史的錯誤模範有多危險。本書呼籲人們要更努力揭開鬼扯比對的荒謬。我無意要讀者將本書當成反對比較的長篇大論來閱讀,而是將其定位為一本有幫助而能帶來希望的指南。

比較可以凸顯不公義,激勵人們採取進步的行動。因此,要小心謹慎並有所選擇地使用比較。當你從任何資料來源看到比較時,在政治中、在媒體上,或者你自己的社交圈裡看到比較時,暫停一下並以批判性的方式思考:這個比較是要促成什麼目的?它怎麼扭曲了性別?它有沒有可能宣揚一種殖民心態?它有沒有可能進一步把市場力量推進日常生活?務必記住,你始終都可以把一個在事實和虛構之間瞎攪和的比較稱作鬼扯。

致謝

我十分感激卡斯普札克（Renata Kaspzak）一直以來對這本書有信心，並支持我把這個狂野的想法帶給廣大的讀者。倫敦國王學院地理學系的爭議發展研究團（Contested Development Research Group）在草稿的許多章節都給了我珍貴的回饋和鼓勵。我在國王學院的所有同事始終都是我的靈感來源，整個系所洋溢著鼓舞的力量，而我實在無法想像自己在別處工作會是怎樣。哈伯德（Phil Hubbard）引領我進入動物地理學的世界，而這在我寫跟狗有關的章節時給了我信心。里斯本始終是我的靈感來源，而我在那與戴維斯（Archie Davies）進行的田野調查，協助我對城市變遷有了不一樣的思考。我要感謝赫里克（Clare Herrick）帶我進入獅子山研究，若非如此，我就不會冒險進行醫院研究。寫以色列、巴勒斯坦是我至今做過最困難的主題，而格里菲斯在處理這個領域的勇氣和關懷啟發了我。多年來在莫三比克的研究，另外還包括跨境到南非的旅行，以及在尚比亞的研究，都有許多朋友鼓勵我並援助我，而且往往是在棘手並有爭議性的主題上給我幫助。我全心全意感謝他們

的幫助，但還是別說出他們的名字比較好。最後，最大的感謝要獻給愛瑪・利格比（Emma Rigby），感謝妳不變的愛與支持。

參考資料

1. The White House, 'William J. Clinton: The 42nd President of The United States', *The White House,* https://www.whitehouse.gov/about-the-whitehouse/presidents/william-j-clinton/, 2023.
2. D J Trump, *Great Again: How to Fix our Crippled America,* (New York: Simon and Schuster, 2016), p.11.
3. H G Frankfurt, *On Bullshit,* (Princeton and Oxford, Princeton University Press, 2005).
4. H Ramer and J Colvin, 'Trump compares himself to Nelson Mandela after filing for New Hampshire primary', *PBS News Hour,* https://www.pbs.org/newshour/politics/trump-compares-himself-to-nelsonmandela-after-filing-for-new-hampshire-primary, 23 October 2023.
5. G Lakoff and M Johnson, *Metaphors We Live By,* (Chicago: The University of Chicago Press, 1981).
6. D Shariatmadari, 'Swarms, floods and marauders: the toxic metaphors of the migration debate', *The Guardian,* https://www.theguardian.com/commentisfree/2015/aug/10/migration-debate-metaphors-swarms-floodsmarauders-migrants, 10 August 2015.
7. The Economist, 'Welcome to Britaly', *The Economist,* https://www.economist.com/leaders/2022/10/19/welcome-to-britaly, 19 October 2022.
8. I Lambertini, 'A remark from Ambassador Ingio Lambertini', *Italian Embassy in the UK,* https://twitter.com/ItalyinUK/status/1583083342320525313/photo/1, 20 October 2022.
9. C Goodhart 'Problems of Monetary Management: The U.K. Experience', *Papers in Monetary Economics,* 1, 1, (1975) p.1–20.
10. P Adab, A M Rouse, M A Mohammed, T Marshall, 'Performance league tables: the NHS deserves better', *British Medical Journal,* 324, 7329, (2002), p.95–98.
11. Indy100 Staff, 'Michael Gove might be prime minister, so people are resharing this ridiculous exchange', *Indy 100,* https://www.indy100.com/celebrities/michael-gove-might-be-prime-minister-so-people-areresharing-this-ridiculous-exchange-7301081, 1 July 2016.

這樣比太扯！

12　S Weale, 'Former inspector says Ofsted statement that most England state schools are good is 'nonsense'', *The Guardian,* https://www.theguardian.com/education/2023/oct/24/former-inspector-says-ofsted-statementthat-most-england-state-schools-are-good-is-nonsense, 24 October 2023.

13　B Forgács and CPléh, 'The Fluffy Metaphors of Climate Science', in Shyam Wuppuluri and A. C. Grayling (eds) *Metaphors and Analogies in Sciences and Humanities,* (New York: Springer, 2022), 447–477.

14　H Davidson, 'China bans celebrity rankings in bid to 'rectify chaos in the fan community'', *The Guardian,* https://www.theguardian.com/world/2021/aug/27/china-bans-celebrity-rankings-in-bid-to-rectifychaos-in-the-fan-community, 27 August 2021.

15　A Brooks, *The End of Development*, (London: Zed Books, 2017).

16　A Brooks, 'Controversial, corrupt and illegal: ethical implications of investigating difficult topics: Reflections on fieldwork in southern Africa.' In J Lunn (ed) *Fieldwork in the Global South: Ethical Challenges and Dilemmas,* (Abingdon: Routledge, 2014) p.34–48.

17　S Marche, *The Next Civil War: Dispatches from the American Future,* (New York, Simon and Schuster, 2022).

18　G Roberts, 'Whose 'Stalingrad' will Bakhmut be?', *Responsible Statecraft,* https://responsiblestatecraft.org/2023/03/14/whose-stalingrad-willbakhmut-be/, 14 May 2023.

19　D Hannan, 'Emmanuel Macron, the new Napoleon? No, he's a Poundland Putin' *The Daily Mail,* https://www.dailymail.co.uk/debate/article-9547241/DANIEL-HANNAN-Emmanuel-Macron-new-Napoleon-No-hes-Poundland-Putin.html, 5 May 2021.

20　N Kampouris, 'UK PM Boris Johnson Compares Brexit to Tortures of Greek Hero Prometheus', *Greek Reporter,* https://greekreporter.com/2019/09/25/uk-pm-boris-johnson-compares-brexit-to-tortures-ofgreek-hero-prometheus/ 25 September 2019.

21　ITV News, 'Who was Cincinnatus, and why did Boris Johnson mention him in his speech?' *ITV X,* https://www.itv.com/news/2022-09-06/boris-johnson-likens-himself-to-roman-who-returned-as-dictator-infinal-speech, 6 September 2022.

22　Frankfurt, *On Bullshit.*

23　K Davies, 'Siblings, Stories and the Self: The Sociological Significance of Young People's Sibling Relationships', *Sociology,* 49, 4, (2014), 679–695.

24　W O Eaton and L R Enns, 'Sex differences in human motor activity level', *Psychological Bulletin,* 100, 1, (1986), 19–28.

25　R Shelton, 'Bottom Shuffling Babies' *University Hospitals Dorset: NHS Foundation Trust,* https://www.uhd.nhs.uk/uploads/about/docs/our_publications/patient_information_leaflets/

Childrens_therapy/Bottom_shuffling_Babies.pdf, 1 February 2021.

26 S Özçalskan and S Goldin-Meadow, 'Sex differences in language first appear in gesture', *Developmental Science*, 13, 5, (2011), 752–760.

27 UC Davis Health, 'When to start potty training: what age should kids start (and do boys really take longer)?' *UC Davis Health: News,* https://health.ucdavis.edu/news/headlines/when-to-start-pottytraining-what-age-should-kids-start-and-do-boys-really-takelonger/2021/03#:~:text=Girls%20learn%20faster%2C%20usually%20completing,cues%20from%20the%20older%20kids, 3 March 2021.

28 J K Geddes, 'Developmental Differences Between Boys and Girls', *What to Except,* https://www.whattoexpect.com/first-year/developmentand-milestones/differences-boys-girls#:~:text=Yet%20both%20are%20wrong%3A%20Studies,parents%20believe%20boys%20start%20sooner, 15 December 2021.

29 F Keegan, 'Take It From A Late Bloomer: Stop Comparing Yourself To Other People Your Age', *British Vogue,* https://www.vogue.co.uk/article/being-a-late-bloomer, 9 July 2023.

30 J Jerrim, P Parker, N Shure, 'Bullshitters. Who Are They and What Do We Know about Their Lives?' *IZA Institute of labour Economic: Discussion Paper Series*, 12282, (2019).

31 NBC News, 'UK Immigration Minister Resigns Over Illegal Cleaning Lady' *NBC News,* https://www.nbcnews.com/news/world/uk-immigration-minister-resigns-over-illegal-cleaning-lady-n25611, 9 February 2014.

32 A Mahdawi, "Who's the man?' Why the gender divide in same-sex relationships is a farce', *The Guardian,* https://www.theguardian.com/lifeandstyle/2016/aug/23/same-sex-relationship-gender-roles-chores, 23 August 2016.

33 NPR, 'Same-Sex Couples May Have More Egalitarian Relationships', *NPR: All Things Considered,* https://www.npr.org/2014/12/29/373835114/same-sex-couples-may-have-more-egalitarian-relationships, 29 December 2014.

34 M Macasero, 'Who is the GOAT of basketball? Taking a closer look at the five greatest players ever', *Sportsskeeda,* https://www.sportskeeda.com/basketball/news-who-goat-basketball-taking-closer-look-five-greatestplayers-ever, 27 June 2023.

35 K Jain, '"Patrick Mahomes Has a Chance to be the 1st Michael Jordan of Football," Opined NFL Analyst Max Kellerman After Super Bowl LVII', *The Sports Rush,* https://thesportsrush.com/nfl-news-patrick-mahomeshas-a-chance-to-be-the-first-michael-jordan-of-football-opined-nflanalyst-max-kellerman-after-super-bowl-lvii/, 13 August 2023.

36 J Livesey and A Milne, 'Diego Maradona: Legend or cheat? From Hand of God to cocaine battles, everything you need to know', *The Mirror,* https://www.mirror.co.uk/sport/football/

這樣比太扯！

news/diego-maradonalegend-cheat-hand-21731786, 21 March 2020.

37 T Beattie, 'Lionel Messi arrival at Inter Miami causes "unprecedented" issue at sponsors Adidas', *The Mirror,* https://www.mirror.co.uk/sport/football/news/lionel-messi-inter-miami-shirt-30525769, 22 July 2023.

38 S Lowe, 'Bojan Krkic: 'I had anxiety attacks but no one wants to talk about that. Football's not interested' *The Guardian,* https://www.theguardian.com/football/2018/may/18/bojan-krkic-interviewanxiety-attacks-football, 18 May 2018.

39 E Corbella, 'Who is Marc Guiu? Barcelona's 17-year-old goal-scorer: origins, comparisons and . . . how Xavi sees him', *Marca,* https://www.marca.com/en/football/barcelona/2023/10/23/6536653c268e3ea5028b456f.html, 23 October 2023.

40 S Lowe, 'Bojan, the anxious wonderkid, is back at Barcelona guiding next generation', *The Guardian,* https://www.theguardian.com/football/2023/nov/03/bojan-the-anxious-wonderkid-is-back-at-barcelona-guidingnext-generation, 3 November 2023.

41 V Gouttebarge, H Aoki, and G M Kekhoffs. 'Prevalence and determinants of symptoms related to mental disorders in retired male professional footballers', *Journal of Sports Medicine and Physical Fitness,* 56, 5, (2016), 648–54.

42 DW, 'Martin Bengtsson and the Dark Side of Football', *DW Kick off !,* https://www.youtube.com/watch?v=KyEz8xh3og0, 21 April 2016.

43 Kuper, 'Ronaldo vs Messi: who won?' *Financial Times,* 4 June 2023.

44 The Blizzard, 'A Game for Individuals', *The Blizzard,* https://www.theblizzard.co.uk/article/game-individuals, 1 December 2014.

45 W Downes 'BOOT-IFUL Neymar to bank ￡750,000 from Nike for finally beating Cristiano Ronaldo and Lionel Messi to Ballon d'Or', *The Sun,* https://www.thesun.co.uk/sport/football/5719998/neymar-nikeballon-dor-money/, 4 March 2018.

46 A Wonke, 'Ronaldo', *Universal Pictures* (2015).

47 L Donegan, 'Wie genius pitted against big boys', *The Guardian,* https://www.theguardian.com/sport/2004/jan/15/golf.lawrencedonegan, 15 January 2004.

48 J Strege, 'Wie has chance to become 'second only to Danica Patrick' in endorsement earnings among U.S. women athletes', *The Loop,* https://www.golfdigest.com/story/michelle-wie-has-opportunity-t, 26 June 2014.

49 D Dethier, 'Michelle Wie dishes on her playing future, funny conversations with Tiger Woods', *Golf,* https://golf.com/news/michelle-wie-tigerwoods-playing-future/, 9 October 2019.

50 PGA Tour, 'Interview with Michelle Wie', *PGA Tour: Archive* https://www.pgatour.com/

news/2008/07/25/wietranscript072508.html, 25 July 2008.
51. A Licata, "We won't accept anything less than equal pay': US Women's Soccer team speaks out after mediation talks quickly break down', *Business Insider*, https://www.businessinsider.com/megan-rapinoe-ussoccer-equal-pay-negotiations-2019-8?r=US&IR=T, 15 August 2019.
52. C Kelly, 'Megan Rapinoe to Trump: 'Your message is excluding people'", *CNN Politics*, https://edition.cnn.com/2019/07/09/politics/megan-rapinoe-anderson-cooper-trump-cnntv/index.html, 10 July 2019.
53. The World, 'Ada Hegerberg, first female Ballon d'Or winner: 'A huge step forward'", *The World: Sports,* https://www.pri.org/stories/2019-01-11/ada-hegerberg-first-female-ballon-dor-winner-huge-step-forward, 11 January 2019.
54. BBC News, 'BBC reveals 100 great British heroes', *BBC News: Entertainment*, http://news.bbc.co.uk/1/hi/entertainment/tv_and_radio/2208532.stm, 2 August 2002.
55. BBC Gloucestershire, 'Boy Scout founder Lord Baden-Powell 'executed PoW" *BBC News: England,* http://news.bbc.co.uk/1/hi/england/gloucestershire/8403956.stm, 9 December 2009.
56. BBC News, 'BBC reveals 100 great British heroes'.
57. L Givetash, 'White House compares Trump-Churchill leadership styles, and historians scoff', *NBC News,* https://www.nbcnews.com/news/world/white-house-compares-trump-churchill-leadership-styleshistorians-scoff-n1224556, 6 June 2020.
58. J Charmley, '*Churchill: The End of Glory: A Political Biography',* (London, Faber, 2009)
59. R Toye*, 'Churchill's Empire: The World That Made Him and the World He Made'*, (London, Pan, 2010).
60. J Cheng-Morris, 'Tory MP compares Boris Johnson to Alexander the Great – 'He's saved our democracy" *Yahoo! News,* https://uk.news.yahoo.com/boris-johnson-compared-alexander-great-132504961.html, 30 December 2020.
61. Florence Griswold Museum, 'The Great Americans: Portraits By Jac Lahav', *Florence Griswold Museum,* https://florencegriswoldmuseum.org/jac-lahav/, 9 February 2019.
62. S Scott, 'New data reveals UK knows "shockingly little" about Black British history', *Bloomsbury News,* https://www.bloomsbury.com/uk/connect/latest-news/new-data-reveals-uk-knows-shockingly-little-aboutblack-british-history/, 27 October 2023.
63. D Sandbrook and T Holland, 'Young Churchill: Born to Lead', *The Rest is History,* Goal Hanger Podcasts, 239, 2022.
64. D J Hall, 'Bulldog Churchill: The Evolution Of A Famous Image', *International Churchill Society,* https://winstonchurchill.org/publications/finest-hour/finest-hour-106/bulldog-

churchill-the-evolution-of-afamous-image/, 29 August 2013.

65　W Dockter, 'Pigs, poodles, and African lions - meet Churchill the animallover', *The Telegraph*, https://www.telegraph.co.uk/news/winstonchurchill/11370727/Pigs-poodles-and-African-lions-meet-Churchillthe-animal-lover.html, 27 January 2015.

66　M Lazaris, 'Crufts 2020: The positives and the problems', *RSPCA*, https://www.rspca.org.uk/-/a-guest-blog-written-by-our-passionate-vetand-animal-lover-dr-michael-lazaris, 7 January 2021.

67　D G O'Neill, J Elliott, D B Church, P D McGreevy, P C Thomson, and D C Brodbelt, 'Chronic kidney disease in dogs in UK veterinary practices: prevalence, risk factors, and survival', *Journal of Veterinary Internal Medicine*, 27, 4, (2013), p.814–21.

68　L L Farrell, J J Schoenebeck, P Wiener, D N Clements, and K M Summers. 'The challenges of pedigree dog health: approaches to combating inherited disease', *Canine Genetics and Epidemiology*, 2, 1, (2015), p.1–14.

69　C Toureille, C. 'Top dog!' *Daily Mail*, https://www.dailymail.co.uk/femail/article-6792295/Crufts-Day-4-glossy-pooches-owners-nervouslyawait-Best-Show.html, 10 March 2019.

70　Crufts, 'Interview with Crufts Best in Show winner, 2019', https://www.crufts.org.uk/blogs/interview-with-crufts-best-in-show-winner-2019/,1 December 2020.

71　*Country Life*, 'Dukes and their dogs', https://www.countrylife.co.uk/articles/dukes-dogs-britains-aristocracy-just-mad-canine-friends-restus-171496, 23 December 2017.

72　E West, 'Staffordshire Bull Terriers: Why the Underclass is Bad for the Environment', http://blogs.telegraph.co.uk/news/edwest/100006300/staffordshire-bull-terriers-why-the-underclass-is-bad-for-theenvironment/, 2009, cited in D McCarthy, 'Dangerous dogs, dangerous owners and the waste management of an "irredeemable species"', *Sociology*, 50, 3, (2016), p.560–75.

73　K Nelson, 'The dog breed most likely to bite you has been revealed', the *Independent*, https://www.independent.co.uk/news/uk/home-news/dog-breed-most-likely-attack-bite-you-revealed-a7166296.html, 3 August 2016.

74　H J Nast, 'Loving . . . whatever: Alienation, neoliberalism and pet-love in the twenty-first century', *ACME: An International E-Journal for Critical Geographies*, 5, 2, (2006), p.300–27.

75　P Hubbard and A Brooks, 'Animals and urban gentrification: Displacement and injustice in the trans-species city', *Progress in Human Geography*, 45, 6, (2021), p.1490–1511.

76　ViaGen Pets, 'The Worldwide Leader In Cloning The Animals We Love', https://viagenpets.com/, (2021).

77　Microsoft News (2020). 'Hairdresser welcomes cloned French bulldog to make his quarantine bearable'https://www.msn.com/en-gb/news/world/hairdresser-welcomes-cloned-frenchbulldog-to-make-hisquarantine-bearable/vi-BB12EEF9, 15 April 2020.

78   S Swart, 'Dogs and dogma: A discussion of the socio-political construction of Southern African dog "breeds" as a window onto social history', *South African Historical Journal,* 48, 1, (2003), p.190–206.

79   J Doble, 'Can Dogs be Racist? The Colonial Legacies of Racialized Dogs in Kenya and Zambia', *History Workshop Journal*, 89, 1, (2020) p.68–89.

80   L Van Sittert and S Swart, *Canis Africanis* (Brill, Leiden: 2008).

81   R Bray, I Gooskens, S Moses, L Kahn, and J Seekings, *Growing Up in the New South Africa: Childhood and Adolescence in Post-Apartheid Cape Town,* (University of Cape Town: 2011).

82   J M Coetzee, *Disgrace*, (Secker & Warburg, London: 1999)

83   I Dande and S Swart, 'History, politics and dogs in Zimbabwean literature, c. 1975–2015', Tydskrif vir Letterkunde, 55, 3, (2018), p.152–73.

84   S Chinodya, *Can We Talk and Other Stories* (Weaver Press, Bulawayo: 2017).

85   T Maluleke. 'I am an African and I grieve for my dog Bruno', *Mail and Guardian*, https://mg.co.za/article/2015-03-06-i-am-an-african-and-igrieve-for-my-dog-bruno/ 6 March 2015.

86   G Baderoon, 'Animal likenesses: dogs and the boundary', *Journal of African Cultural Studies*, 29, 3, (2017), p. 345–61.

87   G Raddi, 'Universities and the NHS must join forces to boost student mental health', the *Guardian*, https://www.theguardian.com/education/2019/feb/15/universities-and-the-nhs-must-join-forces-toboost-student-mental-health, 15 February 2019.

88   A Gani, 'Tuition fees "have led to surge in students seeking counselling"', the *Guardian*, https://www.theguardian.com/education/2016/mar/13/tuition-fees-have-led-to-surge-in-students-seeking-counselling, 13 March 2016.

89   S Miriyala, 'Pass/Fail Grading Systems in Medical School', *American Association for Anatomy*, https://anatomy.org/AAA/News-Journals/Newsletter-Articles/Pass-Fail-Grading-Systems-in-Medical-School.aspx?_zs=iinWO1&_zl=T5PT5, 2021

90   Swedish Council for Higher Education, 'The Swedish higher education system', ww.uhr.se, 2007.

91   HESA, 'What are HE students' progression rates and qualifications?' https://www.hesa.ac.uk/data-and-analysis/students/outcomes, 31 January 2023.

92   S Weale, 'Proportion of students in England awarded first-class degrees soars', the *Guardian*, 19 November 2020.

93   OfS, 'Analysis of degree classifications over time – changes in graduate attainment from 2010–11 to 2018–19', *Office for Students*, https://www.officeforstudents.org.uk/publications/

analysis-of-degree-classificationsover-time-changes-in-graduate-attainment-from-2010-11-to-2018-19/, 19 November 2020.

94   S Gamsu and M Donnelly, 'Social Network Analysis Methods and the Geography of Education: Regional Divides and Elite Circuits in the School to University Transition in the UK', *Tijdschrift voor economische en sociale geografie*, 112, 4, (2020), p.370–386.

95   D Bishop, 'NSS and teaching excellence: the wrong measure, wrongly analysed', *Times Higher Education*, https://www.timeshighereducation.com/blog/nss-and-teaching-excellence-wrong-measure-wronglyanalysed, 4 January 2016, and A Buckley 'How much are your NSS results really telling you?' *WONKHE*, https://wonkhe.com/blogs/howmuch-are-your-nss-results-really-telling-you/, 20 March 2019.

96   J H S Cheng, and H W Marsh, 'National Student Survey: Are differences between universities and courses reliable and meaningful?', *Oxford Review of Education*, 36, 6, (2010), p.693–712.

97   OfS, 'The National Student Survey: Consistency, controversy and change', *Office for Students*, https://www.officeforstudents.org.uk/publications/thenational-student-survey-consistency-controversy-and-change/, 19 February 2020.

98   C McCaig, 'The marketisation of English higher education: A policy analysis of a risk-based system', (Emerald: Leeds, 2018).

99   School of Global Affairs, '100 Black Women Professors NOW programme', *King's College London*, https://sspp.newsweaver.com/sganews/1pe4eglnr3t1n49gezdcfq?email=true&lang=en&a=6&p=59439085&t=30007613, 25 May 2021.

100 W Evans, 'Bullying is a feature of UK research universities, not a bug', *Times Higher Education*, https://www.timeshighereducation.com/opinion/bullying-feature-uk-research-universities-not-bug, 30 August 2023.

101 D Sayer, 'Five reasons why the REF is not fit for purpose', the *Guardian*, https://www.theguardian.com/higher-education-network/2014/dec/15/research-excellence-framework-five-reasons-not-fit-for-purpose, 15 December 2014, and K Lesnik-Oberstein, 'Marketisation "is wrecking teaching and research"', *Times Higher Education*, https://www.timeshighereducation.com/blog/marketisation-wrecking-teaching-andresearch, 12 June 2015.

102 R Harris, R. (2019). 'The Certain Uncertainty of University Rankings', *RPubs*, https://rpubs.com/profrichharris/convincing_stories1, 1 November 2019.

103 NL Times, 'Utrecht University chose not to be included on the Times Higher Education rankings', https://nltimes.nl/2023/09/29/utrecht-university-chose-included-times-higher-education-rankings, 29 September 2023.

104 R Ghazali, 'Sheffield student slams process to shut down Department of Archaeology as

"unethical"', *The Star*, https://www.thestar.co.uk/education/sheffield-student-slams-process-to-shut-down-department-ofarchaeology-as-unethical-3277758, 18 June 2021.

105 D Goodhart, *The Road to Somewhere: The Populist Revolt and the Future of Politics* (Hurst, London: 2017).

106 J Grove, 'Stefan Grimm inquest: new policies may not have prevented suicide', *Times Higher Education*, https://www.timeshighereducation.com/news/stefan-grimm-inquest-new-policies-may-not-have-preventedsuicide/2019563.article, 9 April 2015.

107 The Tab, '"They treat us like shit": Professor Grimm's email sent weeks after his death', https://thetab.com/uk/imperial/2014/12/02/they-treat-us-like-shit-professor-grimms-email-sent-weeks-after-hisdeath-7076, 2 December 2014.

108 Imperial College London, 'Statement on Professor Grimm', https://www.imperial.ac.uk/news/162449/statement-professor-stefan-grimm/, 4 December 2014.

109 BBC, 'Ofsted chief admits culture of fear around school inspections', *Sunday with Laura Kuenssberg*, https://www.bbc.co.uk/news/live/uk-politics-65358122, 23 April 2023.

110 R Adams, 'Ofsted's "simplistic judgments" no longer fit for purpose, schools experts warn', the *Guardian*, https://www.theguardian.com/education/2023/nov/04/ofsteds-simplistic-judgments-no-longer-fit-forpurpose-schools-experts-warn, 4 November 2023.

111 Ibid.

112 M Frazer, 'The unintended consequences of pursuing an 'outstanding'', *Cambridge University Press and Assessment*, https://www.cem.org/blog/theunintended-consequences-of-pursuing-an-outstanding, 6 October 2017.

113 B Jeffreys, 'Work-related suicide probe call after death of head teacher Ruth Perry', *BBC News*, https://www.bbc.co.uk/news/education-65651606, 22 May 2023.

114 Instituto Nacional De Estatistica, 'Tourism Statistics', 2016, https://www.ine.pt/xportal/xmain?xpid=INE&xpgid=ine_publicacoes&PUBLICACOESpub_boui=299820469&PUBLICACOESmodo=2, 2017.

115 Reuters, 'Foreign tourism to Portugal sets new record in May, helped by US visitors', https://www.reuters.com/world/europe/foreign-tourismportugal-sets-new-record-may-helped-by-us-visitors-2023-06-30/, 30 June 2023.

116 S Kale, 'Lisbon Emigration: Why millennials are moving to the Portuguese capital in their droves', the *Independent*, https://www.independent.co.uk/travel/europe/lisbon-emigration-tourism-millennials-freelancers-digitalnomad-portugal-airbnb-a7967376.html, 5 October 2017.

117 L Morrison, 'Why this is Europe's best work-and-play capital', *BBC Business Traveller*, https://

www.bbc.com/worklife/article/20160419-europes-best-work-and-play-city, 20 April 2016.
118 F Dunlop, '7 reasons Lisbon could be coolest capital in Europe', *CNN Travel*, https://edition.cnn.com/travel/article/lisbon-coolest-city/index.html, 25 August 2017.
119 A Goss, 'Barcelona bar none', *Financial Times,* 20 August 2023.
120 J Temperton, 'Web Summit ditches Dublin for Lisbon', Wired, https://www.wired.co.uk/article/web-summit-dublin-lisbon-2016, 23 August 2015.
121 P Cosgrave, 'The Next Chapter', Web Summit, https://websummit.com/blog/the-next-chapter/, 23 September 2015.
122 A Davies and A Brooks, 'Interpellation and Urban transformation: Lisbon's sardine subjects', *Social & Cultural Geography*, 22. 7, (2021), p.956–978.
123 Turismo de Lisboa, 'Plano Estratégico para o Turismo na Região de Lisboa 2015–2019', https://www.am-lisboa.pt/documentos/1518980510Y8fGP7vq7Qv09AI7.pdf, 1 October 2014, p.19–25.
124 L Nofre, Í Sánchez-Fuarros, J C Martins and P Pereira, 'Exploring Nightlife and Urban Change in Bairro Alto, Lisbon', *City & Community*, 16, 3, (2017), p.330–344, p.330.
125 Sovereign, 'Residency In Portugal: Portugal Passive Income (D7)', Visahttps://www.sovereigngroup.com/portugal/private-clients/residency-in-portugal/portugal-passive-income-d7-visa/, 2024.
126 Peddicord, K. 'Killing The Golden (Visa) Goose', *Forbes,* https://www.forbes.com/sites/kathleenpeddicord/2023/08/29/killing-the-goldenvisa-goose/, 29 August 2023.
127 Portugal News, 'The Golden Visa Program is NOT over', https://www.theportugalnews.com/news/2023-10-19/the-golden-visa-program-isnot-over/82442, 19 October 2023.
128 A I P Esteves, M L C Fonseca,. and J S M Malheiros, 'Labour market integration of immigrants in Portugal in times of austerity: resilience, in situ responses and re-emigration', *Journal of Ethnic and Migration Studies*, 44, 14, 2018, p.2375–2391.
129 Euronews, 'The Dark side of Tourism: Lisbon's "terramotourism"', https://www.euronews.com/2017/09/19/lisbon-s-tourism-magnet-iskicking-out-local-residents, 9 December 2019.
130 Fundação José Neves, (2023). '*Área Metropolitana de Lisboa: Salários*', Brighter Future, https://brighterfuture.joseneves.org/raio-x-regioes?_ga=2.147040882.450956960.1670884727-1920835700.1670884727, 2024.
131 M Pereira and P Nunes, 'Thousands protest in Portugal over housing crisis', *Reuters,* https://www.reuters.com/world/europe/thousandsprotest-portugal-over-housing-crisis-2023-04-01/, *2 April, 2023.*
132 S Tulumello and A Colombo, 'Inclusive communities, exclusionary city, planning n/a?

Mapping condomínios fechados semi-quantitatively in Lisbon, Cascais (and Barreiro)', In 'Changing societies: legacies and challenges', *Ambiguous inclusions: inside out, outside in, Vol 1.* (Imprensa de Ciências Sociais, Lisbon: 2018), p.481–507.

133 Davies and Brooks. 'Interpellation and Urban transformation'.

134 L F G, Mendes, (2012). 'Nobilitação urbana marginal enquanto prática emancipatória: Alternativa ao discurso hegemónico da cidade criativa?' *Revista Crítica De Ciências Sociais*, 99, 1, (2012), p.51–72.

135 A Carmo and A Estevens, 'Urban citizenship(s) in Lisbon: examining the case of Mouraria', *Citizenship Studies*. 21, 4, (2017), p.409–424.

136 A Cócola Gant, 'Holiday Rentals: The New Gentrification Battlefront', *Sociological Research Online*, 21, 3, (2016) p.1–9.

137 Quoted in E Mondlane, *The Struggle for Mozambique* (Penguin, London: 1969), p.79.

138 A Brooks, *Clothing Poverty: The Hidden World of Fast Fashion and Second-Hand Clothes* (Zed, London, 2019).

139 Ibid.

140 M Leitenberg, 'Deaths in Wars and Conflicts in the 20th Century', Occasional Paper #29, Cornell University Peace Studies Program, 2006.

141 J Hanlon, 'Mozambique: Police death squad jailed, but those at top protected', *Club of Mozambique*, https://clubofmozambique.com/news/mozambique-police-death-squad-jailed-but-those-at-top-protected-byjoseph-hanlon-163863/, 24 June 2020; Amnesty International 'Mozambique', https://www.amnesty.org/en/countries/africa/mozambique/, 2024.

142 H Pérez Niño and P Le Billon, 'Foreign aid, resource rents, and state fragility in Mozambique and Angola', *The Annals of the American Academy of Political and Social Science*, 656, 1, (2014), p.79–96.

143 World Bank, 'Mozambique GDP growth', https://data.worldbank.org/indicator/NY.GDP.MKTP.KD.ZG, 7 January 2021.

144 BBC News, 'Mozambique: From Marxism to market', https://www.bbc.co.uk/news/world-africa-21655680, 25 March 2013.

145 UNDP, 'Human Development Report 2010', https://hdr.undp.org/system/files/documents/human-development-report-2010-summaryenglish.human-development-report-2010-summary-english, 2010.

146 World Bank, 'Mozambique: Net official development assistance and official aid received (current US$)', https://data.worldbank.org/indicator/DT.ODA.ALLD.CD?end=2018&start=1992, 7 January 2021.

這樣比太扯！

147 J Hanlon and M Mosse, 'Mozambique's Elite – Finding its Way in a Globalized World and Returning to Old Development Models', UNUWider, Working Paper No. 2010/105, September 2010.
148 L Nhachote, 'Mozambique's "Mr Guebusiness"', *Mail and Guardian,* http://mg.co.za/article/2012-01-06-mozambiques-mr-guebusiness, 6 January 2012.
149 WTO, 'Trade Policy review: Mozambique', https://www.wto.org/english/tratop_e/tpr_e/tp154_e.htm, 26 January 2001.
150 A Brooks, 'Networks of Power and Corruption: The Trade of Japanese Used Cars to Mozambique', *Geographical Journal*, 178, 1, (2012), p.80–92.
151 A Brooks, 'Was Africa rising? Narratives of development success and failure among the Mozambican middle class', *Territory, Politics, Governance*, 6, 4, (2018), p.447–467.
152 A M Pitcher, *Transforming Mozambique: The Politics of Privatization, 1975–2000*, (Cambridge University Press: 2003).
153 A Brooks, 'Riches from Rags or Persistent Poverty? The Working Lives of Secondhand Clothing Vendors in Maputo, Mozambique', *Textile*, 10, 2, (2012), p.222–237.
154 UNDP, Human Development Report 2021/2022, https://hdr.undp.org/system/files/documents/global-report-document/hdr2021-22pdf_1.pdf2022.
155 N Cook, 'Mozambique: Politics, Economy, and U.S. Relations', Congressional Research Service, https://www.everycrsreport.com/files/20190820_R45817_066c7037af7aa7f83c9e625767b9c8697c1ec2e8.pdf, 20 August 2019.
156 United Nations, 'Strongly Condemning "Wanton Brutality" of Reported Massacres in Northern Mozambique, Secretary-General Urges Authorities to Investigate, Hold Perpetrators Accountable', https://www.un.org/press/en/2020/sgsm20409.doc.htm, 10 November 2020.
157 B Nhamirre, 'Cross-border cooperation could curb kidnappings in Mozambique', *ISS Today,* https://issafrica.org/iss-today/cross-bordercooperation-could-curb-kidnappings-in-mozambique, 1 March 2023.
158 UNHCR, 'Civilians bear the brunt of violence in Mozambique's Cabo Delgado', https://www.unhcr.org/uk/news/briefing/2020/11/5fae44df4/civilians-bear-brunt-violence-mozambiques-cabo-delgado.html, 13 November 2020.
159 The Archbishop of Canterbury, 'Archbishop of Canterbury meets Prime Minister of Mozambique and victims of conflict' https://www.archbishopofcanterbury.org/news/news-and-statements/archbishopcanterbury-meets-prime-minister-mozambique-and-victims-conflict, 21 November 2022.
160 Amnesty International, 'Mozambique: Video showing soldiers burning corpses is latest

evidence of atrocities in forgotten war in Cabo Delgado' https://www.amnesty.org/en/latest/news/2023/01/mozambiquevideo-showing-soldiers-burning-corpses/, 11 January 2023.

161 J Hanlon and T Smart, *Do Bicycles Equal Development in Mozambique?* (James Currey, Oxford: 2008).

162 G Gudgin, 'UN Human Development Index', the *Irish Times*, https://www.irishtimes.com/opinion/letters/un-human-developmentindex-1.4444925

163 https://hdr.undp.org/data-center/country-insights#/ranks, 26 December 2020.

164 J Hickel, 'The sustainable development index: Measuring the ecological efficiency of human development in the anthropocene', *Ecological Economics*, 167, 106331, (2020).

165 Le News, '1 in 20 suffer material deprivation in Switzerland' https://lenews.ch/2023/05/05/1-in-20-suffer-material-deprivation-inswitzerland/,5 May 2023.

166 J D Sachs, *The End of Poverty: Economic Possibilities for Our Time* (Penguin, London: 2006); D Nayyar, *Catch Up: Developing Countries in the World Economy* (Oxford University Press: 2013); UN, 'Leaving no one behind', https://sustainabledevelopment.un.org/content/documents/2754713_July_PM_2._Leaving_no_one_behind_Summary_from_UN_Committee_for_Development_Policy.pdf, July 2018.

167 T Marshall, *Prisoners of Geography*, (Elliott and Thompson, London: 2015), p.259.

168 JM Blaut, *The colonizer's model of the world*, (Guilford Press, New York: 1993).

169 T Parsons, *The system of modern societies*, (Prentice Hall, Upper Saddle River, New Jersey: 1971)

170 Mondlane, *The Struggle for Mozambique*.

171 F Fukuyama, *Falling behind: Explaining the development gap between Latin America and the United States*, (Oxford University Press: 2008).

172 D Chakrabarty, *Provincializing Europe: Postcolonial thought and historical difference*, (Princeton University Press: 2008).

173 N Smith, *Uneven development: Nature, capital, and the production of space*, (The University of Georgia Press: 2008).

174 W Rodney, *How Europe underdeveloped Africa*, (Bogle-L'Ouverture Publications, London: 1972).

175 H-J Chang, *Bad Samaritans: The Guilty Secrets of Rich Nations and the Threat to Global Prosperity*, (Random House Business, London: 2008)

176 A Brooks and C Herrick, 'Bringing relational comparison into development studies: Global health volunteers' experiences of Sierra Leone', *Progress in Development Studies*, 19, 2, (2019), p.97–111.

177 UNDP, *Human development report 2014*. (United Nations Development Programme: 2014).
178 J Crompton, T P Kingham, TB Kamara, et al., 'Comparison of Surgical Care Deficiencies between US Civil War Hospitals and Present-Day Hospitals in Sierra Leone', *World Journal of Surgery*, 34, (2010), p.1743–1747.
179 http://wdi.worldbank.org/table/2.12
180 M Jerven, 'An unlevel playing field: national income estimates and reciprocal comparison in global economic history', *Journal of Global History*, 7, 1, (2012), p.107–128.
181 Reuters, 'Clinton warns against "new colonialism" in Africa,' https://www.reuters.com/article/us-clinton-africa-idUSTRE75A0RI20110611, 11 June 2011.
182 J Anderlini, 'China is at risk of becoming a colonialist power', *Financial Times*, https://www.ft.com/content/186743b8-bb25-11e8-94b2-17176fbf93f5, 19 September 2018.
183 L Newson, 'Pathogens, places and peoples: geographical variations in the impact of disease in early Spanish America and the Philippines', *Technology, Disease and Colonial Conquests, Sixteenth to Eighteenth Centuries*, 2, (2001), p.167–210.
184 J Seabrook, *The Song of the Shirt: The High Price of Cheap Garments, from Blackburn to Bangladesh*, (Hurst Publishers, London: 2015).
185 Brooks, *The End of Development*.
186 N Mirumachi, *Transboundary Water Politics in the Developing World*, (Routledge, Abingdon: 2015).
187 X Jinping, 'The Rejuvenation of the Chinese Nation Is a Dream Shared by All Chinese', *Qiushi: CPC Central Committee Bimonthly*, http://en.qstheory.cn/2020-10/04/c_541843.htm, 4 October 2020.
188 D Carrington, 'The world's most toxic town: the terrible legacy of Zambia's lead mines', the *Guardian*, https://www.theguardian.com/environment/2017/may/28/the-worlds-most-toxic-town-the-terriblelegacy-of-zambias-lead-mines#:~:text=Kabwe%20is%20the%20world's%20most,to%20be%20poisoned%20every%20day, 28 May 2017.
189 A Brooks, 'Spinning and Weaving Discontent: Labour Relations and the Production of Meaning at Zambia-China Mulungushi Textiles', *Journal of Southern African Studies*, 36, 1, (2010), p.113–132.
190 *The Economist*, 'Not as bad as they say', https://www.economist.com/middle-east-and-africa/2011/10/01/not-as-bad-as-they-say, 1 October 2011.
191 UNCTAD, 'Investment flows in Africa set to drop 25% to 40% in 2020', https://unctad.org/news/investment-flows-africa-set-drop-25-40-2020, 6 June 2020.
192 IMF, 'World Economic Outlook, October 2020: A Long and Difficult Ascent', https://www.

imf.org/en/Publications/WEO, 7 October 2020.

193 Banned and Challenged Books, '100 Most Challenged Books of the Past Decades', https://www.ala.org/advocacy/bbooks/frequentlychallengedbooks/top10, 2024.

194 T Tapp, 'Women Wear 'Handmaid's Tale' Costumes At Ruth Bader Ginsburg Vigil To Protest Trump And McConnell's Actions' *Deadline,* https://deadline.com/2020/09/women-wear-handmaids-talecostumes-at-vigil-to-mourn-ruth-bader-ginsburg-protest-trump-andmcconnells-actions-1234581707/, 21 September 2020.

195 The Times of Israel, "Handmaid's Tale' author nods at inclusion in Israel protests', https://www.timesofisrael.com/handmaids-tale-authornods-at-inclusion-in-israel-protests/, 20 March 2023.

196 D Kirka, 'Protesters greet Netanyahu as he meets UK leader in London', AP, https://apnews.com/article/uk-israel-netanyahua85c110fd24d25ec38688d791047492f, 24 March 2023.

197 B Plett Usher and A Zurcher, 'Stakes are immense as Biden presses Israel to change course', *BBC News,* https://www.bbc.co.uk/news/worldmiddle-east-67788359, 23 December 2023.

198 J Rose, 'You made me do it', *London Review of Books,* 45, 23, 30 November 2023.

199 F Heller, 'Spain's Sumar leader calls out 'Israeli apartheid' against Palestinian people', *Euractiv,* https://www.euractiv.com/section/politics/news/spains-sumar-leader-calls-out-israeli-apartheid-against-palestinianpeople/, 12 October 2023.

200 Protect Journalists, 'A statement by journalists', https://www.protectjournalists.com/, 9 November 2023.

201 N Mandela, 'Address by President Nelson Mandela at International Day of Solidarity with Palestinian People, Pretoria', *South African Government,* http://www.mandela.gov.za/mandela_speeches/1997/971204_palestinian.htm, 4 December 1997.

202 BDS, 'Israeli Apartheid Week', https://bdsmovement.net/iaw, January 2023.

203 BDS, 'What is BDS', https://bdsmovement.net/, 2024.

204 R Falk and V Tilley, 'Israeli Practices towards the Palestinian People and the Question of Apartheid', *Palestine and the Israeli Occupation, Issue No. 1,* (United Nations, Beirut: 2017), p.64.

205 T Goldenberg, 'A former Mossad chief says Israel is enforcing an apartheid system in the West Bank', *AP,* https://apnews.com/article/israel-apartheid-palestinians-occupation-c8137c9e7f33c2cba7b0b5ac7fa8d115, 6 September 2023.

206 ICC, 'Rome Statue of the International Criminal Court', https://www.icc-cpi.int/sites/default/files/RS-Eng.pdf, 2011.

207 I Pappé, *Israel and South Africa: The many faces of apartheid.* (Zed, London: 2015).

208 R Sabel, 'The Campaign to Delegitimize Israel with the False Charge of Apartheid' *Jewish Political Studies Review,* 23,3/4, (2011), p.18–31.

209 Amnesty International, 'Israel's Apartheid Against Palestinians', https://www.amnesty.org/en/latest/campaigns/2022/02/israels-system-ofapartheid/, 1 February 2022.

210 Srivastava, M. 'Israel reacts to 'apartheid' label from Amnesty International', *Financial Times,* https://www.ft.com/content/870ab8ecfd92-41b2-b9fa-41cd530b9cda, 1 February 2022.

211 K Bird, 'Why Are U.S. Jews Still Calling Jimmy Carter an Antisemite?', *Haaretz,* https://www.haaretz.com/us-news/2021-09-15/ty-article-opinion/.premium/why-is-jimmy-carter-still-calledan-antisemite/0000017f-dbe8-db22-a17f-fff96f400000, 15 September 2021.

212 P McMichael, 'Incorporating comparison within a world-historical perspective: An alternative comparative method', *American Sociological Review,* 55, 3, (1990), p.385–397.

213 Human Rights Watch, 'A Threshold Crossed: Israeli Authorities and the Crimes of Apartheid and Persecution' https://www.hrw.org/report/2021/04/27/threshold-crossed/israeli-authorities-and-crimesapartheid-and-persecution, 27 April 2021.

214 C Murray, 'Class, gender and the household: The developmental cycle in Southern Africa', *Development and Change,* 18, 2, (1987), p.235–249.

215 Díaz, J. 'Make Margaret Atwood Fiction Again', *Boston Review,* https://www.bostonreview.net/articles/literature-culture-margaret-atwoodjunot-diaz-make-margaret-atwood-fiction-again/, 29 June 2017.

216 Murray, 'Class, gender and the household'.

217 S Jones, 'South Africa's external trade in the 1980s', *South African Journal of Economic History*, 9, 2, (1994), p.110–126.

218 A Mackinnon, '*The making of South Africa: Culture and politics*', (Pearson, Boston: 2012), p.239.

219 J Sharp and A Spiegel, 'Women and wages: Gender and the control of income in farm and Bantu households', *Journal of Southern African Studies,* 16, 3, (1990), p.527–549.

220 L Evans, 'Gender, generation and the experiences of farm dwellers resettled in the Ciskei Bantustan, South Africa, ca 1960–1976', *Journal of Agrarian Change,* 13, 2, (2013), p.213–233.

221 M Lurie, A Harrison, D Wilkinson and S A Karim, 'Circular migration and sexual networking in rural KwaZulu/Natal: Implications for the spread of HIV and other sexually transmitted diseases', *Health Transition Review,* 7, 3, (1997) 17–27.

222 T L Sall, 'The Rainbow Myth: Dreaming of a Post-racial South African Society', *Institute for Global Diaologue: Occasional Paper 73,* 1 October 2018, p.5.

223 M Vickery, *Employing the Enemy: The Story of Palestinian labourers on Israeli settlements*, (Zed Books: London, 2017).
224 A Ross, *Stone men: The Palestinians who built Israel*, (Verso, London: 2019).
225 Vickery, *Employing the Enemy*.
226 Y Berda, *Living emergency, Israel's permit regime in the occupied territories*, (Stanford University Press: 2017).
227 M Griffiths and A Brooks 'A relational comparison: The gendered effects of cross-border work in Palestine within a Global Frame', *Annals of the American Association of Geographers*, 112, 6, (2022), p.1761–1776.
228 D Matthews, 'The Land Act Legacy Project Collection' *SAHA (South African History Achieve)*, http://www.saha.org.za/landact1913/transcript_of_interview_with_florence_senna_mongake.htm, 22 September 2013.
229 Ibid.
230 Anonymous. Excerpt from '*Race Relations News*', South African Institute of Race Relations, 5, 41 (1978).
231 B Bozzoli, *Women of Phokeng: Consciousness, life strategy, and migrancy in South Africa*, 1900–1983. (Heinemann, Portsmouth, NH: 1991).
232 M Griffiths and J Repo, 'Biopolitics and checkpoint 300 in occupied Palestine: Bodies, affect, discipline', *Political Geography*, 65, 2018, p.17–25.
233 T Bhattacharya, *Social reproduction theory: Remapping class, recentering oppression*, (Pluto Press, London: 2017).
234 S Hall, 'Race, articulation, and societies structured in dominance'. In *Sociological theories: Race and colonialism*, ed. C. Guillaumin, (UNESCO, Paris: 1980), p. 305–345.
235 A Mackinnon, *The making of South Africa: Culture and politics*, (Pearson, Boston: 2012).
236 S Dubow, 'South Africa's Racist Founding Father Was Also a Human Rights Pioneer' *The New York Times,* https://www.nytimes.com/2019/05/18/opinion/jan-smuts-south-africa.html, 18 May 2019.
237 Congressional Research Service, 'U.S. Foreign Aid to Israel', https://crsreports.congress.gov/product/pdf/RL/RL33222/49, 1 March 2023.
238 S Polakow-Suransky, *The Unspoken Alliance: Israel's Secret Relationship with Apartheid South Africa*, (Knopf Doubleday Publishing Group, New York: 2011).
239 D Cammack, 'South Africa's war of destabilisation'. *South African Review-SARS* 5, (1990), p.191–208.
240 Mackinnon, *The making of South Africa*.

241　N Klein, *The shock doctrine*, (Penguin, London: 2007).
242　M Farah and M Abdallah, 'Security, business and human rights in the occupied Palestinian territory', *Business and Human Rights Journal*, 4,1, (2019) p.7–31. 22–23.
243　Ibid.
244　Klifa, H. 'Stock prices of major defence companies surge in wake of October 7th attacks in Israel', *Action on Armed Violence*, https://aoav.org.uk/2023/stock-prices-of-major-defence-companies-surge-in-wake-ofoctober-7th-attacks-in-israel/, 13 November 2023.
245　D Welsh, *The Rise and Fall of Apartheid* (Jonathan Ball Publishers, Johannesburg and Cape Town: 2009).
246　Statistics South Africa, 'How Unequal is South Africa?' https://www.statssa.gov.za/?p=12930, 4 February 2020.
247　O Mildenhall, 'Paddy Hopkirk and the Mini that won the Monte Carlo Rally', *Auto Express*, https://www.autoexpress.co.uk/mini/89423/paddyhopkirk-and-the-mini-that-won-the-monte-carlo-rally, 31 December 2014.
248　Harry's Garage, '2020 MINI Electric real-world review; flawed but fun', https://www.youtube.com/watch?v=BgEE3fB0ddY, 26 June 2021.
249　Harry's Garage, 'Will the 2030 ban & dash to electric cars spell the end for classics in UK?', https://www.youtube.com/watch?v=1CUA2imRYRM, December 2020.
250　S Hargreaves, 'Batteries vs oil: A comparison of raw material needs', *Transport & Environment*, https://www.transportenvironment.org/publications/batteries-vs-oil-comparison-raw-material-needs, 1 March 2021.
251　J Jolly, 'Fossil fuel cars make "hundreds of times" more waste than electric cars', the *Guardian*, https://www.theguardian.com/business/2021/mar/01/fossil-fuel-cars-make-hundreds-of-times-more-waste-thanelectric-cars?CMP=Share_AndroidApp_Other, 1 March 2021.
252　J Ambrose, 'Aston Martin in row over "sock puppet PR firm" pushing anti-electric vehicle study', the *Guardian*, https://www.theguardian.com/business/2020/dec/02/aston-martin-pr-firm-anti-electric-vehicle-study, 2 December 2020.
253　RAC Foundation, 'UK petrol and diesel consumption', https://www.racfoundation.org/data/volume-petrol-diesel-consumed-uk-over-timeby-year, 2021.
254　M DeBord 'If VW deceived consumers about its diesel cars, then it has a huge problem', *Yahoo News*, https://in.news.yahoo.com/vw-deceivedconsumers-diesel-cars-150000093.html, 19 September 2015.
255　*Financial Times*, 'Electric vehicles may not be the climate answer after all', https://on.ft.com/3dgomTh, 15 February 2021.

256 R Hotten, 'Volkswagen: The scandal explained', BBC News, https://www.bbc.co.uk/news/business-34324772, 10 December 2015.

257 C Rogers, 'Judge Slaps VW With $2.8 Billion Criminal Fine in Emissions Fraud', *Wall Street Journal*, 21 April 2017.

258 P Kågeson, P 'Cycle-Beating and the EU Test Cycle for Cars', *European Federation for Transport and Environment*, 98(3), https://www.transportenvironment.org/sites/te/files/media/T&E%2098-3_0.pdf, 1998.

259 A Stamm '"We Choose to Go to the Moon" and Other Apollo Speeches', *Smithsonian Air and Space Museum*, https://airandspace.si.edu/stories/editorial/we-choose-go-moon-and-other-apollo-speeches, 2019.

260 M Mazzucato. *Mission Economy: A Moonshot Guide to Changing Capitalism* (Penguin, London: 2020).

261 P Stevens '"This is our generation's moonshot," Energy Secretary Granholm says of fighting climate change', *CNBC*, https://www.cnbc.com/2021/04/23/our-generations-moonshot-energy-secy-granholmon-climate-change.html, 23 April 2021.

262 O Schwartz, 'Could Microsoft's climate crisis "moonshot" plan really work?', the *Guardian*, https://www.theguardian.com/environment/2020/apr/23/microsoft-climate-crisis-moonshot-plan, 23 April 2020.

263 Nature Portfolio, 'Japan's moonshot project to capture carbon', https://www.nature.com/articles/d42473-020-00521-1, 2021.

264 Mazzucato, *Mission Economy*.

265 J Ghosh. 'Lessons from the Moonshot for fixing global problems', *Nature*, https://www.nature.com/articles/d41586-021-00076-1, 2021.

266 Brooks, *The End of Development*.

267 BBC Radio 4, *39 Ways to Save the Planet*, https://www.bbc.co.uk/programmes/m000qwt3, 2021.

268 Movie Body Counts Boards, 'Where Eagles Dare (1968)', https://moviebodycounts.proboards.com/thread/1565/where-eagles-dare, 14 April 2008.

269 https://www.theguardian.com/commentisfree/2018/mar/21/russiapropaganda-skripal-britain-churchill

270 J Holland, *The War in the West: A New History* (Bantam Press: London, 2015).

271 G Dyer, *Broadsword Calling Danny Boy* (Penguin: 2018, London), p.10.

272 The Argus, 'Looking back: Recalling the days of Battlefield Brighton', https://www.theargus.co.uk/news/10462107.looking-back-recallingthe-days-of-battlefield-brighton/, 4 June 2013.

273 V Chaudhary, A Osborn and J Arlidge, 'England's glory night marred by fans' riots', *The Observer,* https://www.theguardian.com/uk/2000/jun/18/footballviolence.football, 18 June 2000.

274 R Hattersley, 'Catastrophe at Charleroi', *the Guardian,* https://www.theguardian.com/football/2000/jun/20/euro2000.sport1, 20 June 2000.

275 Storey, D. 'England's '10 German bombers' song should be consigned to the dustbin of history', *i News,* https://inews.co.uk/sport/football/england-10-german-bombers-song-consigned-dustbin-of-history-1873673, 26 September 2022.

276 A Costello, 'How a string of failures by the British government helped Covid-19 to mutate', the *Guardian,* https://www.theguardian.com/commentisfree/2020/dec/22/uk-government-blamed-covid-19-mutation-occur?CMP=Share_AndroidApp_Other, 22 December 2020.

277 BBC News, 'Coronavirus: UK got vaccine first because it's "a better country", says Gavin Williamson', https://www.bbc.co.uk/news/uk-politics-55175162, 4 December 2020.

278 ADL, 'Why is Putin Calling the Ukrainian Government a Bunch of Nazis?' https://www.adl.org/resources/blog/why-putin-calling-ukraniangovernment-bunch-nazis, 3 April 2022.

279 United States Holocaust Memorial Museum, 'The Holocaust in Ukraine', https://www.ushmm.org/information/exhibitions/online-exhibitions/ukraine, 2024.

280 ADL, 'Why is Putin Calling the Ukrainian Government a Bunch of Nazis?'

281 ISW, 'Russian Offensive Campaign Assessment, September 5, 2023' https://www.understandingwar.org/backgrounder/russian-offensivecampaign-assessment-september-5-2023, 5 September, 2023.

282 GOV UK, 'About the AI Safety Summit 2023', https://www.gov.uk/government/topical-events/ai-safety-summit-2023/about, 2023.

283 R Browne, 'British Prime Minister Rishi Sunak pitches UK as home of A.I. safety regulation as London bids to be next Silicon Valley', *CNBC: Tech*, https://www.cnbc.com/2023/06/12/pm-rishi-sunak-pitches-ukas-geographical-home-of-ai-regulation.html, 12 June 2023.

284 P Guest, 'Britain's Big AI Summit Is a Doom-Obsessed Mess', *Wired,* https://www.wired.co.uk/article/britains-ai-summit-doom-obsessedmess, 23 October 2023.

285 R Frisk, 'How the poppy became a symbol of racism', *Independent,* https://www.independent.co.uk/voices/poppy-racist-war-remembranceday-b1955812.html, 11 November 2021.

286 S McDonell, 'Why China censors banned Winnie the Pooh', *BBC News,* https://www.bbc.co.uk/news/blogs-china-blog-40627855, 17 July 2017.

287 See for example: *Daily Mail* 'Hit video game which compared China's President Xi to Winnie the Pooh is pulled from sale again – after being banned by Beijing', *Mail Online,* https://

www.dailymail.co.uk/news/article-9064355/Taiwanese-horror-game-Devotion-pulled-calling-Chinas-President-Xi-Winnie-Pooh.html, 17 December 2020.

288 A Syed, 'Liz Truss Is Now the Shortest-Serving Prime Minister in U.K. History', *Time,* https://time.com/6223441/shortest-serving-uk-primeminister-liz-truss/, 20 October 2022.

289 S Ratcliffe, *Oxford Essential Quotations (4th ed),* (Oxford University press, 2016).

290 BBC News, 'Piers Morgan mocks Daniel Craig for carrying baby,' https://www.bbc.co.uk/news/uk-45873664, 16 October 2018.

291 D Kurtzleben, 'Why Trump's authoritarian language about 'vermin' matters', *NPR,* https://www.npr.org/2023/11/17/1213746885/trumpvermin-hitler-immigration-authoritarian-republican-primary, 17 November 2023.

292 Ibid.

293 R Ben-Ghiat, 'Trump's "Vermin" Speech Echoes Fascist Rhetoric', *Lucid,* https://lucid.substack.com/p/trump-really-doesnt-want-you-to-call, 13 November 2023.

294 N Standley, 'Ofsted seen as toxic and schools should self-evaluate, says inquiry', *BBC News,* https://www.bbc.co.uk/news/education-67449711, 20 November 2023.

295 Sky News, 'Israel-Hamas war: Next step is to 'eradicate this Nazi Hamas', says former Israeli PM', https://news.sky.com/video/israelhamas-war-next-step-is-to-eradicate-this-nazi-type-hamas-says-formerisraeli-pm-naftali-bennet-12983273, 12 October 2023.

296 A Shatz, 'Vengeful Pathologies', *London Review of Books,* 2 November 2023.

297 I Deutscher, 'On the Israeli-Arab War', *London Review of Books,* 1, 44, July/August, 1967.

鷹之眼 28

這樣比太扯！
讓你看穿荒謬比較的思考武器
Bullsh*t Comparisons: A Field Guide to Thinking Critically in A World of Difference

作　　　者	安德魯・布魯克斯（Andrew Brooks）
譯　　　者	唐澄暐

總　編　輯	成怡夏
責 任 編 輯	成怡夏
行 銷 總 監	蔡慧華
封 面 設 計	莊謹銘
內 頁 排 版	宸遠彩藝

出　　　版	遠足文化事業有限公司 鷹出版
發　　　行	遠足文化事業股份有限公司（讀書共和國出版集團）
	231 新北市新店區民權路 108 之 2 號 9 樓
	客服信箱 gusa0601@gmail.com
	電　話 02-22181417
	傳　真 02-86611891
	客服專線 0800-221029

法 律 顧 問	華洋法律事務所 蘇文生律師
印　　　刷	成陽印刷股份有限公司

初　　　版	2025 年 9 月
定　　　價	480 元
I　S　B　N	978-626-7759-06-6
	978-626-7759-03-5 (EPUB)
	978-626-7759-04-2 (PDF)

◎版權所有，翻印必究。本書如有缺頁、破損、裝訂錯誤，請寄回更換
◎歡迎團體訂購，另有優惠。請電洽業務部（02）22181417 分機 1124
◎本書言論內容，不代表本公司／出版集團之立場或意見，文責由作者自行承擔

BULLSH*T COMPARISONS: A FIELD GUIDE TO THINKING
CRITICALLY IN A WORLD OF DIFFERENCE by ANDREW BROOKS,
Copyright © Andrew Brooks, 2024
Originally published in the English language in the UK by Footnote Press, an
imprint of Bonnier Books UK Limited, London.
This edition arranged through BIG APPLE AGENCY, INC. LABUAN,
MALAYSIA.
Traditional Chinese edition copyright:
2025 EAGLE PUBLISHING, a branch of Walkers Cultural Co., Ltd.
All rights reserved."

國家圖書館出版品預行編目(CIP)資料

這樣比太扯！：讓你看穿荒謬比較的思考武器 / 安德魯.布魯克斯(Andrew Brooks)作；唐澄暐譯. -- 初版. -- 新北市：鷹出版：遠足文化事業股份有限公司發行, 2025.09
　　面；　公分. -- (鷹之眼；28)
譯自：Bullsh*t comparisons : a field guide to thinking critically in a world of difference
ISBN 978-626-7759-06-6 (平裝)

1. 思考　2. 批判思考教學　3. 比較心理學

176.4　　　　　　　　　　　　　　　　　　　　　　　　　114009131